AF573240

CHRISTOPH WILKER

Und wieder war ich gerettet

CHRISTOPH WILKER

Und wieder war ich gerettet

Wie Alex Ebstein die Konzentrationslager Auschwitz, Sachsenhausen und Flossenbürg überlebte und zu einem erfüllten Leben fand

Volk Verlag München

Website zum Buch: www.alex-ebstein.de

Abb. 1: Alex Ebstein in der KZ-Gedenkstätte Flossenbürg, 2012

Umschlag vorne: Privatbesitz Werner Ebstein, USA
Umschlag hinten: Foto Christoph Wilker, 2012

Die Deutsche Bibliothek verzeichnet diese Publikation in der Deutschen Nationalbibliografie; detailierte bibliografische Daten sind im Internet über www.ddb.de abrufbar.

Neumarkter Straße 23, 81673 München
Tel. 089 / 420 79 69 80, Fax 089 / 420 79 69 86
www.volkverlag.de

Layout und Satz:
Autrado Matthias Mielchen, Brecherspitzstraße 8, 81541 München
TypoMedia, Tannermühlstraße 21, 83735 Bayrischzell, www.typomedia.de

Druck: Print Consult GmbH

ISBN 978-3-86222-315-2

INHALT

„Erst wenn man sich auf diese Einzelschicksale einlässt, wie hier Christoph Wilker sein zweites nach dem von Rita Glasner schildert, *begreift* man die persönlichen und humanen Katastrophen über das hinaus, was man historisch vom Nationalsozialismus *weiß*. Die Vielzahl persönlicher, scheinbar bloß alltäglicher Zeugnisse, die berührenden Fotos und die kluge Ergänzung durch historische Dokumente und Erläuterungen lassen erahnen, wie ein ungebrochener Wille, begünstigende Umstände und ein unbeirrbarer Mut zum Leben Alex Ebstein seinen eigenen Weg vom jüdischen Glauben zum Zeugen Jehovas finden ließen. Textauswahl und Gestaltung des Buches spiegeln die vielen Gespräche und Begegnungen des Autors mit dem Zeitzeugen – in ihrer Fülle und Intensität schwer darzustellen – adäquat und für den Leser nachvollziehbar wider.

Eine spannende, immer wieder neu motivierende Lektüre eines bemerkenswerten Einzelschicksals, das der Autor unaufdringlich auch als Beispiel für generelles Nachdenken aufbereitet hat.“

Prof. Dr. Hans Simon-Pelanda
Historiker

VORWORT

Über die Kunst, nicht aufzugeben

„Fange niemals an aufzuhören, und höre niemals auf anzufangen“

Marcus Tullius Cicero[1)]

Alexander Ebsteins Kräfte ließen stark nach, nachdem seine Frau Luise 2006 verstorben war. Sein Herz war gebrochen. Ich befürchtete, dass er diesen schmerzlichen Verlust nicht überstehen würde. Doch es hätte seiner starken Persönlichkeit widersprochen, sich schließlich nicht doch wieder zu erholen. Schon in seiner Jugend hatte er als verfolgter jüdischer Deutscher wiederholt schwerste Verluste erduldet und überwunden. Auch jetzt, nach dem Tod seiner Frau, begann sich sein Zustand nach ein bis zwei Jahren wieder langsam zu stabilisieren.

Über einen Zeitraum von etwa fünf Jahren, beginnend Anfang 2010, traf ich mich zweimal im Monat mit Alexander Ebstein oder Alex, wie er von seinen Freunden liebevoll genannt wurde. Ich holte Alex jeweils mit meinem Wagen von seiner Wohnung am Groschenweg 57 im Münchner Ortsteil Trudering ab. Das tat ich mit Rücksicht auf sein Alter. Der damals 84-Jährige wäre auch bereit und in der Lage gewesen, selbst zu fahren, denn er besaß und fuhr bis kurz vor seinem Tod ein Auto. Wir trafen uns immer in seinem Lieblingslokal, dem italienischen Restaurant „La Villetta“ in Trudering.

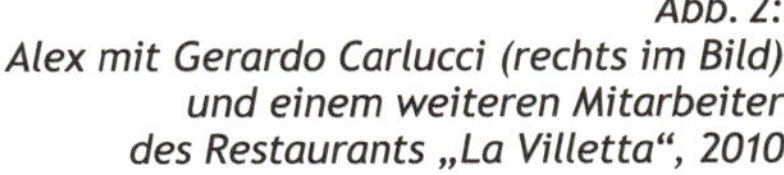

Abb. 2:
Alex mit Gerardo Carlucci (rechts im Bild) und einem weiteren Mitarbeiter des Restaurants „La Villetta“, 2010

1) *Marcus Tullius Cicero (106–43 v. Chr.), römischer Schriftsteller, Philosoph, Anwalt, Politiker und Redner.*

Abb. 3: Alex im Restaurant „La Villetta", 2010

Motivation der regelmäßigen Treffen war mein Interesse an Alex und seinem Leben, verbunden mit dem Bewusstsein, einem alten Mann damit auch etwas Gutes tun zu können. Alex war der einzige Auschwitz-Überlebende, den ich in meinem Leben näher kennenlernen durfte. Mir war bewusst, dass mich ein enger Kontakt mit diesem wandelnden Geschichtsbuch und Bibelkenner sowie seiner enormen Lebenserfahrung in meiner Entwicklung weiterbringen würde. Andererseits schätzte auch Alex die regelmäßigen Treffen und die sich daraus langsam entwickelnde Freundschaft, lebte er doch seit dem Tod seiner Frau Luise, dem wichtigsten Menschen in seinem Leben, allein in seinem Haus am Groschenweg. Alex war ein weltoffener, gesprächs- und kontaktfreudiger Mann. Deshalb kannten ihn auch viele Gäste im „La Villetta". Denn meistens ging er allein in das Lokal und suchte dabei auch den Kontakt zu anderen Gästen. Als Sohn der „alten Schule" kochte er nicht selbst.

Im Laufe dieser fünf Jahre mit insgesamt mehr als einhundert Treffen entwickelten sich natürlicherweise viele Gespräche mit einer bis zum Schluss außerordentlich wachen, gebildeten und allgemein gut informierten Persönlichkeit. In den Jahren zuvor hatte ich Alex als jemanden kennengelernt, der nicht gern über den Holocaust und die Verfolgungsgeschichte seiner jüdischen Familie sprach. Doch infolge des engen Kontakts öffnete er sich immer mehr und erzählte bereitwillig über seine Erfahrungen in der NS-Zeit, die sein Leben nachhaltig geprägt hatten. Und er hatte viele Geschichten zu erzählen. Im Laufe der Zeit kam mir der Gedanke, ein Buch über das Leben von Alex zu schreiben. Als ich ihm davon erzählte, reagierte er zunächst reserviert, gab aber schließlich seine Zustimmung.

Mit der vorliegenden Biografie versuche ich, die zahlreichen bewegenden Berichte und Eindrücke, die ich von Alex im Laufe der Jahre erhalten und während oder nach unseren Treffen jeweils festgehalten hatte, chronologisch zusammenzufassen und zu kontextualisieren. Dabei lasse ich auch andere Quellen einfließen, um das Bild zu vervollständigen. Denn über manches Detail äußerte sich Alex nur sehr zurückhaltend, zum Beispiel über die miserablen Verhältnisse in den Konzentrationslagern. Bereichernd an zusätzlichen Informationen war beispielsweise die Autobiografie von Imo Moszkowicz, dessen Verfolgungsgeschichte einige Parallelen zu der von Alex aufweist. Imos Geschichte war für Alex von großer Bedeutung. Alex besaß dessen Buch und hatte es mit vielen persönlichen Anmerkungen versehen. Es enthält wertvolle Bestätigungen und Ergänzungen zu den Erzählungen von Alex. Daher sind verschiedene Aussagen von Imo in das vorliegende Buch eingeflossen und entsprechend kenntlich gemacht. Doch persönlich kennengelernt hatte Alex Imo, den bekannten Regisseur, erst nach dem Krieg.[2)]

Alex lernte schon früh in seinem Leben, nicht aufzugeben. Er musste das lernen, sonst wäre er verloren gewesen. Selbst im Konzentrationslager Auschwitz war er immer davon überzeugt, die Hitlerzeit zu überleben. Im Konzentrationslager Flossenbürg befürchtete er, den Steinbruch nicht zu überleben; doch er gab sein Leben nicht aus der Hand. Alex war ein guter Beobachter und traf weiter wohl überlegte Entscheidungen. Begünstigt durch Hilfestellungen und glückliche Umstände konnte er immer wieder feststellen:

„Das war meine Rettung.“ [3)]

Dieser Satz, den Alex wiederholt in Verbindung mit verschiedenen, ihn betreffenden Ereignissen der NS-Zeit äußerte, lieferte die Idee zum Titel dieses Buchs „Und wieder war ich gerettet“. Alex überlebte drei Konzentrationslager und zwei Todesmärsche.

Das Leben von Alex war nachhaltig durch die Zeit seiner Verfolgung als Jude und die Ermordung seiner jüdischen Familie geprägt. Er beschäftigte sich bis ins hohe Alter mit dem aktuellen Zeitgeschehen und ging offen, positiv und interessiert auf die Menschen zu, denen er begegnete. Das änderte sich selbst dann nicht, als er seinem Wunsch Ausdruck verlieh, eines morgens nicht mehr aufzuwachen, weil er alt sei und „mit Tagen gesättigt“, womit er ein Bibelwort auf sich anwendete.[4)]

Alex Ebstein verfügte über eine Reihe starker Charakterzüge. Der Auschwitz-Überlebende konnte anderen Menschen Orientierung geben. Und er fing niemals an, aufzuhören, und hörte niemals auf, anzufangen – buchstäblich bis zu seinem letzten Lebenstag.

Christoph Wilker, Sommer 2019

---

2) Imo Moszkowicz (1925–2011) war wie Alex als jüdischer Deutscher im Konzentrationslager Auschwitz-Monowitz. Nach dem Krieg machte er eine beeindruckende Karriere als Filmemacher und erlangte große Popularität durch Fernsehserien wie „Kli-Kla-Klawitter“, „Pumuckls Abenteuer“ und „Die seltsamen Methoden des Franz Josef Wanninger“.

3) Sämtliche Zitate von Alex Ebstein sind in diesem Buch farblich hervorgehoben.

4) Zum Beispiel: „Dann verschied Abraham und starb in gutem Alter, alt und mit Tagen gesättigt, […].“ (1. Mose 25, Vers 8, Neue-Welt-Übersetzung der Heiligen Schrift, 1986.)

KAPITEL 1

Jüdische Kindheit in Breslau

„Uns kann nichts passieren. Ich habe doch Deutschland im Weltkrieg gedient."

Adolf Ebstein, Vater von Alex Ebstein, Soldat im Ersten Weltkrieg, 1930er Jahre

Im Jahr 1892 verließen Wolf und Eva Gotthilf, Alex' Großeltern mütterlicherseits, ihre schlesische Heimat Oppeln[1)] und wanderten in die USA aus. Sie reisten mit dem Schiff über Antwerpen nach Philadelphia. Zunächst fuhr der damals 32-jährige Wolf Gotthilf zu Verwandten in die USA, um erste Vorbereitungen zu treffen. Anschließend ließ er seine Frau mit den vier Kindern nach New York nachkommen.

Rachel Gotthilf, die spätere Ehefrau von Adolf Ebstein und Mutter von Alex, wurde während des mehrjährigen USA-Aufenthalts ihrer Familie am 26. März 1894 in Manhattan (New York) geboren und hatte die amerikanische Staatsangehörigkeit. Nach etwa zehn Jahren entschieden sich Wolf und Eva Gotthilf, mit ihren fünf Kindern nach Deutschland zurückzukehren.

Die Großeltern von Alex konnten nicht wissen, was auf Rachel und die künftige Familie ihrer Tochter zukommen würde. Sie selbst starben, bevor das NS-Regime an die Macht kam.[2)]

„Es war eine schlechte Entscheidung, wieder nach Deutschland zurückzukehren."

1) *Gut 700 Bürgerinnen und Bürger und damit etwa 4 % der ansonsten vom Katholizismus geprägten Stadt waren zu dieser Zeit jüdischen Glaubens. (Alfred Steinert, Geschichte der Juden in Oppeln, Oppeln 1922, S.46.) Jüdisches Leben ist in der Region Oppeln seit dem 14. Jahrhundert nachgewiesen. 1813 wurde eine jüdische Gemeinde gegründet. Die noch heute stehende Alte Synagoge stammt aus dem Jahr 1840. Die Stadt Opole gehört seit 1945 zu Polen und hat heute etwa 120.000 Einwohner. (Klaus-Dieter Alicke, Aus der Geschichte der jüdischen Gemeinden im deutschen Sprachraum, Winsen / Aller, 2017.)*

2) *Wolf Gotthilf verstarb 1926, dem Geburtsjahr von Alex Ebstein. Über das genaue Todesjahr von Eva Gotthilf lag bei Abfassung des Buchs keine Information vor.*

TREASURY DEPARTMENT,
Bureau of Immigration.
Form 7.

(For United States Commissioner of Immigration.)

Port of

Alien Immigrants arrived by Steamship Pennsylvania, from Antwerp, August 8th, 1892.

NAME.		AGE.	SEX.	NATIONALITY.	LAST RESIDENCE.	DESTINATION.	OCCUPATION.		REMARKS.
Joseph Bohler	S	25	m	Switzerland	Switzerland	Camden N.J. P.	Clerk	10.00	to brother
Albert Meyer	"	18	"	Germany	Germany	" C.	Sadler	—	to friends
Emma Ebale	"	31	f	"	"	Philada Pa C.	Domestic	1.50	to "
Teofi Jancowsky	"	16	m	Prussia	Prussia	Scranton Pa P.	Laborer	1.00	[illegible]
Juliana Letkewitz	M	26	f	"	"	"	wife	5.00	to husband
Elena "	S	8	"	"	"	"	Children		
Frantz "	"	6	m	"	"	"			
Marian "	"	4	f	4. "	"	"	"		
Janus Kulaid	M	45	m	Hungarian	Hungarian	Mt Carmel Pa C.	Laborer	35.00	to friends
Demyan "	S	22	"	2 "	"				
Joseph Spanberger	"	18	"	"	"	Tomlicken Pa P.	Miner	3.00	to Parents
Joseph Wischnak	"	25	"	"	"			9.00	"
Andreus Felber	M	28	"	"	"	Pottstown P. C.	Miner	13.00	to uncle
Ignatz Jodt	"	30	"	"	"	"	Sailor	12.00	[illegible]
Michael Beck	"	40	"	"	"		Laborer	10.00	
Michel Clinke	"	24	"	Germany	Germany	Reading Pa P.	Mason	8.00	to brother
Wm Bonenberger	S	44	"	"	"	Buffalo C.	Carpenter	20.00	
Otto Fingiser	"	18	"	"	"	Philada C.	Butcher	6.00	312 Green st. to sister
John P. Schnabel	"	15	"	"	"	" P.	Baker	11.00	to brother
Carolina	"	11	f	2. "	"	"	Domestic		1514 Bainbridge st
Valentin Olschefsky	"	19	m	"	"	Wenona Ill P.	Laborer	9.00	to brother
Paul Klass	"	25	"	"	"	Philada Pa C.	Farmer	11.00	[illegible] to friend
Franz Kwashgroch	"	26	"	"	"	Quinnesec Mich P.	Laborer	1.00	to uncle
Pizzini Guerino	M	32	"	Austrian	Austrian	Pottsville Pa C.	"	18.00	to Cousins
Bassilio Gatti	S	23	"	"	"				
Johan Weiss	"	25	"	Hungarian	Hungarian	Johnston Cambria C.	"	12.00	to relatives
Jacob	"	18	"	"	"		"	18.00	
Louis Zetter	"	10	"	Germany	Germany	Philada Pa P.	"	8.00	1807 [illegible] to sister
Michael Kaufman	"	18	"	Hungarian	Hungarian	Pittsburg Pa C.	"	6.00	to brother
Andrash Dudasch	M	34	"	"	"	Greensburg Pa C.	"	20.00	
Janush Litwak	S	23	"	"					"
Wolf Gotthilf	M	32	"	Germany	Germany	New York C.	Butcher	25.00	to relatives
Wm Goldberger	"	35	"	Hungarian	U. S.	"	Pedler	20.00	to relatives
Mina "	S	7	f	"	"	"	Children		
Harry "	"	6	m	"	"	"			
Paul "	"	6 m	"	"	"	"	"		
Harry Gutfriend	"	20	"	5. "	Hungarian		Laborer	—	
Annie Sostak	M	25	f	"		Wilkesbarre Pa P.	wife	29.00	to husband
Anie "	S	2	"	2. "	"		child		
Leopoldine Pilard	M	29	"	Belgique	Belgique	Philada Pa C.	wife		310 Green st to husband
Puron Cornelius	S	21	m	"	"	"	Cigarmaker	2.00	711 Moss st. to relatives
Abram Gross	"	26	"	Hungarian	Hungarian	New York C.	Laborer	25.00	to brother
Felician Rose	"	40	"	Belgique	Belgique	Philada Pa C.	Butcher	100.00	to brother
Matilda "	"	35	f	"	"	"	non		418 N. Schmidt [illegible]

44 1570

Abb. 4: Schiffsregistrierung von Wolf Gotthilf, 8. August 1892 (Hervorhebung nicht im Original).
An diesem Tag erreichte er Philadelphia, Pennsylvania, USA.

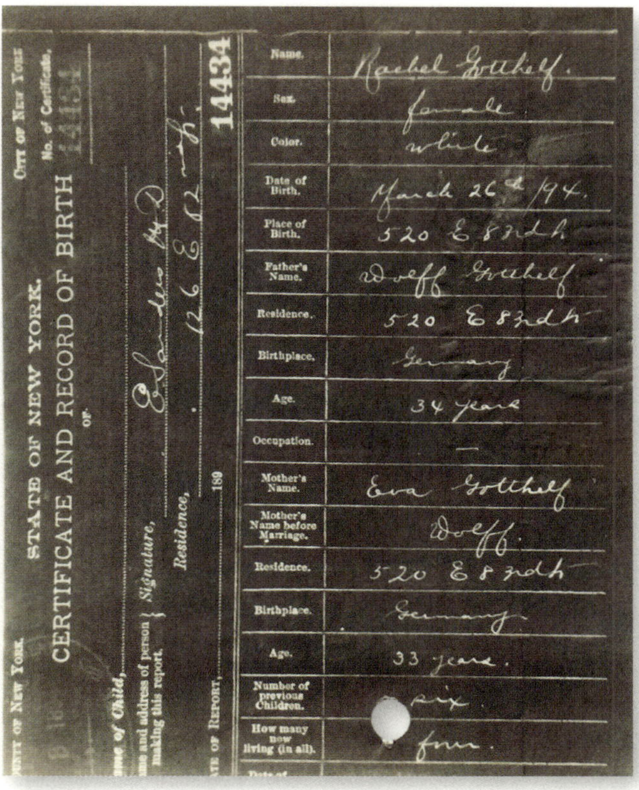
No. of Certificate 14434

STATE OF NEW YORK.

CERTIFICATE AND RECORD OF BIRTH

OF

Name of Child, ...

Name and address of person making this report. Signature, ...

Residence, ...

Date of Report, ... 189

14434

Name.	Rachel Gotthilf.
Sex.	female.
Color.	white
Date of Birth.	March 26th /94.
Place of Birth.	520 E 82nd St.
Father's Name.	Wolff Gotthilf
Residence.	520 E 82nd St.
Birthplace.	Germany
Age.	34 years
Occupation.	—
Mother's Name.	Eva Gotthilf
Mother's Name before Marriage.	Wolff.
Residence.	520 E 82nd St.
Birthplace.	Germany.
Age.	33 years.
Number of previous Children.	six.
How many now living (in all).	four.

Abb. 5:
Geburtsurkunde Nr. 14434 von Rachel Gotthilf, geboren am 26. März 1894 in New York, ausgestellt am 8. April 1894 vom Staat New York

Also ging es Anfang des neuen Jahrhunderts zurück nach Deutschland. Rachel war etwa zehn Jahre alt.[3] Als sie in die deutsche Schule wechselte, änderte ihr Schullehrer ihren Namen in Margarethe, weil, so meinte er, der (jüdische) Name Rachel nicht zu Deutschland passe.[4] Daraufhin wurde sie von vielen Gretel genannt.

Rachel wurde in Schlesien erwachsen und lernte Adolf Ebstein kennen und lieben, den sie dann 1919 heiratete. 1920 wurde eine Tochter geboren. Sie erhielt, der jüdischen Tradition folgend, den Namen ihrer Großmutter mütterlicherseits, Eva. 1926 kam Alexander, kurz Alex,[5] zur Welt, genannt nach dem Großvater väterlicherseits. Die Familie lebte in Breslau, einhundert Kilometer von Oppeln entfernt. Die geschichtlich, kulturell und wirtschaftlich bedeutende Metropole Niederschlesiens zählte damals mit mehr als 400.000 Einwohnern zu den größten Städten Deutschlands.[6]

Alex erinnerte sich gern an seine schönen und friedlichen Kindertage in seiner Heimatstadt Breslau. Doch erwachsen werden sollte er dort nicht.

---

3) Nach den Angaben von Alex Ebstein sind Wolf und Eva Gotthilf etwa im Jahr 1903 mit ihren Kindern nach Deutschland zurückgekehrt. Informationen zum genauen Jahr lagen bei Abfassung des Buchs nicht vor.

4) Der Name geht auf die biblische Rachel (oder: Rahel) zurück, die Frau Jakobs oder Israels, des Stammvaters des Volkes Israel.

5) Alexander Ebstein nannte sich in seiner Jugend und auch im Laufe seines weiteren Lebens meist Alex. Siehe zum Beispiel S. 55, Abb. 19.

6) Heute Wroclaw, die mit 640.000 Einwohnern viertgrößte Stadt Polens. Trotz Krieg und Wiederaufbau hat die Stadt nicht an Anziehungskraft verloren. Die Kulturhauptstadt Europas 2016 ist „ein Gesamtkunstwerk". (Süddeutsche Zeitung, SZ.de, 7.6.2016.)

Jüdisches Leben in Alex' Heimatstadt Breslau

Jüdisches Leben hatte sich in Breslau bereits im Mittelalter entwickelt. 1933 besaß die schlesische Stadt mit 24.433 jüdischen Bürgerinnen und Bürgern die drittgrößte jüdische Gemeinde Deutschlands. Vier Prozent der Einwohner Breslaus bekannten sich zum Judentum.[7)] Im gesamten Deutschen Reich waren es dagegen nur 0,8 Prozent, das waren 520.000.[8)] Das 1854 in Breslau gegründete Jüdisch-Theologische Seminar war die erste akademische Rabbinerausbildung und jüdische Religionslehrer-Ausbildung in Deutschland. Das Judentum war also in Breslau im Vergleich zu anderen deutschen Metropolen überdurchschnittlich vertreten. Jüdische Deutsche gehörten zum Bild der Stadt und waren Normalität.

Das war möglicherweise der Grund, warum Alex aus dieser Zeit keine antisemitischen Tendenzen bekannt waren. Bis zu seinen ersten Schuljahren konnte er auf eine normale und fröhliche Kindheit zurückblicken.

Elternhaus und Erziehung

Alex wurde 1932 im Alter von sechs Jahren eingeschult. Er kam in eine Gemeinschaftsschule für Kinder aus Familien, die anderen Konfessionen als der evangelischen oder der katholischen, den beiden in Breslau dominanten Religionsgemeinschaften, angehörten.

*„In der Schule verspürte ich keinen Hass.
Wir Juden wurden normal behandelt. Das änderte sich
auch nicht, als Hitler 1933 an die Macht kam."*

Alex erinnerte sich gern an seine Kindheit.

*„Ich wuchs in einem sehr liebevollen Elternhaus auf.
Fast jeden Abend, wenn mein Vater von der Arbeit nach Hause kam,
hat er uns etwas mitgebracht, meistens Süßigkeiten.
Am Wochenende gingen wir meistens ins Grüne hinaus."*

Alex bezeichnete sein Elternhaus als jüdisch-liberal. Seine Eltern waren gläubige Juden, wobei sein Vater religiöser war als seine Mutter. Doch wurde nur selten über Religion gesprochen. Über seinen Religionsunterricht äußerte er sich mit den Worten:

*„Im jüdischen Religionsunterricht haben wir nur Hebräisch
lesen und schreiben gelernt, nichts darüber hinaus."*

7) Die Bezeichnung Jude (davon: Judentum) umfasste ursprünglich diejenigen, die dem israelitischen Stamm Juda angehörten. Später wurde der Begriff auf alle Israeliten angewandt. Der Ausdruck wird auch auf Menschen jüdischen Glaubens bezogen, unabhängig von deren Abstammung.

8) Philo-Lexikon, Handbuch des jüdischen Wissens, Berlin 1935, S. 104 und 143.

Infolgedessen erzogen die Ebsteins ihre beiden Kinder kaum religiös. Die Familie ging nur hin und wieder am Sabbat[9] und anlässlich hoher Feiertage in die Synagoge. Dort wurde hebräisch gesprochen und Alex verstand nur wenig, wie er sich später erinnerte.

Ein Bild und seine Geschichte

Die Aufnahme der Familie Ebstein (Abbildung 6)[10] stammt vom 8. November 1936 und hat ihre eigene Geschichte. Es ist ein familienhistorisch sehr bedeutendes Bild. Das Foto ist eine Zusammenstellung mehrerer Ausschnitte einer Aufnahme, die auf der Hochzeit von Sigismund Ebstein, einem Onkel von Alex, im ersten Stock eines Lokals gemacht wurde.[11] Daher ist auch das genaue Datum noch bekannt. Sigismund Ebstein heiratete in Breslau Charlotte Schrent. Die Trauung war zuvor in der jüdischen Synagoge von Breslau vorgenommen worden, als diese noch genutzt werden konnte.

Der in Südamerika lebende Bruder seiner Frau vermittelte den beiden ein Visum zur Auswanderung nach Paraguay. So konnten Sigismund und seine Frau noch vor dem Brand der Synagoge, zu einer Zeit als Juden die Auswanderung noch möglich war, Deutschland verlassen. Sie nahmen das Familienfoto mit.

Da es ihnen in Paraguay nicht gefiel, zogen sie nach kurzer Zeit nach Uruguay. Nach dem Krieg ließen sie sich dann in den USA nieder. Das Familienfoto reiste mit und zählte weiter zu ihren ganz besonderen Wertgegenständen. Jahre später fand das Foto seinen Weg zurück nach Deutschland. Sigismund schenkte es seinem Neffen Alex, als er ihn 1967 in Deutschland besuchte. Er war sich darüber im Klaren, welchen Wert das Foto für Alex haben würde, der nichts aus seinem Elternhaus hatte retten können.[12]

Alex wird von der öffentlichen Schule verwiesen

Ab etwa 1936 wurden auch Alex und seine Familie mit der Diskriminierung der jüdischen Bevölkerung konfrontiert, die sich nun auch in Breslau langsam bemerkbar machte.

> „Die Diskriminierung der Juden
> begann langsam und in kleinen Schritten.“

9) *Schabbat, „Ruhe“, siebenter Tag der Woche, Tag der Ruhe und der Heiligung zur Erinnerung an die Weltschöpfung und Israels Befreiung aus ägyptischer Sklaverei. (Philo-Lexikon, Berlin 1935, S. 615.)*

10) *Siehe auch biografischen Anhang, S. 150, Abb. 95. Die Übersicht der Familie von Alexander und Selma Ebstein, den Großeltern von Alex Ebstein, erleichtert die Einordnung der zahlreichen Glieder dieser jüdischen Familie und deren Schicksale unter der NS-Herrschaft, die im Laufe des Buchs zur Sprache kommen. Über die Familie von Wolf und Eva Gotthilf liegen dagegen nur wenige Informationen vor.*

11) *Alex erhielt das Foto der Großfamilie von seinem Onkel Sigismund Ebstein (siehe biografischen Anhang, S. 151, Abb. 96). Aus diesem Foto fertigte er einen Zusammenschnitt an, auf dem er mit seinen Eltern und seiner Schwester Eva zu sehen ist.*

12) *Hier geht es um die Geschichte des Familienfotos. Das Schicksal von Sigismund Ebstein und der anderen Verwandten von Alex wird im biografischen Anhang behandelt.*

Abb. 6:
Das Familienfoto: Eva, Alex, Adolf und Rachel Ebstein
(von links nach rechts),
8. November 1936

1936, Alex war zehn Jahre alt, beauftragte ihn sein Vater, einen goldenen Familienring zu verkaufen, um dessen Wert vor den Nationalsozialisten zu schützen. Den Ring hatte schon der Großvater von Alex getragen. Die Familie trennte sich schweren Herzens von dem Erbstück und erhielt dafür den Goldpreis.

Im selben Jahr wurden alle jüdischen Schüler und Lehrer[13)] von den Breslauer Schulen verwiesen, auch Alex war davon betroffen. Die Juden Breslaus richteten daraufhin eigene Schulen ein. Breslau lag in Preußen und war der preußischen Hauptstadt Berlin unterstellt. Eigene Schulen waren noch bis zum Polenfeldzug 1939 möglich, erinnerte sich Alex.[14)]

Alex begegnet Adolf Hitler

1938 besuchte Adolf Hitler Breslau. Viele Menschen versammelten sich auf den Straßen, um den „Führer" zu sehen und zu bejubeln. Es hieß: „Kinder gehören nach vorne", weshalb auch der zwölfjährige Alex in die erste Reihe gestellt wurde. Aber er jubelte Hitler nicht zu.[15)] Wegen seines familiären Umfeldes sah er in Hitler keine Glanzgestalt. Die Familie von Alex stand Hitler äußerst kritisch gegenüber. Obwohl Adolf Ebstein, der 1933 als jüdischer Deutscher noch wählen durfte, national eingestellt war, hatte er sein Kreuz bei der SPD gesetzt. Wie damals bei vielen Deutschen hing auch im Hause Ebstein ein Porträt des 1925 zum deutschen Reichspräsidenten gewählten Paul von Hindenburg, der allgemeine Sympathie und Anerkennung genoss.[16)]

Verlust von Arbeit und Wohnung, Einführung des „Judenstempels"

1938, das Jahr, in dem die Breslauer Bevölkerung Adolf Hitler zujubelte, verschlechterte sich die Situation der jüdischen Bevölkerung weiter. So untersagte die „Verordnung zur Ausschaltung der Juden aus dem deutschen Wirtschaftsleben" vom 12. November 1938 jüdischen Bewohnern unter anderem die selbstständige Führung von Betrieben.

---

13) Hier, wie an anderen Stellen im Buch, wird der Einfachheit halber von Personen in der männlichen Form gesprochen, obwohl ebenso weibliche Personen gemeint sind.

14) Im Hochschulbereich begannen die antijüdischen Maßnahmen schon früh mit dem „Gesetz gegen die Überfüllung deutscher Schulen und Hochschulen" vom 25.4.1933. Mit dem Gesetz verschafften sich die Nationalsozialisten ein geeignetes Instrument, um eine rassische und weltanschauliche Auslese durchzusetzen. (Albrecht Götz von Olenhusen, Die „nichtarischen" Studenten an den deutschen Hochschulen, in: Vierteljahrshefte für Zeitgeschichte 14/1966, S. 176.)

15) Welche Einstellung Kindern mitunter über Adolf Hitler vermittelt wurde, zeigt folgendes Zitat von Hans Jürgen Massaquoi, der während der NS-Zeit als Sohn einer weißen Mutter und eines schwarzen Vaters in Hamburg aufwuchs: „‚Der Führer' kommt nach Hamburg. Die Straßen, durch die sein Konvoi rollt, sind gesäumt von begeistert jubelnden Schulkindern [...]. Für mich wie für beinahe alle meine Altersgenossen hatte Hitler einen gottähnlichen Nimbus, der ihn über alle Kritik erhaben machte." (Hans Jürgen Massaquoi, Neger, Neger, Schornsteinfeger, Frankfurt am Main 2008, S. 2 und 71.) Massaqoui beschreibt in seiner Autobiografie seine Kindheit und Jugend zwischen 1926, seinem Geburtsjahr, und 1948 als einer der ganz wenigen schwarzen und deshalb diskriminierten Deutschen. Seine Biografie wurde mit Veronica Ferres in der Rolle seiner Mutter verfilmt. Massaquoi starb am 19.1.2013.

16) Dabei trug auch Hindenburg Mitverantwortung an den negativen Entwicklungen im Deutschen Reich. Mit der Unterzeichnung der „Verordnung zum Schutz von Volk und Staat" vom 28.2.1933 hatte er der NS-Diktatur den Weg bereitet. Durch die Verordnung wurden die wesentlichen Bürgerrechte, wie freie Meinungsäußerung, Pressefreiheit und das Versammlungsrecht, außer Kraft gesetzt.

Alex' Vater führte als gelernter Textilkaufmann einen erfolgreichen Betrieb, in dem Arbeitskleidung hergestellt wurde.[17] 1938 enteigneten die Nationalsozialisten den Betrieb, wodurch die Familie ihre wirtschaftliche Existenz verlor. Adolf Ebstein musste nun Schwerstarbeit bei der Firma Koschnik im Gleisbau leisten, um weiter für seine Familie sorgen zu können. Die Familie konnte die Miete für die Wohnung nicht mehr bezahlen und zog in eine günstigere Unterkunft. Fortan lebten sie in einer Zweizimmerwohnung in Breslau.[18]

Alex erlebte, wie er, seine Familie und andere jüdische Bürgerinnen und Bürger zunehmend diskriminiert wurden: das Verbot, auf „Arierbänken" im Park zu sitzen, ins Schwimmbad oder Kino zu gehen, Fahrrad zu fahren oder öffentliche Verkehrsmittel zu nutzen, die öffentliche Verunglimpfung als Mörder und Kinderschänder oder die Plünderung einer jüdischen Drogerie in seiner Nachbarschaft. Die Nationalsozialisten nahmen Juden wie auch Andersdenkenden die Würde.

„Das Ganze war unglaublich. Du darfst in kein Lokal mehr gehen, in keine Trambahn mehr einsteigen, kein Tier mehr halten. Man wurde völlig entwürdigt, war nichts mehr wert. Das Ganze lief ab wie eine vom Staat in Gang gesetzte, unaufhaltsame Maschinerie."

Alex war es auch verboten, schwimmen zu lernen, weil er als Jude keinen Zugang zu den Schwimmbädern mehr hatte. Deshalb machte er erst viele Jahre später, nach seiner Pensionierung, einen Schwimmkurs.

Auch wenn Alex nicht aus einem streng religiösen Elternhaus kam, war er gläubig und betrachtete das Judentum als seine geistige Heimat. Der zunehmende Antisemitismus[19] löste bei ihm keinen religiösen Konflikt aus. Viele streng gläubige jüdische Deutsche dagegen waren innerlich zerrissen; einige verloren sogar ihren Glauben an Gott. Alex stellte die Existenz Gottes nicht infrage.

Alex betrachtete es als Vorteil, den Diskriminierungen in einer Großstadt wie Breslau ausgesetzt gewesen zu sein. Er verglich sein damaliges Umfeld mit dem von Imo

17) *Oskar Edel, der sich nach dem Krieg in München niederließ, äußerte sich im Rahmen einer schriftlichen Stellungnahme wie folgt über die wirtschaftliche Situation der Familie Ebstein: „[Ich kenne die Familie Ebstein] seit frühester Jugend von unserem gemeinsamen Wohnort Breslau. Der Vater war in Breslau selbständiger Industriekaufmann und hatte ein so großes Einkommen, dass er seinen Sohn, Alexander Ebstein, wenn die nationalsozialistische Verfolgung nicht gekommen wäre, mit Leichtigkeit hätte studieren lassen können." (Eidesstattliche Versicherung von Oskar Edel, 13.3.1957.)*

18) *Im persönlichen Gespräch erwähnte Alex 1938 als Jahr des Umzugs der Familie als Folge des Verlusts des Betriebs seines Vaters. In seinem handschriftlichen Lebenslauf gab er dagegen 1937 als Jahr des Umzugs an (vgl. Kapitel 6).*

19) *Antisemitismus steht für die rassistische Judenfeindlichkeit. Sie ist zu unterscheiden vom Antijudaismus, der Ablehnung des Judentums aus meist religiösen Gründen. Die Abgrenzung der Begriffe ist schwierig. Eine Ablehnung der religiösen jüdischen Lehren kann als religiöser Antijudaismus bezeichnet werden, muss aber keineswegs mit Feindschaft einhergehen. Andererseits bereitete der Antijudaismus im Laufe der Geschichte den Boden für den Antisemitismus und die Verfolgung der Juden.*

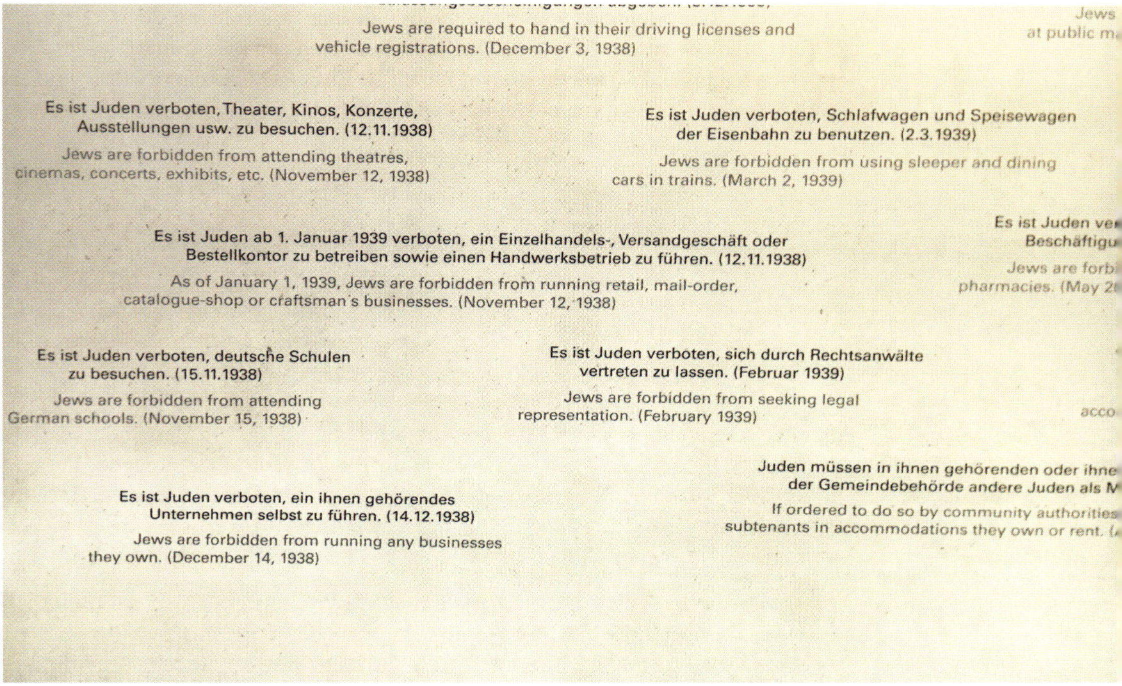

Abb. 7: Juden wurden im Deutschen Reich immer mehr entrechtet. Zum Beispiel wurde ihnen mit der „Verordnung zur Ausschaltung der Juden aus dem deutschen Wirtschaftsleben" vom 12. November 1938 die selbstständige Führung eines Handwerksbetriebs mit Wirkung zum Jahresende 1938 untersagt. Die Abbildung zeigt an einer Wand im NS-Dokumentationszentrum München angebrachte Texte.

Moszkowicz[20)], der in einer Kleinstadt gelebt hatte, und konnte so in der ihm eigenen Art seiner Situation etwas Positives abgewinnen. Alex' Blick war selbst in für ihn diskriminierenden Situationen auf positive oder entlastende Aspekte gerichtet.

„Ich habe das selbst ebenfalls durchgemacht.
Nur waren die Eindrücke für Imo härter als für mich,
weil er sie in einer Kleinstadt erlebte.
Ich habe sie dagegen in Breslau, einer Großstadt erlebt,
also in einer gewissen Anonymität."

Ab 1938 versahen die deutschen Behörden alle Reisepässe von Juden mit einem roten „J" [Jude], um die Einführung der vom Schweizer Bundesrat verlangten Visumspflicht für deutsche Staatsangehörige zu verhindern.[21)] Grundlage der Regelung war die „Verordnung über Reisepässe von Juden" vom 5. Oktober 1938.

---

20) Zu Imo Moszkowicz: siehe Vorwort, S. 11.

21) „Nach dem Anschluss Österreichs im März 1938 schwoll die Zahl der Flüchtlinge, v. a. der jüdischen, aus dem [Deutschen] Reich in die Schweiz und in andere Länder an, was in der Schweiz die

Durch den „Judenstempel“ war es möglich, jüdische Deutsche an den Grenzübergängen als solche zu identifizieren. Dies konnte je nach den Bestimmungen des Ziellandes bedeuten, dass den betroffenen Juden die Einreise verweigert wurde und sie damit weiter der Verfolgung in Deutschland ausgesetzt waren.

Alex über die weitreichende diskriminierende Wirkung des Stempelaufdrucks:

„Hitler hatte allen Juden die Staatsangehörigkeit genommen und diese durch das ‚J‘ im Pass ersetzt.“

Von der Bar-Mizwa bis zur ersten KZ-Erfahrung

Als aufmerksamem Zeitungsleser entging Alex der Artikel in der Süddeutschen Zeitung vom 6. Mai 2010 nicht, in dem über die Einweihung einer Synagoge in Breslau berichtet wurde. Alex berührte der Bericht besonders, erinnerte er ihn doch an seine Kindheit. In der Breslauer Synagoge hatte Alex im April 1938 im Alter von zwölf Jahren[22)] das erste Mal aus einer jüdischen Schriftrolle vorgelesen.

Anlass war die Bar-Mizwa, die Anerkennung als vollwertiges Glied der jüdischen Gemeinde, vergleichbar mit der Konfirmation in der evangelischen Kirche. Als Bar-Mizwa wird sowohl der Tag, an dem ein jüdischer Junge[23)] die religiöse Mündigkeit erreicht, als auch der Status der religiösen Volljährigkeit bezeichnet. Alex erhielt an diesem Tag seinen weiteren, jüdischen Namen „Zwi“ für die Gottesdienste in der Synagoge. Der Name bedeutet „Gazelle“ und sollte ihn mit Gott verbinden.

Vorbehalte gegenüber ihnen verstärkte. Am 1.4.1938 führte der [Schweizer] Bundesrat die Visumspflicht für österr. Pässe ein. [...] Als per 15. Aug. die österr. Staatsangehörigen dt. Pässe erhielten, kündigte die Schweiz am 30. Aug. vorsorglich den Niederlassungsvertrag von 1926 mit Deutschland und beschloss [...] die Visumspflicht für alle dt. Staatsangehörigen ab 1. Okt. einzuführen. [...] Aus wirtschaftl. und aussenpolit. Gründen akzeptierte der Bundesrat [...] am 4. Okt. den dt. Vorschlag [, nur die Pässe deutscher Juden zu kennzeichnen,] und widerrief die Einführung der Visumspflicht, worauf Deutschland sofort zur Kennzeichnung der jüd. Pässe schritt. Weitere Länder wie Schweden übernahmen die schweiz.-dt. Regelung.“ (Marco Jurio, Historisches Lexikon der Schweiz, 10.3.2015, abrufbar unter: www.hls-dhs-dss.ch/textes/d/D49159.php, abgerufen am 25.3.2019.)

22) *Jüdische Jungen erreichen die Bar-Mizwa normalerweise mit dreizehn Jahren. Nach Angabe von Alex wurde ihm dieser Status bereits 1938 verliehen, als er zwölf Jahre alt war. Angesichts der NS-Verfolgungszeit wurde die Ordinierung häufig vorgezogen, berichtete Terry Swartzberg, der einer jüdischen Gemeinde in München angehört (Gespräch vom 5.7.2018).*

23) *Die religiöse Mündigkeit jüdischer Mädchen wird als Bat-Mizwa bezeichnet. Der hebräische Begriff bedeutet „Tochter des Gebots“ (Bar Mizwa bedeutet „Sohn des Gebots“, „Gebotsmündiger“ oder gemäß dem jüdischen Philo-Lexikon aus dem Jahr 1935 „Gebotspflichtiger“). Die Bat-Mizwa ist wegen der unterschiedlichen Behandlung und Pflichten von Männern und Frauen zumindest im orthodoxen Judentum nicht mit der Bar-Mizwa gleichzustellen.*

Alex erinnerte sich noch gut an den besonderen Tag. Die Thora[24] war so gerollt, dass die zu lesende Stelle sichtbar war. Mit einem Stab, an dessen Ende sich eine Hand mit ausgestrecktem Zeigefinger befand, wurde Alex angezeigt, was zu lesen war.[25]

Unter den Augen der Öffentlichkeit setzten die Nationalsozialisten noch im selben Jahr (1938) die Innenräume der Synagoge in Brand. Die Beobachter machten keine gehässigen Bemerkungen. Ihnen war die Rechtswidrigkeit des Geschehens offenbar klar. Auch fünf Jahre nach dem Machtantritt Hitlers hatten sich in Breslau Teile der Bevölkerung nicht oder noch nicht vom Geist des Antisemitismus und der Intoleranz anstecken lassen.

> *„Als die Synagoge in Breslau in Brand gesetzt wurde, schauten Hunderte von Beobachtern schockiert zu."*

Anfang November 1938 wurden alle jüdischen Männer aus Breslau, darunter auch Alex' Vater, in das Konzentrationslager Buchenwald verschleppt. Viele Juden wurden wieder entlassen; Adolf Ebstein ließ man nach etwa zwei Monaten, Weihnachten 1938, wieder frei.

Adolf Ebstein hatte wie viele andere jüdische Männer, darunter auch sein Bruder Sigismund, Deutschland im Ersten Weltkrieg als Soldat an der Front „gedient". Er konnte sich deshalb nicht vorstellen, dass der deutsche Staat jüdische Deutsche wie ihn vernichten würde. Lange war er fest davon überzeugt, ihm könne nichts passieren. „Ich habe doch Deutschland im Weltkrieg gedient." Dass er aus dem KZ Buchenwald wieder freigelassen wurde, schien seine Sichtweise zu bestätigen.

Die zwischenzeitlichen Entwicklungen sprachen jedoch eine andere Sprache. Am 9. November 1938 hatte die Verfolgung der Juden mit der Reichspogromnacht einen vorläufigen Höhepunkt erreicht. In Paris hatte Herschel Grynszpan, ein jüdischer Jugendlicher, den deutschen Diplomaten Ernst Eduard vom Rath ermordet. Die deutschen Nationalsozialisten missbrauchten das Attentat auf den Botschaftssekretär als Vorwand für Ausschreitungen gegen die jüdische Bevölkerung in Deutschland und Österreich, das im März 1938 in das Deutsche Reich eingegliedert worden war.

„In dieser Nacht brannten überall in Deutschland die Synagogen. Nationalsozialisten demütigten und misshandelten jüdische Bürger und verwüsteten ihre Wohnungen und Geschäfte. Die Polizei griff nicht ein. Etwa 400 Juden wurden in dieser Nacht ermordet [...]. Über 30.000 jüdische Männer wurden verhaftet, davon 25.000 in Konzentrationslager verschleppt."[26]

---

24) Hebräische Bezeichnung für die auch als Pentateuch bezeichneten fünf Bücher Mose der Heiligen Schrift.

25) Der Zeigestab wird passenderweise als „Jad", hebräisch für „Hand", bezeichnet. Die Verwendung des Zeigestabs dient dem Schutz der oftmals alten Schriftrollen, deren Berührung vermieden werden soll.

26) Winfried Nerdinger (Hrsg.), München und der Nationalsozialismus, München 2015, S. 208.

Die Breslauer Synagoge „Zum Weißen Storch“

Die Synagoge an der Wallstraße wurde im Volksmund „Zum Weißen Storch“ oder kurz „Storch“ genannt, nach dem Gasthaus, das zuvor auf dem Grundstück nahe der Breslauer Altstadt gestanden hatte. Die zentrale Synagoge war 1829 eingeweiht worden, um die zuvor meist privaten Bethäuser zu ersetzen. Nach dem Bau einer neuen Synagoge in den Jahren 1866 bis 1871 wurde sie auch Alte Synagoge genannt. In der Reichspogromnacht am 9. November 1938 wurden die Neue Synagoge und alle noch bestehenden jüdischen Bethäuser Breslaus zerstört. Nur der „Storch“ blieb verschont und überstand die NS-Zeit. Die schon damals historische Synagoge war umgeben von bedeutenden alten Gebäuden, die in Mitleidenschaft gezogen worden wären, wenn man die Synagoge abgebrannt hätte. Allerdings wurden die Innenräume ausgebrannt. Nach dem Zweiten Weltkrieg verwahrloste die Synagoge mehr und mehr. Nach umfassender Sanierung wurde die Storch-Synagoge im Jahr 2010 erneut eingeweiht.

Abb. 8: Die Breslauer Synagoge „Zum Weißen Storch“, 2010

Mit Beginn des Zweiten Weltkriegs 1939 radikalisierten die Nationalsozialisten ihre Judenpolitik. Den offiziell als „Reichsfeinde" bezeichneten jüdischen Bürgern war es nicht mehr erlaubt, während der Sperrstunden[27)] ihre Wohnung zu verlassen. Sie durften kein Radio und kein Telefon mehr besitzen und erst nach 15.30 Uhr einkaufen.

„Die Graupe"

Die Familie von Alex wohnte in Breslau zuletzt in der Innenstadt. Auf seinem Weg zur Schule ging Alex jeden Tag am Gefängnis vorbei. Es wurde „Die Graupe" genannt, weil es sich an einer Straße befand, die „An der Graupe" hieß. Ab März 1938 war Gertrud Pötzinger als verfolgte Zeugin Jehovas im Breslauer Gefängnis inhaftiert. Sie verbrachte dort dreieinhalb Jahre in Einzelhaft und danach mehrere Jahre im Konzentrationslager Ravensbrück. Nach dem Krieg lernte Alex Gertrud Pötzinger und ihren Mann, den Münchner Martin Pötzinger, persönlich kennen.[28)] Es folgten zahlreiche Begegnungen der Ebsteins mit dem Ehepaar Pötzinger. Alex erwähnte wiederholt, dass er als Kind täglich an dem Gefängnis vorbeigegangen sei, in dem Gertrud Pötzinger zur selben Zeit inhaftiert war, ohne sich dessen bewusst gewesen zu sein. Im Rückblick hatte „Die Graupe" für ihn eine andere Bedeutung erhalten. Gertrud und ihr Mann Martin, der sich damals, ab Juli 1938, im KZ Dachau und ab September 1939 im KZ Mauthausen befand, sollten nach der Befreiung eine große Rolle im Leben von Alex spielen.

Alex' Mutter nimmt die vorbereitete Ausreise in die USA nicht wahr

Als gebürtige New Yorkerin mit amerikanischer Staatsangehörigkeit hätte Rachel Ebstein, die Mutter von Alex, in die USA auswandern können. Die dafür vom NS-Staat geforderten 10.000 USD – damals ein Vermögen – waren 1941 bereits zu diesem Zweck hinterlegt. Wie Alex weiter erzählte, durfte seine Mutter nach Aussage der Berliner US-Botschaft als US-Amerikanerin ausreisen. Rachels Ehemann und den Kindern, die nicht US-Amerikaner waren, war das jedoch vonseiten der Vereinigten Staaten nicht erlaubt. Doch ohne Ehemann und Kinder wollte Alex' Mutter nicht ausreisen. Hätte die US-amerikanische Botschaft die Ausreise der ganzen Familie genehmigt, so hätte sich diese der Verfolgung durch die Nationalsozialisten entziehen können.

---

27) Von den Nationalsozialisten bestimmte Ausgangssperren.

28) Zur Verfolgung von Martin und Gertrud Pötzinger: siehe Winfried Nerdinger / Christoph Wilker (Hrsg.), Die Verfolgung der Zeugen Jehovas in München 1933–1945, Berlin 2018, S. 135, nachfolgend: Nerdinger / Wilker, Verfolgung.

Abb. 9: Alex im Alter von zehn Jahren, 1936

**„Meine Mutter hätte allein ausreisen sollen.
Sie hätte dann von den USA aus
die Ausreise der Familie organisieren können.
Das wäre gut möglich gewesen."**

Alex Ebstein

KAPITEL 2

Ermordung der Familie – Leiden in Auschwitz

„Wer Auschwitz überlebte, hat es nur durch Wunder überlebt."[1)]

Noah Klieger, jüdischer Auschwitz-Überlebender

Kriegsausbruch und Schließung der jüdischen Schule

Nach Ausbruch des Zweiten Weltkriegs im Jahr 1939 nahm Alex die gegen Juden gerichteten Repressalien immer deutlicher wahr. Alex erzählte, wie 1941[2)] auch die jüdische Schule in Breslau, in der er unterrichtet worden war, geschlossen wurde. Die Schließung wurde damit begründet, dass das Gebäude als Lazarett für verwundete Soldaten benötigt würde.[3)] Alex konnte sich noch daran erinnern, wie sich die Rektorin seiner jüdischen Schule in einer Ansprache mit bewegenden Worten von den Schülern verabschiedete.

Obwohl erst 15 Jahre alt, wurde Alex dienstverpflichtet und fortan in einer Schreinerei eingesetzt, einem Betrieb mittlerer Größe mit etwa zwanzig bis dreißig Mitarbeitern. Die Tätigkeit war ihm vom Arbeitsamt zugeteilt worden; jeder Jude musste arbeiten, berichtete Alex.

---

1) *Der Auschwitz-Überlebende Noah Klieger in der ZDF-Sendung „Markus Lanz" vom 14.5.2015. Siehe auch S. 42.*

2) *„Im Oktober 1941, kurz vor der ersten Deportation der jüdischen Breslauer aus der Stadt, lernten 512 Schüler in 17 Klassen mit 21 Lehrern in der Breslauer jüdischen Schule; somit war diese nach Berlin und Frankfurt a. M. die drittgrößte im ‚Altreich'. [...] Der Erlass vom 20. Juli 1942 über die Schließung aller jüdischen Schulen im Deutschen Reich markierte das Ende der jüdischen Schule in Breslau. [...] [Zu dieser Zeit] war die Schülerzahl schon sehr klein (schätzungsweise 150–200) [...]." (Katharina Friedla, Juden in Breslau / Wroclaw, 1933–1949: Überlebensstrategien, Selbstbehauptung [...], Köln 2015, S. 261–263.)*

3) *Egon Höcker bestätigt, dass man in Breslau Schulen in Lazaretts umfunktionierte. Er nennt dabei allerdings das Jahr 1942. (Egon Höcker, Schulen in Breslau – Breslauer Schüler erinnern sich, 2008, S. 5.)*

Im Erlass des Präsidenten der Reichsanstalt für Arbeitsvermittlung und Arbeitslosenversicherung, Friedrich Syrup, vom 20. Dezember 1938 hieß es: „Der Staat hat kein Interesse daran, die Einsatzkraft der einsatzfähigen arbeitslosen Juden unausgenutzt zu lassen und diese unter Umständen aus öffentlichen Mitteln ohne Gegenleistung zu unterstützen." Der Erlass bildete für etwa drei Jahre die Basis für den Arbeitszwang deutscher Juden. Die Reichsarbeitsverwaltung verfügte über die alleinige Autorität der Planung und Durchführung der antijüdischen Maßnahmen. Zur Umsetzung des Programms benötigten die Arbeitsämter die Unterstützung von öffentlichen Institutionen und privaten Unternehmen.[4)]

Obwohl Alex als jugendlicher Hilfsarbeiter ausgebeutet und täglich mit Repressalien konfrontiert wurde, hatte er das Arbeitsumfeld in positiver Erinnerung behalten. Diese seine innere Grundhaltung gehörte zu Alex' Stärken. Sie ermöglichte es ihm, im Laufe der Jahre viele Demütigungen und Verluste zu ertragen, ohne daran zu zerbrechen. Alex konzentrierte sich nicht auf den Verlust der beiden Schulen und die negativen Veränderungen im familiären Umfeld, sondern zum Beispiel darauf, dass er an seinem Arbeitsplatz relativ freundlich behandelt wurde. Seine Kollegen nahmen offenbar Rücksicht auf ihn, der ja noch ein Kind war. Alex durfte sogar manchmal den Eigentümer der Schreinerei bei Kundenbesuchen begleiten, obwohl einige von diesen damit nicht einverstanden waren. Lediglich der für die Mitarbeiter der Schreinerei bestimmte Aufenthaltsraum stand ihm als Jude nicht zur Verfügung.[5)]

Der „Judenstern"

Ab 1941 wurde von allen jüdischen Bürgern in Deutschland verlangt, einen sogenannten „Judenstern" zu tragen. Ohne diesen sichtbaren Ausdruck der Stigmatisierung durfte sich kein Jude mehr in der Öffentlichkeit zeigen. Eine eigene Verordnung, die „Polizeiverordnung über die Kennzeichnung der Juden", regelte die Kennzeichnungspflicht. Sie wurde am 1. September 1941 erlassen und durch das Reichsgesetzblatt des NS-Innenministeriums verkündet. Kinder mussten den Judenstern ab dem sechsten Lebensjahr tragen.

„Wir waren Freiwild, seit wir den ‚Judenstern' tragen mussten", bestätigte Esther Bejarano, die wie Alex bereits als Jugendliche einen „Judenstern" tragen musste. „Jeder konnte alles mit uns machen."[6)]

---

4) Wolf Gruner, Der „geschlossene Arbeitseinsatz" und die Juden in Frankfurt am Main von 1938 bis 1942, in: Monica Kingreen (Hrsg.), Nach der Kristallnacht – jüdisches Leben und antijüdische Politik in Frankfurt am Main 1938–1945, Frankfurt am Main 1999, S. 262.

5) Nach dem Krieg wurde die Schreinerei in Norddeutschland fortgeführt. Alex ließ es sich nicht nehmen, in den Nachkriegsjahren einmal mit seiner ehemaligen Chefin zu telefonieren.

6) Esther Bejarano, abrufbar unter: www.tagesschau.de/inland/75-jahre-ns-judenstern-101.html (abgerufen am 27.3.2019). Esther Bejarano war 1941 als jüdische Bürgerin im NS-Zwangsarbeitslager Neuendorf inhaftiert. Täglich fuhr sie unter der Bewachung von SS-Männern zu ihrem Zwangsarbeitsplatz. Infolge der Stigmatisierung durch den „Judenstern" wurde sie auf der Straße erkannt und angespuckt. Sie war 16 Jahre alt. Die am 15.12.1924 in Saarlouis geborene Zeitzeugin lebt heute in Hamburg.

„Mit dem ‚Judenstern' wurden die Juden vom NS-Staat für vogelfrei erklärt, wie im Mittelalter."

Alex nahm die Behandlung durch die Breslauer Bevölkerung – im Gegensatz zu den staatlichen Einschränkungen – unverändert freundlich wahr. Dagegen fiel es Alex' Schwester sehr schwer, den „Judenstern" zu tragen. Das tat ihr, einer jungen Frau mit 21 Jahren, sehr weh, erinnerte sich Alex. Schon zuvor hatte Eva unter den Entrechtungen, zum Beispiel nicht ins Kino gehen zu dürfen, gelitten. Das alles hat sie sehr belastet. Alex dagegen gelang es, mit den Entwürdigungen distanzierter umzugehen.

Alex berichtete von einem Auftrag seines Arbeitgebers, im Luftwaffensanitätsdepot, einer Einrichtung der Luftwaffe, Arbeiten zu erledigen. Alex fragte seinen Chef, wie er denn dahin kommen solle, da er doch als Jude nicht mit der Tram fahren dürfe. Sein Vorgesetzter wies ihn an, den „Judenstern" durch seine Arbeitsjacke zu verdecken und einen Werkzeugkasten mitzunehmen, dann würde er in der Trambahn nicht auffallen. Bei Entdeckung hätte Alex die Konsequenzen seines Handelns alleine tragen müssen, aber es entstanden keine Probleme. Beim Pförtner des Luftwaffensanitätsdepots entschied sich Alex, offen aufzutreten, um Schwierigkeiten zu vermeiden. So machte er den „Judenstern" dort wieder sichtbar. „Was willst du denn hier?", wurde er gefragt. Alex: „Ich habe von meiner Firma den Auftrag erhalten, bei Ihnen Arbeiten zu erledigen." Dann wurde er nach seinem Namen gefragt. Der Pförtner sah in einer Namensliste nach und stieß dort auf den Namen Alexander Ebstein. Alex war von seiner Firma angekündigt worden und erhielt daher trotz „Judenstern" Einlass.

Abb. 10: Der „Judenstern", den jüdische Bürger ab 1941 tragen mussten

Einer der Verantwortlichen des Depots wurde darauf hingewiesen, dass Alex hier als Jude arbeiten sollte. Der Militäroberst war einverstanden, doch weil er befürchtete, dass Unruhe aufkommen könnte, erlaubte er Alex nicht, in der Kantine zu essen. Alex wurde deshalb das Mittagessen an seinen Arbeitsplatz gebracht, was er in dieser Zeit als ungewöhnliche Geste zugunsten eines Juden empfand. Etwa vier bis fünf Tage fuhr Alex täglich mit der Tram in den Außenbezirk von Breslau, wo sich das Luftwaffensanitätsdepot befand.

Eva Ebstein – Zugfahrt in den Untergang

An einem Tag im November 1941 klingelten zwei Gestapo-Beamte, mit schweren Ledermänteln bekleidet, an der Wohnungstür der Familie Ebstein. „Wo ist Fräulein Ebstein?", fragten sie. Unbedacht antwortete Alex, der die Tür geöffnet hatte: „Die ist in der Arbeit." „Wir kommen in zwei Stunden wieder. Dann hat sie zu Hause zu sein", erwiderten die Gestapo-Beamten. Die Familie holte Eva von der Arbeit. Sie war bei einem Zahnarzt beschäftigt. Die Beamten kamen pünktlich zwei Stunden später wieder und nahmen Eva mit.

„Meine Mutter wäre vor Angst fast gestorben. Sie bekam über Nacht weiße Haare. Ich hätte so etwas nicht für möglich gehalten. Aber die seelische Verfassung hat offenbar Einfluss auf die Haarfarbe. Ich habe es selbst beobachtet."

Warum Eva und kein anderes Mitglied der Familie geholt wurde, war Alex nicht bekannt. Vielleicht war sie unvorsichtig gewesen und hatte sich öffentlich über die Stigmatisierung durch den „Judenstern" oder andere Formen der Diskriminierung beklagt, da die Entwicklungen sie innerlich sehr aufgewühlt hatten.

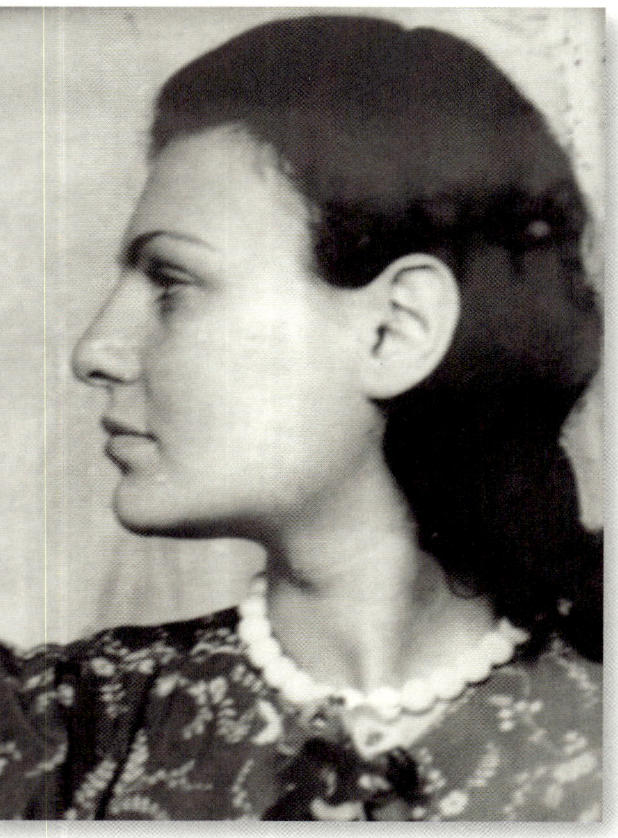

Abb. 11: Die 21-jährige Eva Ebstein, 1941

„Wir haben Eva nie wiedergesehen. Meine Schwester wurde von den Nazis grausam ermordet."

Alex hat dieser Vorgang sein Leben lang belastet. Wenige Monate vor seinem Tod, als er mit seinem Sohn Werner über diesen Tag sprach, konnte er seine Tränen nicht zurückhalten. Alex belasteten Schuldgefühle, weil er es gewesen war, der 1941 der Gestapo die Wohnungstür geöffnet und unbedacht Auskunft gegeben hatte.

Nach dem Krieg stellte Alex Nachforschungen an und konnte schließlich das Schicksal seiner Schwester zurückverfolgen. Eva war mit einem „Judentransport" von Breslau nach Riga[7] gebracht worden. In dem Zug befanden sich insgesamt eintausend jüdische Deutsche. Sie wurden unmittelbar nach ihrer Ankunft erschossen.

Das Foto von Eva Ebstein (siehe Abbildung 11) gehörte zu den wenigen Erinnerungsstücken von Alex an seine von den Nationalsozialisten ermordete Familie. Es hing all die Jahre bis zu seinem Tod im Wohnzimmer seines Hauses am Groschenweg. Hinter dem Foto hatte Alex handschriftlich zwei Vermerke zu Eva und seiner Cousine Anneliese Richter festgehalten (siehe Abbildung 12).[8] Anneliese Richter und ihre Mutter Amalie Richter,[9] die Schwester von Adolf Ebstein, lebten im selben Haus wie die Familie von Adolf Ebstein. Anneliese und Eva waren befreundet.

7) Riga, die Hauptstadt Lettlands, das 1940 zur Sowjetrepublik geworden war, stand von 1941 bis 1944 unter deutscher Besatzung. Tatsächlich wurde Eva in Kowno ermordet, siehe die weiteren Ausführungen.
8) Siehe auch Foto Anneliese Richter, S. 156, Abb. 100.
9) Zu Amalie und Anneliese Richter: siehe biografischen Anhang, S. 156.

Abb. 12: Handschriftliche Vermerke von Alex auf der Rückseite des Bildes, auf dem rechts Eva Ebstein und links Anneliese Richter, eine Cousine von Eva und Alex, abgebildet sind

Werner Ebstein, dem Sohn von Alex, gelang es Anfang 2015, Einsicht in die Listen des Judentransports zu erhalten, mit dem Eva Ebstein deportiert worden war. Er brachte folgende Details ans Tageslicht:

„Der erste Transport mit schlesischen Juden verließ am 25.11.41 den Bahnhof Breslau-Odertor, nachdem die Menschen zuvor im Sammellager am Schießwerderplatz konzentriert wurden. Wie bereits die Züge aus Berlin (17.11.), München (20.11.), Frankfurt / Main (22.11.) und Wien (23.11.) wurde auch der Transport aus Breslau nicht wie ursprünglich vorgesehen nach Riga, sondern ins litauische Kowno geleitet. Unmittelbar nach ihrer Ankunft wurden die Breslauer Juden am 29.11.41 vom Einsatzkommando 3 der Einsatzgruppe A im Fort IX außerhalb von Kowno[10)] erschossen.

Entsprechend der ‚Gesamtaufstellung der im Bereich des EK.3 bis zum 1. Dez. 1941 durchgeführten Exekutionen' des SS-Standartenführers Jäger wurden an diesem Tag 2000 ‚Umsiedler aus Wien u. Breslau' ermordet, davon 693 Männer, 1155 Frauen und 152 Kinder."[11)]

Eva Ebstein befand sich unter den Ermordeten.

Das Dokument der Meldung der Einsatzgruppe A, mit der die Umleitung der Transporte nach Kowno angekündigt wurde, publizierte die Gedenkstätte Yad Vashem

10) Kaunas (Kowno ist der polnische Name der Stadt) ist die zweitgrößte Stadt Litauens und war von 1920 bis 1940 Hauptstadt Litauens. Von 1941 bis 1944 stand die Stadt unter deutscher Besatzung.

11) Statistik des Holocaust, abrufbar unter: www.statistik-des-holocaust.de/list_ger_sln_411125.html (abgerufen am 27.3.2019).

im Rahmen des Projekts „Zugfahrten in den Untergang".[12] Werner Ebstein berichtete seinem Vater telefonisch aus den USA, dass Eva Ebstein nicht in Riga, sondern in Kowno ermordet worden war. „Mein Vater glaubte bis Januar 2015, dass seine Schwester in Riga erschossen wurde, bis ich ihm das vorlas. Er sprach kein Wort."[13] Die mit dem Schicksal seiner Schwester verbundene Information berührte ihn so tief, dass er nicht in der Lage war, sich dazu zu äußern.

Zwangsumzug in ein „Judenhaus"

Bei einem Arbeitseinsatz 1942 arbeitete Alex in unmittelbarer Nähe von jüdischen Gefangenen eines Arbeitslagers. Sie trennte nur ein Zaun. „Wo kommst du denn her?", wurde Alex von den KZ-Häftlingen gefragt. Sie konnten nicht verstehen, dass ein Jude 1942 noch völlig normal für ein Unternehmen arbeitete. Zu dieser Zeit waren bereits viele jüdische Bewohner Breslaus in sogenannte „Judenhäuser" umquartiert worden. Und die Deportation von Juden in Konzentrations- und Vernichtungslager hatte bereits begonnen.[14]

Doch schließlich waren auch Alex und seine Eltern davon betroffen. Zunächst wurde die Familie Ebstein gezwungen, ihre Wohnung zu verlassen. Die Familie musste in die Breslauer Fischergasse 14 ziehen, ein kleines Haus, das der jüdischen Gemeinde gehörte. Nun mussten sie sich zu Dritt ein einziges Zimmer teilen. Der Prozess der Entwürdigung und Entwertung setzte sich Schritt für Schritt und unaufhaltsam fort. Für die Abgabe ihrer Wohnung gab es Anweisungen, die genau zu beachten waren. „Arisierung" nannte sich dieser gesetzlich geregelte Vorgang.

„Das Gesetz über Mietverhältnisse mit Juden vom 30. April 1939 ermöglichte es den Behörden, Juden ohne ihr Einverständnis in Wohnungen und Häuser anderer Juden zusammenzulegen."[15] Das Gesetz bestimmte: „Ein Jude hat in Wohnräume, die er als Eigentümer oder aufgrund eines Nutzungsrechts innehat oder die er von einem Juden gemietet hat, auf Verlangen der Gemeindebehörde Juden als Mieter oder Untermieter aufzunehmen."[16]

Die Holocaust-Überlebende Charlotte Knobloch[17] stellte fest: „Es ist bekannt, wie sich ideologischer Fanatismus mit kaum oder unverhohlener Gier zu einer beispiellosen Raubaktion verknüpfte, die sich auf alles richtete: Häuser und Grundstücke, Firmen und Geschäfte, Wohnungen, Kunst, Schmuck und Bücher, Wäsche und Hausrat."[18]

Adolf Ebstein war bereits 1938 enteignet worden und hatte sein gut gehendes Geschäft verloren. Nun wurde der Familie auch die Wohnung genommen.

---

12) Yad Vashem Archives, O.18/158, siehe Statistik des Holocaust, ebd.

13) E-Mail von Werner Ebstein an den Autor, 5.2.2015. Auch in seinem handgeschriebenen Lebenslauf gibt Alex als Ziel des Transports seiner Schwester Eva Riga an, vgl. Kapitel 6.

14) Am 20.1.1942 wurden auf der Wannseekonferenz in Berlin die Grundzüge der Deportation der jüdischen Bevölkerung Europas in die Vernichtungslager festgelegt. Der Transport in den Osten hatte allerdings bereits im Oktober 1941 begonnen.

15) Simon Goeke / Martin W. Rühlemann / Maximilian Strnad (Hrsg.), Sendling arisiert – Enteignung und Vertreibung jüdischer Nachbarn im Nationalsozialismus, im Auftrag der Initiative Historische Lernorte Sendling, München 2016, S.36, nachfolgend: Goeke u. a., Sendling arisiert.

16) Reichsgesetzblatt I 1939, S.864f., zitiert nach: Ebd., S.36.

17) Charlotte Knobloch, Präsidentin der israelitischen Kultusgemeinde München und Oberbayern (seit 1985) und ehemalige Vizepräsidentin des jüdischen Weltkongresses (2005–2013).

18) Zitiert nach: Goeke u. a., Sendling arisiert, S.8.

Evakuiert nach Auschwitz

Doch auch das Zimmer im „Judenhaus" sollte nur eine vorübergehende Bleibe sein. Alex berichtete, dass an einem Tag Ende Februar 1943 morgens um fünf Uhr das „Judenhaus", in dem seine und etwa fünf weitere Familien untergebracht waren, umstellt wurde. Die jüdischen Bewohner wurden in die alte Synagoge von Breslau an der Wallstraße gebracht, wo sie eine Woche festgehalten wurden. Es handelte sich um die einzige Synagoge, die in Breslau noch stand, alle anderen waren abgebrannt worden.[19] Dort wurde in ihren Ausweisen der Vermerk „Evakuiert nach Auschwitz" eingetragen. Wenige Tage später trieb man sie in Zugwaggons, die sie nach Auschwitz bringen sollten. Dazu mussten sie unter strenger Bewachung mit der Straßenbahn zum Bahnhof Odertor fahren.[20]

Etwa gegen neun Uhr am 5. März 1943 setzte sich der Zug am Bahnhof Odertor in Richtung Auschwitz in Bewegung.[21] Mit demselben Zug wurde der Breslauer Oskar Edel nach Auschwitz verschleppt, auf den Alex nach dem Krieg in München traf. Der Transport erfolgte in geschlossenen Viehwaggons. Die Waggons hatten Schiebetüren, die nur von außen geöffnet und geschlossen werden konnten. Sie hatten keine Fenster, abgesehen von ein paar Oberlichtern. Die Fahrt nach Auschwitz sollten die letzten Stunden sein, die der 16-jährige Alex mit seiner Mutter verbrachte.

Für die Organisation der Deportationen war ein unter der Leitung von Adolf Eichmann[22] stehendes Referat im „Reichssicherheitshauptamt" zuständig. Durchgeführt wurden die Transporte von der Deutschen Reichsbahn, die damit eine wichtige Rolle innerhalb der Vernichtungsmaschinerie wahrnahm. „Dieser bürokratische Moloch, der 1942 fast eine halbe Million Beamte und 900 000 Arbeiter beschäftigte, war eine der größten Organisationen des Dritten Reiches."[23]

---

19) *Zur Synagoge in Breslau: siehe S. 24, Abb. 8.*

20) *Regina Steinitz, eine jüdische Holocaust-Überlebende aus Berlin, beschrieb ihre Deportation mit den Worten: „Alles, was man sich in Jahrzehnten angeschafft hat, jeder Gegenstand, jedes Buch, jedes Bild, bleibt zurück, alles, was man gehegt und gepflegt hat. Man nimmt seine Kinder und geht ins Ungewisse, in eine Welt, deren Grausamkeit man sich nicht vorstellen kann, und das ist dann das Ende." Zitat aus der Ausstellung „Leben nach dem Überleben", Auswärtiges Amt, Berlin, 2016. Regina Steinitz, 1930 in Berlin geboren, überlebte den Holocaust mit ihrer Schwester Ruth in einem Versteck. 1948 wanderte sie nach Israel aus. Dort heiratete sie Zwi Steinitz, der ebenfalls den Holocaust überlebt hatte.*

21) *Alex nannte den 27.3.1943 als Datum der Deportation. Dieses Datum findet sich auch in dem ITS-Dokument vom 22.11.1949, das sich aber offenbar auf Angaben von Alex stützt. In den Holocaust-Statistiken und im Verfolgtenausweis von Alex Ebstein vom 19.9.1946 wird dagegen der 5.3.1943 angegeben. In den Statistiken werden Alex Ebstein und sein Vater Adolf namentlich aufgeführt (siehe „Häftlingsnummern in Auschwitz vom 6.3.43 [Ankunft in Auschwitz] für Deportierte aus Schlesien", abrufbar unter: www.statistik-des-holocaust.de/list_ger_sln_43a.html, abgerufen am 27.3.2019). Siehe außerdem Anhang, S. 165, Anmerkung Nr. 3 (mit Angabe von Namen). Der Historiker Maximilian Strnad hält das Datum 27.3.1943 für unplausibel. Es sei davon auszugehen, dass die Angabe von Alex Ebstein irrtümlich erfolgte, wobei die zeitliche Diskrepanz jedoch nicht relevant sei, Gespräch des Autors mit Maximilian Strnad, 24.3.2017.*

22) *Adolf Eichmann gelang 1950 mithilfe des Vatikans die Flucht nach Argentinien. 1960 spürte ihn der israelische Geheimdienst Mossad auf. Eichmann wurde in Jerusalem vor Gericht gestellt. Sein Todesurteil vom 15.12.1961 wurde am 1.6.1962 vollstreckt. Er wurde für die Deportation von über fünf Millionen Juden in die Konzentrationslager zur Verantwortung gezogen. (50 Jahre Eichmann-Prozess, Bundeszentrale für politische Bildung, 15.12.2011, abrufbar unter: www.bpb.de/politik/hintergrund-aktuell/68641/50-jahre-eichmann-prozess-15-12-2011, abgerufen am 12.4.2019).*

23) *Raul Hilberg, Die Vernichtung der europäischen Juden, Band 2, 10. Auflage, Frankfurt am Main 2007, S. 428, nachfolgend: Hilberg, Vernichtung.*

Die Züge fuhren sehr langsam. Zudem wurden andere Züge, die Kriegsmaterial transportierten, bevorzugt abgefertigt, was die Fahrzeiten der Deportationszüge zusätzlich in die Länge zog. Alex hatte keine Vorstellung davon, was die Familie erwartete.

Alex sprach später nur wenig darüber, wie es ihm und seinen Eltern während des Transports nach Auschwitz erging. Der ebenfalls als Jude verfolgte Imo Moszkowicz beschrieb die Verhältnisse in den Waggons dagegen offen und ungehemmt: „Unser Waggon füllte sich so sehr, daß an ein Sichhinlegen nicht mehr zu denken war. Als der Zug rollte und nirgendwo hielt, wurden die ersten menschlichen Bedürfnisse riechbar. [...] Die Degradierung nahm allerprimitivste Formen an, [...].“[24)]

Ob seine Eltern sich bewusst waren, was in Auschwitz auf sie wartete, konnte Alex nach dem Krieg nicht beurteilen. Aber ihnen war klar, dass der Transport nichts Gutes bedeuten konnte. Zu viel hatten sie bereits erleben und erleiden müssen, besonders den Verlust der Tochter. Und jetzt wurden sie in Viehwaggons transportiert.

Deportationstransporte aus Breslau[25)]

25.11.1941 nach Kowno	1.000 Deportierte *[darunter Eva Ebstein]*
13.04.1942 nach Izbica	1.000 Deportierte
03.05.1942 nach Rejowiec (?)	1.000 Deportierte
26.07.1942 nach Theresienstadt	1.100 Deportierte
30.08.1942 nach Theresienstadt	1.065 Deportierte
05.03.1943 nach Auschwitz	1.405 Deportierte aus Breslau, Oppeln, Gleiwitz *[darunter Alex Ebstein und seine Eltern Rachel und Adolf]*
31.03.1943 nach Auschwitz	? Deportierte
1943 – 1945 nach Theresienstadt	545 Deportierte

24) Imo Moszkowicz, Der grauende Morgen, München 1998, S. 100, nachfolgend: Moszkowicz. Zu Imo Moszkowicz: siehe Vorwort, S. 11.

25) Statistik des Holocaust, abrufbar unter: www.statistik-des-holocaust.de/list_ger_sin.html (abgerufen am 27.3.2019), Hervorhebungen nicht im Original.

Ankunft im Vernichtungslager Auschwitz

Adolf und Rachel Ebstein kamen mit ihrem Sohn in der Dunkelheit der Nacht in Auschwitz an. Nach der Ankunft an der Rampe des Hauptlagers öffneten sich die Waggontüren. Alex erinnerte sich, dass Josef Mengele[26)] dort mit seinen Gehilfen stand und die Selektion der Ankommenden vornahm. Es hieß dann: „links", „rechts". Dann musste sich jeder entkleiden, auch Alex und seine Eltern. Der Prozess von Entwürdigung und Demütigung nahm kein Ende. „Am 8.3. meldete Arbeitseinsatzführer Schwarz aus dem Konzentrationslager Auschwitz nach Berlin: ‚Transport aus Breslau, Eingang 5.3.43, Gesamtstärke 1405 Juden. Zum Arbeitseinsatz gelangten 406 Männer (Buna[27)]) u. 190 Frauen. Sonderbehandelt wurden 125 Männer u. 684 Frauen u. Kinder.'"[28)] „Sonderbehandlung" war ein NS-Tarnbegriff für die Ermordung von Menschen.

Abb. 13: Die Einfahrt zur Rampe von Auschwitz-Birkenau

Imo Moszkowicz schilderte seine Eindrücke mit folgenden Worten: „Die Degradierung [erreichte] ihren Tiefpunkt auf der Rampe von Birkenau. [...] Als sich die Waggontüren öffneten, waren wir kaum fähig, die Waggons zu verlassen. Ein schreiendes und schlagendes Häftlingskommando jagte uns auf den tiefliegenden, erdigen

26) *Der 1911 in Günzburg geborene Mediziner Dr. Josef Mengele trat 1940 der Waffen-SS bei und wurde 1943 zum leitenden KZ-Arzt von Auschwitz ernannt. Er selektierte die Häftlinge und überwachte die Vergasung der Opfer. Außerdem nahm er menschenverachtende medizinische Versuche an Häftlingen vor. Obwohl Lagerarzt in Auschwitz, war Mengele bis 1945 weiter Mitarbeiter der Goethe-Universität, Frankfurt am Main, und wurde von ihr bezahlt. Nach dem Krieg blieb er mit gefälschten Papieren unerkannt. 1948 flüchtete er nach Südamerika. Mengele wurde für seine Verbrechen nie zur Rechenschaft gezogen. Er starb 1979 in Brasilien. (Goethe-Universität, Frankfurt am Main, abrufbar unter: www.uni-frankfurt.de/67655422/Auschwitz_Mahntafel__Josef_Mengele, abgerufen am 12.4.2019.)*

27) *Das Arbeitslager Auschwitz-Monowitz wurde wegen des dortigen Industriestandortes der zum IG-Farben-Konzern gehörenden Buna-Werke auch Buna oder Buna-Monowitz genannt.*

28) *Statistik des Holocaust, abrufbar unter: www.statistik-des-holocaust.de/list_ger_sln_43a.html (abgerufen am 27.3.2019).*

Bahnsteig: stinkende Juden."[29] Das Wenige, was die Ankömmlinge noch besaßen, war abzugeben, einschließlich der Ausweispapiere.

„Meine sämtlichen Papiere, insbesondere meine Geburtsurkunde, sind mir im KZ Auschwitz abgenommen worden. Nun waren wir nur noch eine Nummer, meine war 106 884."

Imo Moszkowicz hatte die Nummer 104 998 erhalten.[30] Er war etwas früher als Alex in Auschwitz angekommen. Wer als kräftig genug betrachtet wurde, um zu arbeiten, wurde aussortiert, erhielt die gestreifte Häftlingskleidung und kam nach Monowitz, das größte Arbeitslager von Auschwitz. Die anderen blieben in Birkenau, dem Vernichtungslager von Auschwitz,[31] was den Tod durch Vergasung bedeutete.

Abb. 14: Alex' Mutter Rachel Ebstein bei der Hochzeitsfeier ihres Schwagers Sigismund Ebstein, 8. November 1936

Die Selektion in der Dunkelheit ging so schnell, dass Alex sie überhaupt nicht wahrnahm. Erst später realisierte er die Trennung von seiner Mutter, die er nie wieder sah. Der 16-Jährige konnte sich noch nicht einmal von ihr verabschieden.

„Es war keine Zeit vorgesehen, sich zu verabschieden. Abschiedsszenen wollten die Nazis vermeiden."

Die Selektion von nach Ansicht der Nationalsozialisten nicht mehr lebenswerten Menschen konnte bei überlebenden Angehörigen ein lebenslanges Trauma auslösen. Die Holocaust-Überlebende Regina Steinitz berichtete im Jahr 2014 über ihre eingebrannten Empfindungen: „Das Wort Holocaust lässt mich noch immer erschauern. Beim Wort Selektion zucke ich zusammen. Ich kann es nicht gut ertragen, wenn der Platzanweiser im Kino die Leute nach rechts oder links dirigiert."[32]

„Unsere Ankunft an der Rampe von Birkenau war die schlimmste Erfahrung meiner Zeit in den Konzentrationslagern."

---

29) Moszkowicz, S. 100.

30) Ebd., S. 124.

31) Der Lagerkomplex Auschwitz bestand aus dem Stammlager (Auschwitz I), dem Vernichtungslager Birkenau (Auschwitz II), dem KZ für Zwangsarbeiter Monowitz (Auschwitz III) sowie etwa fünfzig Außenlagern. Rund 90 % der Häftlinge waren Juden. Zur Aufteilung des Lagers in drei Teile vgl. Hilberg, Vernichtung, S. 963 f.

32) Regina Steinitz, Zerstörte Kindheit und Jugend, mein Leben und Überleben in Berlin, herausgegeben von Leonore Martin und Uwe Neumärker, Stiftung Denkmal für die ermordeten Juden Europas, Berlin 2014. Siehe außerdem S. 33, Fußnote 20.

Die Todesfabrik von Auschwitz

Das Konzentrationslager Auschwitz wurde 1940 im Auftrag Heinrich Himmlers[33] errichtet. Das Lager war zunächst für politische Häftlinge gedacht. Der zu dieser Zeit 39-jährige SS-Offizier Rudolf Höß organisierte den Bau und später den Massenmord in den Gaskammern. Er war überzeugter Nationalsozialist und Antisemit.[34]

1942 begann die Entwicklung des KZ Auschwitz zu einem Todeslager. In den Gaskammern von Birkenau wurden mehr als eine Million Menschen ermordet. Ein Sonderkommando, bestehend aus KZ-Häftlingen, wurde gezwungen, die Arbeiten im Vernichtungsprozess zu erledigen. Sie mussten die Ankömmlinge in die Gaskammern bringen, anschließend die Leichen einsammeln und „verwerten". Danach mussten sie die Leichen in den Krematorien verbrennen. Sie gehorchten in der trügerischen Hoffnung, deshalb zu überleben.

Der Auschwitz-Überlebende Georg Wittmann wurde Augenzeuge des Massenmords in Auschwitz-Birkenau. Im Juni 1944 musste er mit vier weiteren Häftlingen die Dächer der Krematorien reparieren, was zwei Wochen erforderte. Am 20. Februar 1945 berichtete er: „In die Gaskammern passten 800 Personen [...]. Nachdem die Menschen in der Gaskammer erstickt waren, warfen die Sonderkommandos die Leichen nach draußen, ein Zahnarzt aus dem Sonderkommando brach ihnen Gold- und Silberkronen aus, andere zogen die Ringe von den Fingern [...]. Goldzähne, Ringe und andere Wertgegenstände wurden von einem SS-Mann in einer kleinen Kiste gesammelt [...]. Um die Spuren ihrer Verbrechen zu beseitigen, töteten und verbrannten die deutschen Barbaren regelmäßig auch das Sonderkommando, das ein bis zwei Monate eines der Krematorien bediente. Aus den neu ankommenden Zügen wurden dann neue Sonderkommandos gebildet."[35]

Dennoch gab es jüdische Deportierte, die die Arbeit in den Sonderkommandos von Birkenau überlebten, darunter Shlomo Venezia, der Jahrzehnte nach der Befreiung begann, vom Grauen in den Gaskammern und Krematorien zu berichten. 2006 veröffentlichte er eine umfassende Dokumentation seiner Zeit in Auschwitz.[36]

Alex' Zeit im Arbeitslager Auschwitz-Monowitz

Alex und sein Vater wurden als arbeitsfähig eingestuft und kamen in das sieben Kilometer entfernte Arbeitslager Auschwitz-Monowitz. Das Arbeitslager Monowitz war so groß wie ein ganzes Stadtviertel, ein riesiges Industriegelände, erzählte Alex. Dabei handelte es sich um eine von der IG Farben AG, dem damals weltgrößten Chemieunternehmen, als Zweigstelle der Buna-Werke neu errichtete Fabrik, in der

---

33) Der am 7.10.1900 in München geborene NSDAP-Politiker Heinrich Himmler hatte als Reichsführer SS und Chef der Deutschen Polizei die Kontrolle über die Konzentrationslager. Während des Zweiten Weltkriegs war er nach Hitler der mächtigste Politiker des NS-Regimes. Himmler beging am 23.5.1945 Selbstmord, nachdem er in britische Gefangenschaft geraten war. (Das Lexikon, Zeitverlag, Band 6, Hamburg 2005, S.413, nachfolgend: Lexikon Zeitverlag.)

34) Rudolf Höß wurde nach dem Krieg zum Tode verurteilt und 1947 hingerichtet.

35) Georg Wittman, Protokoll der Vernehmung durch den Untersuchungsrichter, 20.2.1945, in: Susanne Heim u. a. (Hrsg.), Die Verfolgung und Ermordung der europäischen Juden durch das nationalsozialistische Deutschland 1933–1945, Band 16: Das KZ Auschwitz 1942–1945 und die Zeit der Todesmärsche 1944/45, Berlin/Boston 2018 S. 437ff., nachfolgend: Heim u. a., Verfolgung.

36) Shlomo Venezia, Meine Arbeit im Sonderkommando Auschwitz – Das erste umfassende Zeugnis eines Überlebenden, Paris 2006, München 2008.

Gummi, Benzin und andere Produkte auf Kohlebasis hergestellt wurden.[37] Das war ein teurer, arbeitsaufwendiger und komplizierter Prozess. Heute erfolgt die Herstellung auf Ölbasis, erklärte Alex. Viele Industrieunternehmen nutzten die Möglichkeiten unter dem NS-Regime, mit Häftlingen kostengünstige Arbeitskräfte zu erhalten. Das ganze Werk war von KZ-Häftlingen errichtet worden.

Alex und sein Vater mussten wie viele andere Häftlinge in Monowitz Schwerstarbeit leisten, zum Beispiel schwere Eisenschienen tragen. Viele Häftlinge starben infolge von Überanstrengungen und mangelnder Versorgung. Zementsäcke waren im Laufschritt zu transportieren, was Alex ein Rückenleiden einbrachte.

In Monowitz sprachen die Häftlinge offen über das Furchtbare, was sich im Lager Birkenau abspielte. So erfuhr Alex bereits nach wenigen Tagen vom Tod seiner Mutter. Wie hat er diese schreckliche Nachricht verarbeitet?

„Der eigene Überlebenskampf und die schweren Eindrücke waren so stark, dass das Los meiner Eltern in den Hintergrund geriet. Ich war zu sehr mit mir selbst beschäftigt."

Im Arbeitslager Monowitz herrschten unmenschliche Lebensbedingungen. Die Häftlinge waren ständig der Willkür der SS-Wächter ausgesetzt. Wenn ein Häftling nach Meinung eines SS-Wachmanns nicht das getan hatte, was ihm aufgetragen worden war, waren schwere Konsequenzen möglich. Er konnte an einen Prügelbock geschnallt und ausgepeitscht oder sogar erschossen werden. Die Häftlinge wurden zu harter Arbeit angehalten. Dabei wurde keine Rücksicht auf ihren durch Hunger geschwächten Zustand genommen. Für die meisten Häftlinge bedeutete das den Tod. Im Frühjahr 1943 litten die Häftlinge zusätzlich unter den kalten Temperaturen, denen sie schutzlos ausgeliefert waren.

„Im März 1943 machten sich die Ostwinde unangenehm bemerkbar. Die Kälte war noch schlimmer als der Hunger."

Adolf Ebstein, der nach den Entrechtungen der vergangenen Jahre und dem Verlust seiner Tochter Eva unter diesen Bedingungen auch noch den Tod seiner Frau Rachel verarbeiten musste, konnte die seelischen Qualen nicht mehr ertragen. Alex musste mit ansehen, wie sein Vater deshalb immer mehr abmagerte.

---

37) *„1925 gründeten sechs Chemieunternehmen die ‚Interessengemeinschaft Farbenindustrie Aktiengesellschaft'. Das waren: Badische Anilin- & Soda-Fabrik, Ludwigshafen; Farbenfabrik vorm. Friedr. Bayer u. Co., Leverkusen; Farbwerke vorm. Meister Lucius und Brüning, Höchst; Aktiengesellschaft für Anilinfabrikation, Berlin; Chemische Fabriken vorm. Weiler-ter Meer, Uerdingen; Chemische Fabrik Griesheim-Elektron, Frankfurt am Main. IG Farben war einer der weltweit größten Industriekonzerne mit internationaler Aktivität. Das Management stellte sich ab 1933 auf die wirtschaftlichen Bedingungen und Chancen des auf Rüstung und Autarkie orientierten NS-Regimes ein. Bis 1937 wurden alle jüdischen Direktoren entlassen und die Spitzenmanager traten geschlossen in die Partei ein." (Fritz Bauer Institut, Das Konzentrationslager Buna-Monowitz, S. 3, abrufbar unter: www.fritz-bauer-institut.de/fileadmin/editorial/download/ausstellungen/Buna-Monowitz_Materialienmappe.pdf, abgerufen am 28.3.2019.)*

„Wenn jemand den Kampf aufgab, dann war er zum Tode verurteilt."

Am 4. Juni 1943 sah Alex seinen Vater das letzte Mal. Er konnte sich von ihm noch verabschieden. Adolf Ebstein wurde mit anderen Häftlingen, die zu schwach für die Arbeit waren, mit dem Lastwagen nach Birkenau gebracht und dort ermordet.

Abb. 15: Alex' Vater Adolf Ebstein bei der Hochzeitsfeier seines Bruders Sigismund, 8. November 1936

„Am 4. Juni sah ich meinen Vater das letzte Mal. Dann wurde er vergast."

Nun war Alex allein – allein im Arbeitslager Monowitz. Er sprach nicht über die Wirkung, die diese furchtbare Erfahrung auf ihn hatte, nachdem bereits seine einzige Schwester und seine Mutter von den Nationalsozialisten ermordet worden waren.[38] Doch Alex wollte überleben.

„Für mich stand fest, ich werde überleben."

Er beschloss bereits in Auschwitz, nach dem Ende der NS-Zeit nicht mehr in Deutschland zu bleiben, sondern in die USA auszuwandern.

In Monowitz erhielt Alex einmal die Erlaubnis, eine Postkarte zu schreiben. Doch wem sollte er schreiben? Seine Familie lebte nicht mehr. Seine Verwandten waren ebenfalls tot oder er wusste nicht, wo sie sich befanden, waren entweder auf der Flucht oder in einem Konzentrationslager. Alex entschied sich, an seinen ehemaligen Lehrer der jüdischen Schule, Herrn Harder, zu schreiben. Dieser war mit einer Nichtjüdin verheiratet und daher zu dieser Zeit, 1943, noch verschont geblieben. Herr Harder ging das Risiko ein und schickte Alex nach Erhalt der Postkarte ein Paket mit Lebensmitteln nach Monowitz. Das war außergewöhnlich, denn es war sehr riskant, einem Juden ein Paket ins KZ zu schicken. Kurze Zeit danach wurde auch diese Möglichkeit gänzlich eingestellt, berichtete Alex.

38) Yehuda Bacon, der vier Konzentrations- und Vernichtungslager überlebte, berichtete über die Wirkung auf jüdische Jungen: „In der Nacht vom 10. auf den 11. Juni wurde mein Vater vergast. Wir sahen von oben durch die kleinen Fensterscheiben, was im Krematorium passierte. Von uns 86 Jungs konnte keiner weinen. Seit diesem Moment waren wir verändert. Wir wurden hart der Außenwelt gegenüber." Zitat aus der Ausstellung „Leben nach dem Überleben", Auswärtiges Amt, Berlin, 2016. Der 1929 in Mährisch-Ostrau geborene Yehuda Bacon überlebte Theresienstadt, Auschwitz-Birkenau, Mauthausen und Gunskirchen. 1948 wanderte er nach Israel aus. Er wurde Professor für Grafik in Jerusalem.

Alex machte die Erfahrung, dass Häftlinge, die im Lager Deutsch sprachen, bevorzugt wurden. Für ihn war es auch von Vorteil, dass er noch sehr jung war, was ihm manchmal Privilegien einbrachte, so sein Eindruck. Dennoch setzte man ihn zunächst für schwere Zementarbeiten ein. Später wurden ihm Arbeiten als Zimmermann zugeteilt, die leichter waren. Alex hatte zwar zuvor für eine Schreinerei gearbeitet, er war aber nicht in diesem Handwerk ausgebildet worden. Schließlich wurde er im Elektromagazin eingesetzt, wo er noch bessere Arbeitsbedingungen vorfand. Das war von großer Bedeutung und trug zu seinem Überleben bei, betonte Alex. Er konnte sich aber nicht mehr erinnern, wem er diese Arbeitszuteilung zu verdanken hatte. Alex arbeitete etwa neun Monate im Elektromagazin. Nach seinen Erinnerungen wurde das Elektromagazin nicht von einem Inhaftierten, sondern von einem Verantwortlichen von außerhalb des Lagers geleitet. Alex arbeitete als dessen Gehilfe. Der Leiter war ein Kommunist, was Alex aus dessen Äußerungen ableitete.

Im Elektromagazin nutzte Alex die Möglichkeit, an zusätzliches Essen zu kommen, indem er Teile aus dem Magazin entwendete und gegen Essen eintauschte oder verkaufte. Alex betonte, dass er dies mit seiner damaligen Einstellung und angesichts der Verhältnisse in Auschwitz vertreten konnte. Doch es war ein riskantes Unterfangen.

„Wenn man mich dabei erwischt hätte, dann wäre das mein sicherer Tod gewesen. Und zuvor hätte man mich noch gefoltert.“

Alex’ neue Arbeitsstelle, das Elektromagazin, sicherte ihm das Überleben.

„Das Elektromagazin war meine Rettung.“

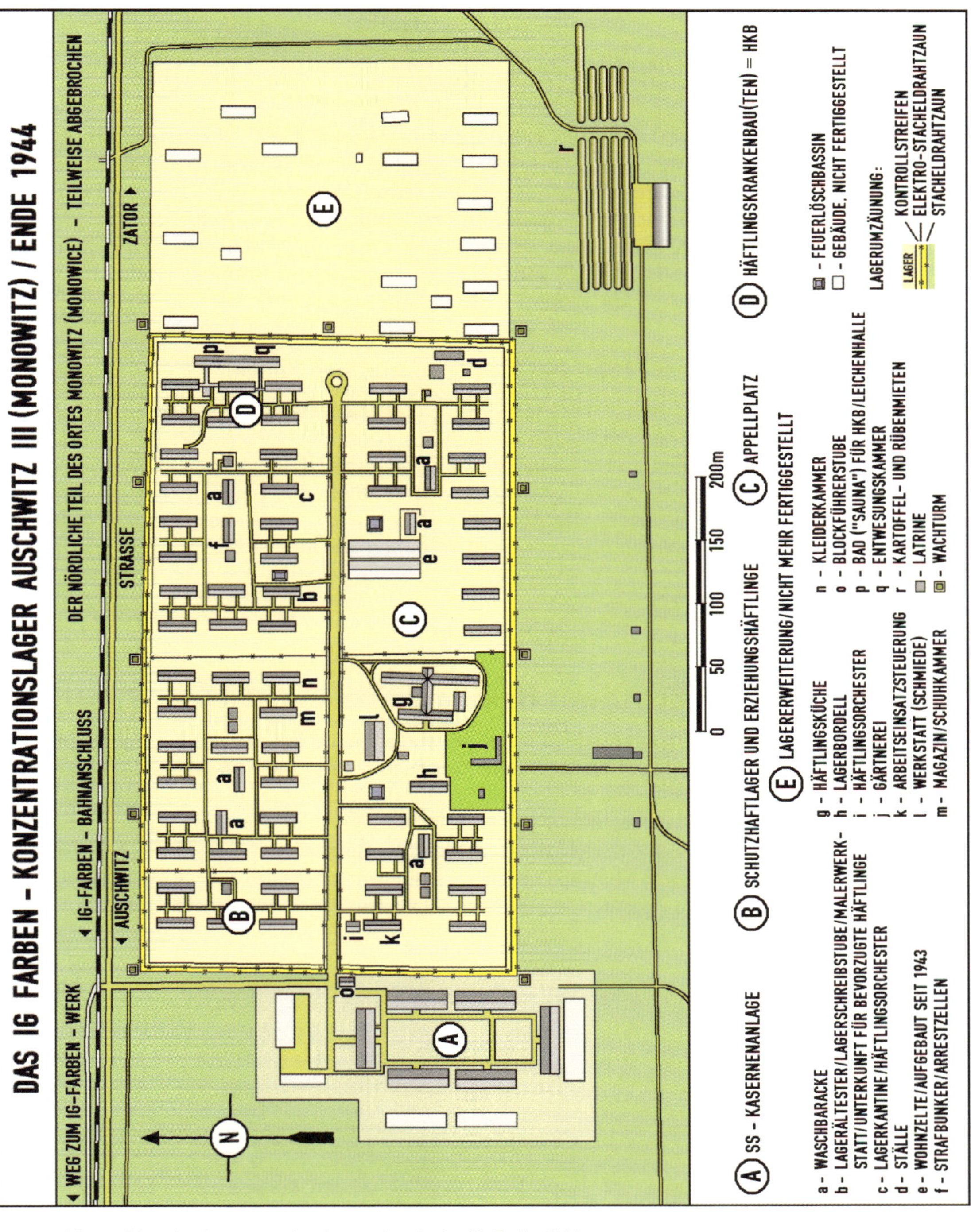

Abb. 16: Plan des Konzentrationslagers Auschwitz III, Ende 1944

„Es hat niemand Auschwitz überlebt, wenn nicht durch viele ‚Wunder'".

Der jüdische Auschwitz-Überlebende Noah Klieger, der ebenfalls in Monowitz war und überlebte, verwendete in diesem Zusammenhang den Begriff „Wunder".[39] Er wollte damit betonen, wie unwahrscheinlich es war, Auschwitz zu überleben: „Monowitz war kein Arbeitslager, so wie die Arbeiter behandelt wurden: Jeden Tag geschlagen und gehungert. [...] Ein Häftling in Auschwitz [Monowitz] lebte normalerweise noch zwei Monate."[40] Ein anderer Häftling spricht von drei bis vier Monaten.[41]

Parallelen im Leben von Alex Ebstein / Noah Klieger:

Noah Klieger wurde wie Alex 1926 in eine jüdische Familie geboren. Beide wurden im Alter von 16 Jahren nach Auschwitz deportiert, dort für arbeitstauglich erklärt und im Arbeitslager Monowitz eingesetzt. Noah Klieger war wie Alex von März 1943 bis Januar 1945 in Auschwitz. Beide überlebten drei Konzentrationslager. Wie Alex verwendete auch Noah Klieger den Begriff „Wunder" in Verbindung mit dem Überleben von Auschwitz.

Freundschaft mit dem Mithäftling Günther Wirsch

Alex erzählte von einem etwa zwanzigjährigen jüdischen Mithäftling aus Berlin, Günther Wirsch, mit dem er sich im Arbeitslager anfreundete. Dessen Eltern hatten im Norden Berlins ein Schuhgeschäft geführt. Günther konnte sehr gut singen; er war sogar im Gesang unterrichtet worden. Noch kurz vor seiner Inhaftierung hatte er geheiratet. Seine Frau sah ihn nie wieder, da Günther Auschwitz nicht überlebte —zwei weitere von Millionen tragischen jüdischen Schicksalen der NS-Zeit. Was aus Günthers Frau geworden ist, war Alex nicht bekannt.

39) Christian Eichler, Noah Klieger – Das Glück des Boxers von Auschwitz, Frankfurter Allgemeine, FAZ.net, aktualisiert am 2.5.2014. (Abrufbar unter: www.faz.net/aktuell/sport/mehr-sport/noah-klieger-und-das-glueck-des-boxers-von-auschwitz-12910602.html, abgerufen am 9.6.2018.)

40) Noah Klieger in der ZDF-Sendung „Markus Lanz" vom 14.5.2015. Der gebürtige Straßburger wanderte 1947 nach Palästina aus und beteiligte sich 1948 am Unabhängigkeitskampf des neu ausgerufenen Staats Israel. Er gehörte mehr als fünfzig Jahre der Redaktion von „Yedioth Ahronoth" an, Israels auflagenstärkster Tageszeitung. Noah Klieger verstarb am 18.12.2018.

41) Berthold Epstein, der als Krankenpfleger im Häftlingskrankenbau von Buna / Monowitz eingesetzt war, gibt die durchschnittliche Überlebensdauer der Häftlinge von Monowitz mit drei bis vier Monaten an. (Wollheim Memorial, abrufbar unter: www.wollheim-memorial.de/de/zahlen_der_opfer, abgerufen am 29.3.2019.)

Der jüdische Monowitz-Häftling Max Liebster

Zur selben Zeit wie Alex befand sich in Monowitz auch Max Liebster, ein jüdischer Häftling aus Reichenbach im Odenwald, der im Block gegenüber von Alex untergebracht war. Ob sie sich in Monowitz begegneten, daran konnten sich beide nach dem Krieg nicht mehr erinnern. Alex erwähnte Max oft, wenn er von seiner Zeit im KZ Auschwitz erzählte. Daher hat auch Max einen Platz in diesem Buch, obwohl Alex ihn erst nach dem Krieg kennenlernte.

Max Liebster war zuerst in den Konzentrationslagern Sachsenhausen und Neuengamme und seit Oktober 1942 in Auschwitz interniert. Im KZ Neuengamme war er mit weiteren jüdischen Häftlingen im sogenannten „Bibelforscherblock" untergebracht. Jetzt in Auschwitz beschäftigte er sich weiter mit der Lehre der Bibelforscher.[42)] Dagegen war diese kleine religiöse Gruppierung für Alex während seiner Zeit in Auschwitz noch eine unbekannte Welt. Kurz nach dem Krieg lernten sich Alex und Max durch ihre Verbindung zu den Zeugen Jehovas kennen.[43)]

Das Kriegsgefangenenlager für englische Soldaten neben dem Arbeitslager Auschwitz-Monowitz

In einer Ausgabe des Magazins der Süddeutschen Zeitung[44)] aus dem Jahr 2011 wurde über den Engländer Denis Avey berichtet, der von Herbst 1943 bis Januar 1945 in der Nähe von Buna-Monowitz in einem Kriegsgefangenenlager inhaftiert war und Kontakt mit KZ-Häftlingen aufnahm. Zweimal schleuste er sich in das Arbeitslager Monowitz ein, nachdem er seine Kriegsgefangenenkleidung mit der Häftlingskleidung eines niederländischen KZ-Gefangenen getauscht hatte. Das war möglich, weil die Kriegsgefangenen ebenfalls auf der Buna-Baustelle arbeiten mussten. Avey nahm die Gefahr auf sich, um so das KZ-Innenleben kennenzulernen.

Alex erzählte von diesem Kriegsgefangenenlager, das sich nach einem Standortwechsel inzwischen unmittelbar neben Buna-Monowitz befand. Den englischen Kriegsgefangenen ging es deutlich besser als den KZ-Häftlingen. Ihnen standen Lebensmittelpakete des Roten Kreuzes zu. Außerdem wurden sie von den SS-Wächtern besser behandelt. „In der nationalsozialistischen Rassenideologie galten Briten als Arier."[45)] Alex sprach positiv von den Engländern.

„Die englischen Kriegsgefangenen teilten oft ihr Essen mit KZ-Insassen."

42) Obwohl die Religionsgemeinschaft bereits 1931 den Namen Jehovas Zeugen angenommen hatte, wurden die Gläubigen in den Aufzeichnungen der Konzentrationslager gewöhnlich weiter Bibelforscher oder kurz „Bifo" genannt.

43) Max Liebster, Hoffnungsstrahl im Nazisturm, Esch-sur-Alzette 2003, nachfolgend: Liebster, Hoffnungsstrahl.

44) Serge Debrebant, Zwei Nächte in der Hölle, in: Süddeutsche Zeitung Magazin, Nr. 2/2011, 13.1.2011.

45) Serge Debrebant, ebd., Arierin / Arier: Aus dem Altindischen „arya" „Der Edle". Im Nationalsozialismus in willkürlicher und falscher Einengung „Nichtjude".

Hilfe nach Verletzung durch Bombenangriff

Im September 1944 wurde das Lager Monowitz von den Alliierten aus der Luft bombardiert. Teile des Werks der IG Farben waren erst kurz vorher in Betrieb genommen worden. Alex erinnerte sich, dass viele Flugzeuge sehr niedrig über das Gelände flogen und dann Bomben auf Monowitz fielen. Es war Sonntag. Alex arbeitete, obwohl er sonntags nicht dazu verpflichtet war, weil es für ihn dort besser war als im Lager. Er wurde von dem Fliegeralarm überrascht, als er gerade auf einer Wiese lag, um sich von der Arbeit auszuruhen. Sofort sprang er in einen Graben, der zur Verlegung von Rohren ausgehoben worden war. Durch den Angriff wurden der Graben und Alex verschüttet. Nur noch sein Kopf und ein Arm ragten aus der Erde heraus.

Alex war bewusstlos und wusste später nicht, wie lange er dort gelegen hatte, bis er frei gegraben und herausgeholt worden war. Bei dem Angriff wurde sein rechter Oberarm schwer verletzt. Jüdische Ärzte im KZ legten eine Flügelschiene an. Alex erhielt eine Elektrobehandlung und war für längere Zeit nicht arbeitsfähig. Erst im November 1944 konnte er aus dem Krankenbau entlassen werden. Eine so lange Arbeitsunfähigkeit von fast drei Monaten hätte in der Regel die Gaskammer, also das Todesurteil bedeutet. Alex war überzeugt, dass die jüdischen Ärzte die Eintragungen auf den Krankenkarteikarten manipuliert hatten, um ihn zu schützen. Der rechte Arm von Alex war seit diesem Vorfall in seinem Bewegungsradius leicht eingeschränkt.

Wie der folgende Bericht zeigt, setzten die Ärzte alles daran, Häftlingen nicht nur auf medizinischem Wege zu helfen. Das taten sie zum Beispiel, indem sie versuchten, Häftlingstransporte vom Arbeitslager ins Todeslager Birkenau zu verhindern. Und wahrscheinlich halfen sie auch Alex.

„Die Lagerältesten des Häftlingskrankenbaus verstanden es, medizinisch ausgebildete Häftlinge zu halten. Mehrfach holten sie im Jahr 1944 Gruppen deportierter jüdischer Ärzte direkt nach Monowitz, um sie auf die medizinischen und menschlichen Anforderungen an ihre ärztliche Tätigkeit in anderen Ambulatorien und Spitälern im Auschwitzer Lagerkomplex vorzubereiten. Den Gefangenen gelang es, von 1943 auf 1944 die Zahl der monatlich in den Monowitzer Krankenbau Aufgenommenen von bis zu 500 auf Nahe 1.000 zu verdoppeln und sie so frühzeitig zu entlassen, dass die SS-Ärzte weniger Kranke und Sterbende zum Abtransport in die Birkenauer Gaskammern selektierten.“[46]

46) *Wolfgang Benz / Barbara Distel (Hrsg.), Der Ort des Terrors. Geschichte der nationalsozialistischen Konzentrationslager, Band 5, München 2007, S. 279, nachfolgend: Benz / Distel, Ort des Terrors.*

International Refugee Organization
International Tracing Service
Headquarters
APO 171 US. Army

Organisation Internationale pour les Réfugiés
Service International de Recherches
Siège Central

Certificate of Incarceration
Certificat d'Incarcération
Bescheinigung über Inhaftierung

№ 4308/T.105413

1. Reference your enquiry for certificate of incarceration for:
Faisant suite à votre demande de certificat d'incarcération pour:

Name / *Nom* EBSTEIN -------- First names / *Prénoms* Alex ---------- Nationality / *Nationalité* German -------

Date of birth / *Date de naissance* 6 April 1926 Place of birth / *Lieu de naissance* Breslau ------ Prisoner's No. / *No. de Prisonnier* 106884 in Auschwitz 47257 in Flossenb.

2. It is hereby certified that the following information is available in documentary evidence held by the International Tracing Service.

Il est certifié par la présente que les informations suivantes se trouvent dans la documentation détenue par le Service International de Recherches.

Es wird hiermit bestätigt, daß folgende Angaben in der Dokumentation des Internationalen Suchdienst aufgeführt sind.

Name / *Nom* EBSTEIN ------- First names / *Prénoms* Alex ----------

Date of birth / *Date de naissance* 6 April 1926 Place of birth / *Lieu de naissance* Breslau ------ Nationality / *Nationalité* German -------

Last permanent residence: / *Dernière adresse connue:* not given --

has entered concentration camp / *est entré au camp de concentration* Auschwitz -------------- Prisoner's No. / *No. de prisonnier* 106884 -----

on / *le* 27 March 1943 --- coming from / *venant de* not given ------------------------------

Reason given for incarceration: / *Raison donnée pour l'incarcération:* "Jude." --

~~Transferred~~ He entered the Hospital Monowitz (Kommando of Auschwitz)
~~Transféré~~ on 2 December 1943 ------------------------------------
---- (for the following transfers please turn over) -------

Liberated/Released on / *Libéré/Relâché le* not given ------ in / *à* not given ----------------------

Remarks: / *Remarques:* none --

----

3. References of documents: / *Références des documents:* "Monowitz Krankenbauliste" of the Auschwitz Concentration Camp documents. - "Haeftlingspersonalkarte, Nummernbuch" of the Flossenbuerg Concentration Camp documents. ---

Arolsen, ...

(please turn over)

Director of the International Tracing Service
Directeur du Service International de Recherches

Abb. 17: „Bescheinigung über Inhaftierung" Nr. 4308 des International Tracing Service (ITS), 22. November 1949

Freude über eine Kartoffel

Alex berichtete, dass er einmal eine rohe Kartoffel besaß. Er wusste nicht mehr, woher er sie hatte. Er freute sich und machte ein kleines Feuer, um die Kartoffel zu grillen. Plötzlich und unerwartet kam ein SS-Offizier vorbei und erkundigte sich kritisch nach dem Feuer. Spontan erwiderte Alex:

„Ich muss Beschriftungen vornehmen, dazu muss ich mir die Hände wärmen. Mit kalten Händen geht das nicht.“

Das entsprach zum Teil der Wahrheit, denn Alex hatte tatsächlich einen derartigen Arbeitsauftrag erhalten. Die Kartoffel erwähnte er natürlich nicht. Wenn der SS-Wachmann diese bemerkt hätte, wäre Alex mit 25 Schlägen bestraft worden.

„Für mich stand fest, ich werde überleben.“

Alex Ebstein

KAPITEL 3

Hoffnung in Flossenbürg

„Als ich nach Flossenbürg kam, dachte ich: Den Steinbruch überlebe ich nicht."

Alex Ebstein

Da sich die russische Armee immer mehr dem deutschen Herrschaftsgebiet näherte, wurden die Häftlinge der Konzentrationslager Auschwitz in andere, westlich gelegene Konzentrationslager verlegt, die noch unter deutscher Kontrolle standen. Damit endeten für Alex die bis dahin schlimmsten zwei Jahre seines jungen Lebens.[1)] Den Verlust seiner Schwester noch nicht verarbeitet, hatte er in Auschwitz zuerst seine Mutter und dann seinen Vater verloren. Darüber hinaus musste er viele weitere schreckliche Geschehnisse persönlich erleben oder beobachten und verarbeiten.

„Die Zeit in Auschwitz war furchtbar."

Mehr als eine Million Menschen war in den Lagern von Auschwitz[2)] getötet worden. Doch Alex hatte sich nicht aufgegeben. Begünstigt durch verschiedene glückliche Umstände hatte er die auch für das Arbeitslager Monowitz ungewöhnlich lange Zeit von nahezu zwei Jahren überlebt.

Nach Auflösung des Arbeitslagers zu Fuß nach Gleiwitz

Monowitz, das größte Arbeitslager von Auschwitz, wurde in der Nacht vom 18. zum 19. Januar 1945 aufgelöst und geräumt. Nach zwei für Alex schrecklichen, äußerst belastenden Jahren in diesem Arbeitslager musste er mehr als fünfzig Kilometer zu Fuß gehen, mitten im Winter. Imo Moszkowicz traf das gleiche Los.[3)]

Die Gefangenen wurden aus dem Lager geführt und in Gruppen von etwa 1.000 bis 1.500 Menschen in Marsch gesetzt. „Bei klirrender Kälte und Schnee mussten Zehntausende in leichten Drillichfetzen und schweren Holzpantoffeln ohne Essen tagelang marschieren und unter freiem Himmel übernachten. An den Straßenrändern

1) Alex war vom 6.3.1943 bis zum 18.1.1945 im Arbeitslager Auschwitz-Monowitz, also etwa ein Jahr, zehn Monate und zwei Wochen.

2) Der Begriff steht hier für den gesamten, aus mehreren Einzellagern bestehenden Lagerkomplex.

3) Zu Imo Moszkowicz: siehe Vorwort, S. 11.

lagen die Leichen derer, die [von SS-Männern] erschossen wurden, weil sie nicht mehr marschieren konnten."[4] Die Dauer des Fußmarschs der Häftlingsgruppen war unterschiedlich. Ein Häftling berichtete, dass er die Strecke ohne Pause in 24 Stunden zurücklegen musste.[5] Andere Häftlinge brauchten mehrere Tage.[6]

„Von den zuletzt 10.223 Gefangenen blieben etwa 800 mit wenigen Ärzten und Pflegern [im Lager Monowitz] zurück, mehr als 9.000 trieb die SS bei Schnee und Frost im Fußmarsch ins 55 km entfernte Gleiwitz [...]. In Gleiwitz wurden die Gefangenen in Güterwaggons verladen und in mehreren Zügen abtransportiert: Gefangene aus Monowitz erreichten die Lager Buchenwald und Sachsenhausen."[7]

Auch Max Liebster gehörte wie Alex zu denen, die von Auschwitz nach Gleiwitz marschieren mussten. Über eine mehrstündige nächtliche Pause in einer Scheune schrieb er: „Kraftlos kämpfte ich gegen den ‚weißen Schlaf' an, den sanften, von Kälte hervorgerufenen Dämmerschlaf, aus dem man nicht mehr erwachen würde. Als der Befehl zum Weitermarschieren kam, blieben viele reglos und friedlich liegen. Manche waren erfroren, andere erlagen einfach der Erschöpfung. Ein Leichentuch aus Schneeflocken, die der Wind durch die Ritzen blies, verhüllte sie."[8] Die anderen setzten ihren Marsch fort: „Verschmachtende und zerlumpte Silhouetten schleppten schmerzende Glieder von einer Schneeverwehung zur nächsten. Hungernde Bäuche ächzten. Geschundene Körper schrien in der Kälte. [...] Brot hatten wir schon lange keines mehr. Schnee war unsere einzige Speise."[9]

Imo Moszkowicz verglich den Fußmarsch mit den Verhältnissen in Auschwitz und stellte fest, dass eine weitere Steigerung des Schreckens auf ihn und die anderen Gefangenen gewartet hatte: „‚Schlimmer kann es ja gar nicht werden', lautete der Selbstbetrug, der auch jetzt wieder eine Zukunft möglich machte. Und doch sollte es viel schlimmer kommen, als eine Menschenseele auf Erden es je hätte ahnen können. Rechts und links von uns marschierten in Abständen von ungefähr zwanzig bis dreißig Metern die Posten mit ihren durchgeladenen Gewehren. Die erste Station, die erreicht werden sollte, war das Lager in Gleiwitz. Noch hatte ich genügend Kraft für diesen Marsch, viele andere nicht. Sie blieben zurück und wurden erschossen. Manches Mal zogen wir über Straßen, die vorher schon Häftlingskolonnen aus anderen oberschlesischen Lagern marschiert waren. Da lagen im Schnee, leicht am gestreiften Drillich[10] zu erkennen, umgekommene Häftlinge."[11]

Anschließend berichtete Imo Moszkowicz: „[Wir] verbrachten die Nacht in einer Ziegelei [...], dann ging es weiter, [...] ohne Verpflegung und ohne einen Schluck Wasser ...".[12] Auch Imo erwähnte, dass er sich von Schnee ernährt hatte. An dieser Stelle hatte Alex in seinem Exemplar des Buchs vermerkt: „10 Tage!!" Worauf sich sein Ver-

---

4) Haus der Bayerischen Geschichte, Die Todesmärsche aus dem KZ Auschwitz, abrufbar unter: www.hdbg.de/dachau/pdfs/12/12_01/12_01_02.PDF (abgerufen am 22.4.2019).

5) Vgl. Heim u. a., Verfolgung, Band 18 , S.621.

6) Der Häftling Gustav Kleinmann gibt in seinem Tagebuch den Beginn des Fußmarschs mit dem 18.1.1945 an. Nach zwei Tagen Rast in Gleiwitz ging es am 22.1.1945 weiter. (Ebd., S.636.)

7) Benz / Distel, Ort des Terrors, S.280.

8) Liebster, Hoffnungsstrahl, S.89f.

9) Ebd., S.89f.

10) Drillich: Kleidung aus festem, dreibindig verflochtenem Gewebe.

11) Moszkowicz, S.168.

12) Ebd.

merk bezieht, ist unklar.[13] Alex konnte sich noch an die Ziegelei erinnern und an den Namen des Ortes, in dem sie sich befand: Gleiwitz.[14] Alex erwähnte auch ein Theater in Gleiwitz, dessen Bühne er als Schlafplatz genutzt hatte. In Gleiwitz fiel der Blick von Alex auf Berge von Toten. Ein schrecklicher Anblick. Häftlinge, die nicht mehr die Kraft zum Fußmarsch gehabt hatten, waren von der SS erschossen worden.

Die Schilderungen von Imo und Alex ähneln sich zwar. Das darf aber nicht darüber hinwegtäuschen, dass sie nach der Räumung des Lagers sehr wahrscheinlich in unterschiedlichen Gruppen nach Gleiwitz marschierten. Jeder machte seine eigenen Beobachtungen und Erfahrungen. Für Imo setzte sich in Gleiwitz der Fußmarsch fort, während Alex in einen Zugwaggon einsteigen musste. Die SS nutzte auch Bahntransporte und Schiffspassagen, um die KZ-Häftlinge ins Reichsinnere zu bringen.

Häftlingstransport von Gleiwitz über Mauthausen nach Sachsenhausen

Nach den Strapazen des langen Fußmarschs bei winterlichen Temperaturen folgte der Transport von Alex mit vielen anderen in Güterwaggons von Gleiwitz nach Mauthausen, wo die Häftlinge in das dortige Konzentrationslager verbracht werden sollten. Die menschenunwürdigen Verhältnisse in den Zügen hatte er bereits während der Deportation mit seinen Eltern von Breslau nach Auschwitz kennengelernt. Im Gegensatz zum damaligen Transport hatte Alex jetzt eine Vorstellung davon, was während der Fahrt und danach auf ihn zukommen würde.

In jedem Waggon wurden so viele Häftlinge wie eben möglich hineingepfercht. Wie viele Gefangene befanden sich in den insgesamt etwa zwanzig offenen Waggons? Es waren sicher mehr als tausend Juden, schätzte Alex. Er erinnerte sich, wie immer mehr Juden in die Waggons gezwungen wurden, bis es nicht mehr ging.[15]

> *„Die Juden standen in den Waggons wie Heringe. Einmal sagte ein Jude: ‚Es geht nicht mehr, es ist schon voll.' Daraufhin schoss ihm ein SS'ler in die Hüfte. – Auch die SS'ler hatten es mit der Angst zu tun und wurden schnell nervös. Denn nur fünfzig bis hundert Kilometer entfernt standen bereits die Russen."*

Bemerkenswert an der Erklärung von Alex ist, dass er das Verhalten des SS-Mannes nicht vorschnell verurteilte. Offenbar hatte er sich in dessen Situation versetzt und fand mit den obigen Worten eine fast entschuldigende Erklärung.[16]

13) *Es ist unwahrscheinlich, dass sich der Vermerk auf den Fußmarsch nach Gleiwitz bezieht, da dieser offensichtlich deutlich weniger als zehn Tage dauerte, siehe S. 48, Fußnote 6.*

14) *Das seinerzeit deutsche Gleiwitz lag in Schlesien; das heutige Gliwice gehört zu Polen. In dem Ort lebten damals (1944/45) 55.000 Einwohner, davon waren 75 % Deutsche und 25 % Polen. Noch 1944 waren in Gleiwitz vier Nebenlager des Konzentrationslagers Auschwitz I errichtet worden.*

15) *Alex sprach von jüdischen Gefangenen, wahrscheinlich weil es sich bei den weitaus meisten Häftlingen um Juden handelte. In Monowitz waren aber auch andere Gefangene von der Räumung des Lagers betroffen.*

16) *Diesen Eindruck vermittelte Alex in seinen Gesprächen mit dem Autor. Trotz der menschenverachtenden Verbrechen der Nationalsozialisten an den Juden, von denen Alex und seine Familie unmittelbar betroffen waren, war er noch in der Lage, zu differenzieren.*

Als der Zug in einer tschechischen Ortschaft unter einer Fußgängerbrücke hielt, riefen die hungernden Juden in den Waggons: „Hunger, Hunger, Hunger“. Ein Mann hörte die Klageschreie der Menschen in den Waggons. Er holte einen ganzen Schubkarren, gefüllt mit Broten, hielt auf der Fußgängerbrücke, unter der der Zug stand, und warf die Brote den Häftlingen zu. Das war für viele die Rettung, auch für Alex.

„Ein Brot fiel direkt auf mich. Ich riss das Brot sofort an mich und versteckte es unter meiner Jacke, damit es niemand sehen konnte.“

Alex versteckte das Brot, denn es wäre gefährlich gewesen, den anderen Gefangenen zu zeigen, dass er ein Brot hatte ergattern können. Das hätte zu körperlichen Auseinandersetzungen unter den Hungernden führen können, von denen einige infolge ihrer menschenverachtenden Erlebnisse bereits „durchgedreht“ waren, wie sich Alex ausdrückte. Gustav Kleinmann, ein Häftling, der am 22. Januar 1945 mit anderen Gefangenen ebenfalls in Gleiwitz in offene Waggons verladen wurde, bestätigte die Einschätzung von Alex. Über seine Fahrt nach Mauthausen hielt er in seinem Tagebuch fest: „Täglich werden die Insassen des Waggons weniger, da wir täglich 8 – 10 Tote haben [von anfänglich 140 in seinem Waggon]. Wegen eines Stückchen Brots bringt einer den anderen um.“[17)]

„Ein Häftling nach dem anderen starb.“

Wie Alex erzählte, wartete er und begann erst nach einiger Zeit unauffällig und vorsichtig, von dem Brot zu essen, das er weiter versteckt hielt. Auch diese Szene aus seinem Leben zeigt, dass er sich seine Fähigkeit, beherrscht und umsichtig Entscheidungen zu treffen, nach all den furchtbaren Erlebnisse erhalten hatte.[18)]

Überfülltes KZ Mauthausen - weiter zum KZ Sachsenhausen

Schließlich erreichte der Transport das Konzentrationslager Mauthausen. Mauthausen war berüchtigt für seinen Steinbruch, in dem viele Häftlinge besonders schwere Arbeiten verrichten mussten.

„Im Steinbruch des Lagers von Mauthausen zu arbeiten, hätte für mich den Tod bedeutet. Doch weil das Lager überfüllt war, wurden wir abgewiesen und der Zug fuhr weiter, nach Sachsenhausen. Das war meine Rettung.“

17) *Heim u. a., Verfolgung, Band 18, S. 636.*

18) *Erwin Farkas, der wie Alex als Jugendlicher nach der Auflösung des KZ Auschwitz-Monowitz über Sachsenhausen ins KZ Flossenbürg überführt wurde, berichtete über ähnliche Vorkommnisse: „Manche Tschechen warfen von Brücken für uns Lebensmittel in die Züge, so konnten wir überleben.“ („KZ überlebt“, Fotoausstellung von Stefan Hanke, die unter anderem vom 25.3. bis 30.4.2017 im Kunst- und Gewerbeverein Regensburg e. V. zu sehen war.) Der ungarische Jude Erwin Farkas lebt seit 1946 in den USA.*

Zum Glück für Alex waren die Aufnahmekapazitäten des KZ Mauthausen erschöpft und so rollte der Zug weiter, nun in Richtung Norden, fast durch das ganze Deutsche Reich bis nach Sachsenhausen, nördlich von Berlin. So entgingen die Häftlinge dem KZ Mauthausen; doch die Strapazen des Transports im Güterwaggon setzten sich fort.[19)]

Die Fahrt über Mauthausen nach Sachsenhausen dauerte zehn Tage. Der Zug brauchte so lange, weil alle anderen Züge, insbesondere die Wehrmachtszüge zur russischen Front, Vorfahrt hatten. Das verzögerte den Transport, der die Häftlinge bereits durch die Tschechoslowakei nach Mauthausen geführt hatte, erheblich.

„Der Zug musste immer wieder anhalten; manchmal dauerte es Stunden, bis es weiter ging.“

Alex erinnerte sich an eine andere Szene auf dieser Fahrt. In seinem Waggon waren von anfänglich mehr als einhundert nur noch etwa dreißig Häftlinge sowie ein SS-Mann übrig geblieben. Immer wieder fiel jemand aus Schwäche um. Der SS-Wachmann war vorsichtig, da auch jemand dabei sein könnte, der die Absicht hatte, ihn anzugreifen. Deshalb reagierte er nervös auf jede Bewegung, indem er mit seinem Gewehrkolben auf Häftlinge einschlug. Einmal wurde Alex getroffen, der sich dabei mehrere Rippen brach.

„Zum Glück hatte der SS'ler nicht mein Herz getroffen, das hätte ich nicht überlebt.“

In der Autobiografie von Imo Moszkowicz[20)] hatte Alex vermerkt:

„10 Tage ohne Nahrung.“

Der Vermerk bezieht sich auf Alex und den gesamten Transport. Während der zehntägigen Fahrt mit dem Zug gab es keine Versorgung mit Nahrung oder Wasser. Daher starben viele Häftlinge während der Fahrt. Die Überlebenden hatten die makabere Aufgabe, die Toten in den Waggons zu stapeln, da es ihnen verboten war, sie während der Fahrt aus den Waggons zu werfen. Wegen der Enge in den Waggons wurden die aufgestapelten Toten von einigen als Sitzbänke genutzt, sei es, da sie erschöpft, verzweifelt oder abgestumpft waren.[21)]

---

19) Mit Fernschreiben Nr. 1464 vom 28.1.1945 befahl der SS-Gruppenführer und Generalleutnant Richard Lücks dem Lagerkommandanten des KZ Mauthausen, Häftlingstransporte, die er nicht unterbringen kann, weiterzuschicken (vgl. hierzu Heim u. a., Verfolgung, Band 18, S. 643).

20) Moszkowicz, S. 134.

21) Alex berichtete davon, dass es einmal erlaubt worden war, die Toten aus den Waggons zu werfen. Auch bei anderen Transporten warf man Leichen aus den Waggons. So liegt ein Bericht vom 27.1.1945 über einen Transport nach Mauthausen vor, bei dem 41 männliche Leichen, überwiegend Juden, abgeworfen wurden. Diese wurden noch am selben Tag in einem Massengrab begraben, um die Bevölkerung zu schonen. (Vgl. Heim u. a., Verfolgung, Band 18, S. 640f.)

„Wie verroht Menschen werden können."

Zehn Tage ohne Essen und Trinken bei winterlicher Kälte von 18 bis 20 Grad unter Null.[22] Nach Einschätzung von Alex starben in seinem Umfeld während der Fahrt drei Viertel der Gefangenen. Alex erinnerte sich an einen feinen Herrn aus Belgien, der die Zustände nicht ertragen konnte und wahnsinnig wurde. Die Überlebenden mussten sich am Ende der Fahrt, um die Toten kümmern.

Wie aber gelang es einigen, den Transport doch zu überleben? Sie aßen Schnee. Weil der Zug oft lange anhielt und die SS-Männer nicht immer aufmerksam sein konnten, war es möglich, vom Waggon aus mithilfe einer Schüssel Schnee zu schaufeln, der sich unter dem Zug befand. Auch Alex versorgte auf diese Weise seinen Körper mit Wasser.

„Durch den Schnee erhielt ich die nötige Flüssigkeit und mir wurde gleichzeitig das Gefühl vermittelt, etwas zu essen." [23]

Als der Zug, durch Berlin fahrend, etwas langsamer wurde, gelang es einigen Gefangenen, von den Waggons abzuspringen. Alex hatte den Eindruck, dass es sich um ortskundige Häftlinge gehandelt haben müsse. Selbst wenn das zutraf, war die Flucht schwierig und gefährlich, weil sie Häftlingskleidung mit einer Nummer trugen, erzählte Alex. Sobald die SS-Männer ihre Flucht bemerkten, schossen sie auf die Geflohenen, aber es gelang ihnen laut Alex nicht, jemanden zu treffen. Was aus diesen Häftlingen wurde, hat er nie erfahren.

Die Gefangenen, die den Transport überlebten, blieben nur kurz im KZ Sachsenhausen. Wie Alex meinte, höchstens 14 Tage.[24] Dann ging der Transport, wieder in Waggons, weiter nach Flossenbürg. Auch Alex blieb nur wenige Tage im KZ Sachsenhausen. Während dieser kurzen Zeit hörte er das erste Mal etwas über die Häftlingsgruppe der Bibelforscher. Sein Aufenthalt im KZ Sachsenhausen wurde im KZ Flossenbürg dokumentiert.[25] Ansonsten existieren keine Dokumente aus der NS-Zeit über seine dortige Haftzeit. „Historische Quellen sind aber nicht nur aus Papier. Auch Orte, auch die Dinge sind Quellen."[26] Daher muss nachfolgend eine Aufnahme dieses Ortes Auskunft geben über die Zeit, die Alex im Konzentrationslager Sachsenhausen verbrachte.

22) Ebd., S. 636.

23) Der Häftling Gustav Kleinmann hielt in seinem Tagebuch fest: „An Wasser mangelt es, und so müssen wir uns mit Schnee begnügen. Wir fischen Schnee mit Bechern, der an einem Strick angebunden wird und beim Waggon herausgeschleudert wird. Wenn er voll ist heraufgezogen und der Durst gestillt. Und das alles bei Temperaturen von 18–20 Grad unter Null. (Ebd., S. 636.)

24) Über den Gefangenentransport, mit dem Alex ins KZ Sachsenhausen deportiert wurde, existieren keine Dokumente mehr. Dem Archiv Sachsenhausen liegen allgemein kaum Transportlisten der Häftlingstransporte von oder nach Sachsenhausen vor. (Auskunft Monika Liebscher, Archiv der KZ-Gedenkstätte Sachsenhausen, 23.5.2018.)

25) Vgl. Schreiben der KZ-Gedenkstätte Flossenbürg vom 24.9.2009, siehe S. 56, Abb. 20.

26) Peter Zumthor, Unsere Städte sind Geschwüre, Interview, in: Süddeutsche Zeitung Magazin, 39 (2018), S. 76. Der 2009 mit dem Pritzker-Preis, der als Nobelpreis der Architektur gilt, ausgezeichnete Architekt entwarf das NS-Dokumentationszentrum Berlin, dessen Bau im Jahr 2000 aus Kostengründen wieder gestoppt wurde.

Abb. 18: Häftlinge vor dem Lagertor des KZ Sachsenhausen, 1936/44

Alex ging in den Schilderungen über seine Zeit in den Konzentrationslagern Auschwitz und Sachsenhausen und über die Häftlingstransporte kaum darauf ein, wie er und die anderen Gefangenen behandelt wurden. Er konzentrierte sich weitgehend auf die Vorkommnisse, die sein Überleben ermöglichten. Selbst negativen Erfahrungen gewann er manchmal etwas Positives ab, indem er zum Beispiel vom Glück sprach, die Attacke eines SS-Mannes überlebt zu haben, obwohl ihm dabei mehrere Rippen gebrochen wurden.

Ankunft im KZ Flossenbürg

Am 6. Februar 1945 erreichte der Transport den kleinen Ort Flossenbürg[27)] in der Oberpfalz. An diesem Tag wurde Alex im KZ Flossenbürg als Häftling registriert.

Die Zeit von der Auflösung des Arbeitslagers Auschwitz-Monowitz bis zur Ankunft von Alex im KZ Flossenbürg umfasste insgesamt zwanzig Tage. Alex gab die Zeit des Transports von Gleiwitz über Mauthausen nach Sachsenhausen mit zehn Tagen an. Unter Berücksichtigung des Fußmarschs von Auschwitz nach Gleiwitz und des Transports von Sachsenhausen nach Flossenbürg ist davon auszugehen, dass Alex nur wenige Tage, maximal eine Woche, im KZ Sachsenhausen war.

Das Konzentrationslager Flossenbürg war ein KZ zur „Vernichtung durch Arbeit", weil dort durch Schwerstarbeit bei mangelnder Versorgung und Hygiene der Tod vieler Häftlinge in Kauf genommen wurde. Alex erwähnte, dass die Häftlinge nicht nur im Steinbruch, sondern auch für andere Arbeitgeber arbeiten mussten. Namentlich nannte er das Unternehmen Messerschmitt, für das hier ab 1943 Flugzeugteile für militärische Zwecke montiert wurden.

27) Flossenbürg hat heute etwa 1.600 Einwohner.

Das Konzentrationslager Flossenbürg

Flossenbürg war ein kleines Dorf im Nordosten Bayerns, nahe der Grenze zur Tschechoslowakei. Um die reichen Granitvorkommen des Ortes durch Zwangsarbeit auszubeuten, wurde 1938 ein Konzentrationslager errichtet. Die SS propagierte das KZ als Straflager für Kriminelle, um die eigene Inhaftierungspraxis bei der örtlichen Bevölkerung zu legitimieren.

Ab 1942 entstanden die ersten Nebenlager. Bis Kriegsende gehörten zum KZ Flossenbürg mehr als neunzig Außenlager in Bayern, Sachsen und Böhmen, davon 83 für die Rüstungsindustrie. Insgesamt wurden dort 100.000 Gefangene aus 47 Ländern gefangen gehalten, davon 85.000 im Hauptlager. 16.000 der Gefangenen waren Frauen. Auch Kinder waren unter den Häftlingen.

Die größte Häftlingsgruppe waren ausländische Zwangsarbeiter, überwiegend aus Osteuropa. Sie wurden mit dem roten Winkel als politische Häftlinge gekennzeichnet. Auch Regimegegner wurden ins KZ Flossenbürg verschleppt. Die 22.700 jüdischen Häftlinge kamen überwiegend aus Polen und Ungarn. Im Zuge der Auflösung der osteuropäischen Konzentrationslager, darunter Auschwitz, wurden Tausende von Häftlingen ins KZ Flossenbürg deportiert, darunter Alex Ebstein. Mehr als 30.000 Häftlinge starben im KZ Flossenbürg.

Am 20. Juli 1944 verübte eine Gruppe um Claus Schenk Graf von Stauffenberg[28)] ein Attentat auf Hitler, das misslang. Noch in derselben Nacht wurde von Stauffenberg im Hof des Berliner Bendlerblocks an der Bendlerstraße, dem Sitz der Wehrmacht, standrechtlich erschossen. Sieben weitere am Attentat Beteiligte wurden in das KZ Flossenbürg verschleppt. Am 9. April 1945 wurden die sieben Aufständler im KZ ermordet. Unter den Ermordeten befanden sich der evangelische Widerstandskämpfer Dietrich Bonhoeffer und Admiral Wilhelm Franz Canaris.

Als am 23. April 1945 US-amerikanische Soldaten ins Lager kamen, stießen sie auf etwa 1.500 schwer kranke und viele verstorbene Häftlinge. Sie waren entsetzt über den Anblick der Häftlinge, die ihnen wie lebende Skelette vorkamen. Wenige Tage vor Eintreffen der US-Armee waren die meisten Gefangenen von der SS auf die sogenannten Todesmärsche in Richtung Süden getrieben worden, was für viele weitere den Tod bedeutete.[29)]

---

28) Claus Schenk Graf von Stauffenberg (1907–1944) war Offizier der deutschen Wehrmacht und zentrale Persönlichkeit des Attentats auf Hitler. Weil er den verbrecherischen Charakter des NS-Regimes erkannt hatte, entschloss er sich zum Staatsstreich.

29) Quellen: (1) KZ-Gedenkstätte Flossenbürg, Concentration Camp Flossenbürg 1938–1945, Selected texts and pictures of the permanent exhibit on the history of the camp, Braunschweig 2007, nachfolgend: KZG Flossenbürg, Selected texts. (2) Jörg Skriebeleit, Erinnerungsort Flossenbürg – Akteure, Zäsuren, Geschichtsbilder, Göttingen 2009. (3) Jörg Skriebeleit, Flossenbürg – Hauptlager, in: Wolfgang Benz / Barbara Distel (Hrsg.), Flossenbürg – Das Konzentrationslager Flossenbürg und seine Außenlager, München 2007, S. 36, nachfolgend: Skriebeleit, Flossenbürg.

	Nr.	Name	Geb.	v. Sachsen.	
Pol.	47241	Danielski	4.1.16	6.2.45	26.2.45 Tannacker
"	47242	Danziger	1.1.09	"	8.3.45 Bergen-Belsen
Ung.	47243	David	21.10.11	"	
"	47244	Dawidowitz	7.1.28	"	
Pol.	47245	Deitelzweig	8.7.23	"	† 21.4.45. im Tannacker
	47246	Denisenko	22.11.05	"	20.2.45 Tannacker
Ung.	47247	Deutsch	12.1.29	"	
"	47248	Dirnfeld	26.11.11	"	15.2.45 [illegible]
Pole	47249	Dobrzynski	28.7.13	"	20.2.45 Tannacker
"	47250	Dobrzynski	20.5.11	"	20.2.45 Tannacker
"	47251	Domb	16.12.10	"	20.2.45 Tannacker
"	47252	Dritter	10.10.28	"	
"	47253	Drzewiecki	4.5.20	"	20.2.45 [illegible]
	47254	Ducki	26.12.02	"	† 1.3.45
Ung.	47255	Dukes	11.6.27	"	
Z.a.	47256	Dumont	7.4.20	"	8.3.45 Bergen-Belsen
RD.	47257	Ebstein	6.4.26	"	
Pole	47258	Echt	8.5.11	"	20.2.45 Tannacker
"	47259	Edelmann	28.5.20	"	[illegible]
Ung.	47260	Edelstein	6.2.17	"	20.2.45 Tannacker
Pole	47261	Ehrenwort	12.8.24	"	20.2.45 Tannacker
"	47262	Eichenholz	24.12.25	"	20.2.45 Tannacker
"	47263	Eichenholz	9.5.06	"	20.2.45 Tannacker
"	47264	Eichler	24.10.19	"	20.2.45 Tannacker
Ung.	47265	Eidlisz	30.9.99	"	† 12.3.45
Pole	47266	Einhorn	25.4.19	"	20.2.45 Tannacker
Ung.	47267	Eisner	23.1.27	"	
"	47268	Eisikovits	26.1.28	"	
"	47269	Eisikovits	6.10.24	"	20.2.45 Tannacker
	47270	Eisikovits	14.5.00	"	† 14.2.45
Pole	47271	Ejsmann	17.4.20	"	
"	47272	Elfant	7.8.24	"	20.2.45 Tannacker
Ung.	47273	Elek	12.7.01	"	8.3.45 Bergen-Belsen
"	47274	Elek	2.6.28	"	
Holl.	47275	Emmerik	12.5.17	"	8.3.45 Bergen-Belsen

Abb. 19: Seite aus dem Häftlingsnummernbuch des KZ Flossenbürg. Unter Nummer 47257 ist eingetragen „Ebstein Alex" (nicht: Alexander). In der zweitletzten Spalte oben findet sich der Eintrag, der alle auf dieser Seite aufgeführten Häftlinge, einschließlich Alex, betrifft: „v. Sachsen. 6.2.45" (vom KZ Sachsenhausen 6.2.1945).

Stiftung Bayerische Gedenkstätten

KZ-Gedenkstätte Flossenbürg

KZ-Gedenkstätte Flossenbürg · Gedächtnisallee 5 – 7 · 92696 Flossenbürg

Alexander H. Ebstein
Groschenweg 57

81825 München

Ihre Zeichen Ihre Nachricht vom	Name	Telefon (0 96 03)	E-Mail	Flossenbürg
	Hr. Fritz	90390-14	ufritz@gedenkstaette-flossenbuerg.de	24.09.2009

Sehr geehrter Herr Ebstein,

bei unserem Gespräch am vorletzten Montag habe ich Ihnen angekündigt, dass ich Ihnen die Seite aus den Original-Nummernbüchern des Konzentrationslagers Flossenbürg zusenden werde, auf der sich Ihr Name findet. Das Dokument enthält folgende Daten:

- Häftlingsnummer: „47257"
- Häftlingskategorie: „J. RD."
  (= reichsdeutscher Jude)
- Name: „Ebstein Alex"
- Geburtsort/-datum: „Breslau 6.4.26"
- Datum der Registrierung: „v. Sachsen. 6.2.45"
  (= vom KZ Sachsenhausen am 6.2.45 nach Flossenbürg überstellt)

Sie hatten nach dem Namen des Kapos vom Kommando „Weberei" gefragt. Bisher haben wir ihn nicht identifizieren können. Auch die genaue Bedeutung der roten Häftlingsnummer, die Sie vor dem Verlassen des Hauptlagers erhalten haben, konnten wir noch nicht entschlüsseln.
Sobald wir genauere Hinweise haben, gebe ich Ihnen bescheid.

Ich danke Ihnen nochmals sehr herzlich, dass Sie sich für unser Gespräch so viel Zeit genommen und mir so bereitwillig Auskunft gegeben haben.

Mit freundlichen Grüßen

Ulrich Fritz M.A.

Abb. 20: Schreiben der KZ-Gedenkstätte Flossenbürg an Alex Ebstein vom 24. September 2009

Abb. 21: Handschriftliche Vermerke von Alex Ebstein in roter Schrift auf einer Übersicht der Konzentrationslager des „Dritten Reichs“. Alex wurde aus seiner Heimatstadt Breslau zunächst nach Auschwitz deportiert, dann über Mauthausen in Österreich (keine Aufnahme wegen Überfüllung) und Sachsenhausen bei Berlin nach Flossenbürg in der Oberpfalz. Er legte dabei unter den damaligen widrigen Bedingungen während des Kriegs erhebliche Entfernungen zurück.

Alex hatte bereits Auschwitz und mehrere Häftlingstransporte überlebt. Das KZ Flossenbürg überlebten – laut einem Aufsatz einer wissenschaftlichen Mitarbeiterin der KZ-Gedenkstätte Flossenbürg – zwei von drei Häftlinge.[30)]

Carl Schrade hatte insgesamt elf Jahre in verschiedenen Konzentrationslagern verbracht, davon sechs Jahre im KZ Flossenbürg. Er berichtete über die Zustände, die im KZ Flossenbürg im März 1945 herrschten, als Alex ebenfalls dort war: „Nach den jüngsten Erweiterungen konnte das Lager Flossenbürg etwa siebentausend Häftlinge aufnehmen. Im März 1945 waren wir sechzehntausend. Baracken, die für einhundertsechzig Mann gebaut wurden, waren nun von über tausend belegt. Es mussten Zelte aufgeschlagen werden. Sechzehntausend Häftlinge in einem völlig überfüllten Lager. Die Unordnung nahm ständig zu. Einige Teile des Lagers waren mehrere Tage lang von der Wasserversorgung abgeschnitten. Leibwäsche wurde nur alle sechs bis acht Wochen ausgegeben. Natürlich war es unmöglich zu duschen. Davon war keine Rede mehr. Man trug wochenlang die schmutzige Wäsche am Körper, unter

30) *Annette Kraus, Dieses Buch wird das einzige bleiben – Annäherungen an Carl Schrade, in: Carl Schrade, Elf Jahre – ein Bericht aus deutschen Konzentrationslagern, Göttingen 2014, S. 9, nachfolgend: Schrade, elf Jahre.*

der Schweiß und Wundsekret gärten. Ein entsetzlicher Gestank ging von den Häftlingen aus. Die Baracken waren unwahrscheinlich dreckig und voller Ungeziefer. Es gab große Epidemien, besonders das Fleckfieber, das verheerend unter den Häftlingen wütete."[31]

Die Überfüllung des Lagers war darauf zurückzuführen, dass in dieser Zeit viele Häftlinge, zu denen auch Alex gehörte, aus aufgelösten Konzentrationslagern im Osten des Reichs, wie Auschwitz und Buchenwald, nach Flossenbürg kamen.

Abb. 22: Teil des Konzentrationslagers Flossenbürg, vermutlich kurz nach der Befreiung. Auf dem Foto sind links und im Hintergrund rechts Häftlingsbaracken zu sehen, hinten links steht ein Wachtturm. Bei dem weißen Gebäude rechts im Vordergrund handelt es sich um die Lagerküche / Häftlingsküche. Der leere Platz im Vordergrund ist ein Teil des Appellplatzes.[32]

Alex erhielt im KZ Flossenbürg einen Winkel mit seiner neuen Häftlings-Nummer 47257.[33] Juden trugen normalerweise zwei übereinander angebrachte Winkel. Ein gelbes, mit spitzem Winkel nach oben gerichtetes Dreieck und darauf ein rotes Dreieck mit nach unten gerichtetem Winkel. Der gelbe Winkel stand für die jüdischen Häftlinge, der versetzt darüber angebrachte rote Winkel stand für politische Häftlinge. Das Ganze ergab einen Stern, von dem drei Spitzen gelb und drei Spitzen rot waren.[34] Auf einer Tafel der Dauerausstellung der KZ-Gedenkstätte Flossenbürg ist zu lesen: „Juden tragen in der Regel ebenfalls den roten Winkel und bekommen zusätzlich eine gelbe Markierung."[35]

31) *Schrade, elf Jahre, S. 274 f.*

32) *Auskunft der Historikerin Annabelle Lienhart, KZ-Gedenkstätte Flossenbürg, 14.9.2018.*

33) *Vergleiche Abb. 32 (S. 71, Foto Häftlingsnummer) und Abb. 19 (S. 55, Auszug aus dem Häftlingsnummernbuch).*

34) *Die KZ-Kennzeichnung ist zu unterscheiden von dem gelben „Judenstern", den jüdische Bürger in Zivil tragen mussten.*

35) *Tafel, betitelt „Politische Schutzhaft", Dauerausstellung der KZ-Gedenkstätte Flossenbürg, Ausstellungsbesuch 2012.*

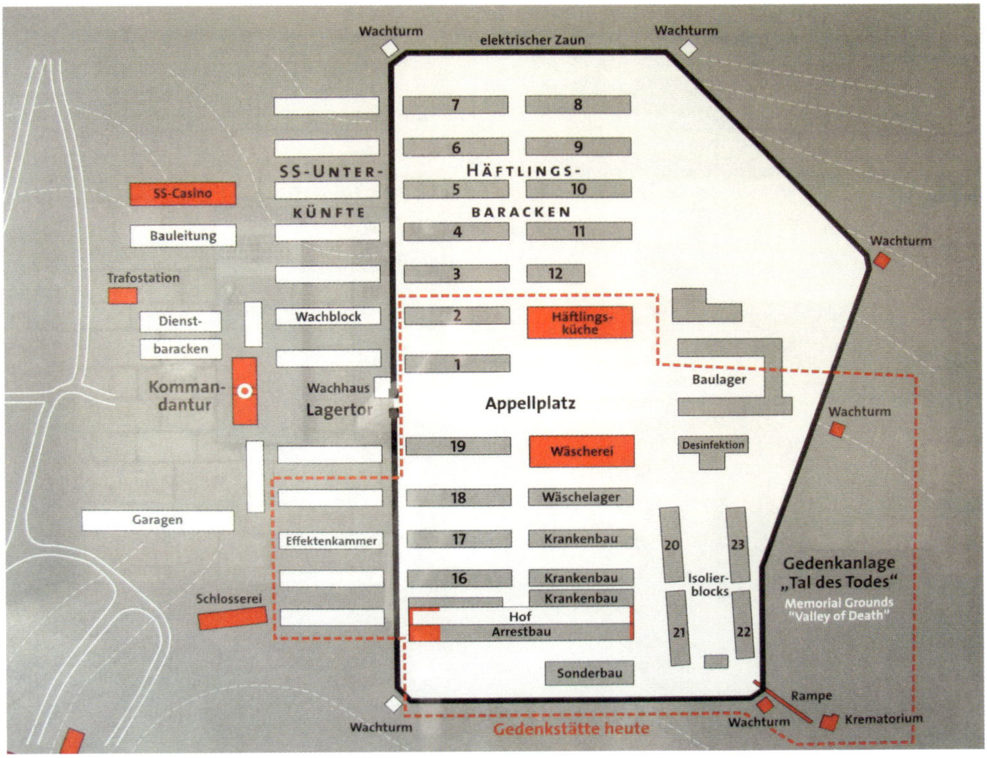

Abb. 23: Übersicht des Konzentrationslagers Flossenbürg, KZ-Gedenkstätte Flossenbürg, 2012

Abb. 24: Konzentrationslager Flossenbürg, Kommandantur, Teil der heutigen Gedenkstätte, 2012

Abb. 25: Alex mit seinem KZ-Streifen (Teil des Winkels) und der Nummer des Transports vom KZ Sachsenhausen zum KZ Flossenbürg, 2011

Doch Alex erhielt ein gelbes Dreieck mit einem darüber liegenden rechteckigen roten Streifen.[36] Alex hatte dafür folgende Erklärung:

> „In den letzten Monaten der NS-Zeit wurden an Juden offenbar mangels Material gelbe Winkel nur mit einem darüber anzubringenden roten Streifen ausgegeben."

In der KZ-Gedenkstätte liegen Verzeichnisse der in Flossenbürg Inhaftierten vor. In einer Lagerliste ist Alex namentlich mit dem Zusatz „RDJ" (Reichsdeutscher Jude) aufgeführt.

36) *Vgl. oben, Abb. 25 und S. 71, Abb. 32.*

Kennzeichen für Schutzhäftlinge in den Konz. Lagern

EXHIBIT "N"

Form und Farbe der Kennzeichen

	Politisch	Berufs-Verbrecher	Emigrant	Bibelforscher	Homosexuell	Asozial
Grundfarben						
Abzeichen für Rückfällige						
Häftlinge der Strafkompanie						
Abzeichen für Juden						
Besondere Abzeichen	Jüd. Rasseschänder	Rasseschänderin	Fluchtverdächtigt	2307 Häftlings-Nummer	Beispiel	
	P Pole	T Tscheche	ehemaliger Wehrmacht Angehöriger	Häftling Ia	2307	

Abb. 26: Kennzeichnung für Schutzhäftlinge in den Konzentrationslagern

Ein Unikat: die Transport-Nummer von Alex

Alex erzählte, dass die von ihm aufbewahrte Nummer für den Transport nach Flossenbürg eine eigene Geschichte hat. Er wurde einmal von Ulrich Fritz, einem Historiker der KZ-Gedenkstätte Flossenbürg, besucht. Diesem zeigte er seine Transport-Nummer 507, die auf einem kleinen Stoffstreifen aufgedruckt war. Dem Historiker waren diese Streifen zu dieser Zeit nicht bekannt. In einem späteren Schreiben der KZ-Gedenkstätte Flossenbürg vom 24. September 2009 wurde bestätigt, dass die Bedeutung der Nummer noch nicht entschlüsselt werden konnte.[37)]

Abb. 27: Die Transport-Nummer der Deportation von Alex vom KZ Sachsenhausen zum KZ Flossenbürg

Inzwischen ist aus Berichten ehemaliger tschechischer Häftlinge bekannt, dass an diesen, bevor sie aus dem KZ Flossenbürg weggetrieben wurden, ebenfalls nummerierte Stoffstreifen zur Organisation des Transports ausgegeben wurden.[38)]

Unterbringung und Tagesablauf

Die Häftlinge waren in Holzbaracken untergebracht, in jeder Baracke auf engstem Raum bis zu 1.500 Inhaftierte. Sie schliefen in Hochbetten mit drei Etagen. Alex gefielen die Betten nicht. Das Schlafen sei auf allen Ebenen der Stockbetten mit unangenehmen Begleiterscheinungen verbunden gewesen. So konnten die geschwächten Häftlinge in der Nacht oftmals ihre Notdurft nicht zurückhalten, was die unter ihnen Liegenden zu spüren bekamen, bemerkte Alex. Anderseits waren die Gerüche, die nach oben stiegen, ebenfalls störend.

> *„Ich schlief lieber auf dem Holzboden als zu viert in einem Bett, was auch bedeutet hätte, mehr zu sitzen als zu liegen. Mit 18 Jahren hält man es auf dem Boden relativ gut aus."*

Außerdem benötigten viele Häftlinge mehrere Stunden, bis sie einschlafen konnten, wodurch die anderen gestört wurden. Und dann wurden die Häftlinge sehr früh am Morgen geweckt, im Sommer um vier Uhr, im Winter um fünf Uhr. Um Viertel nach fünf mussten sie zum Zählappell antreten. Der Arbeitstag begann um sechs Uhr und endete abends um halb sieben, im Winter mit Einbruch der Dunkelheit.

37) Vgl. S. 56, Abb. 20. Alex sprach immer von einem Transport-Zettel. Im Schreiben der KZ-Gedenkstätte Flossenbürg ist dagegen von einer „roten Häftlings-Nummer" die Rede. Alex' Sohn Werner bestätigte, dass Alex von einer Transport-Nummer sprach (Telefonat mit dem Autor, 31.3.2019).

38) Gespräch mit dem Historiker Ulrich Fritz, 2.4.2019.

Die Arbeit war unmenschlich und hart. Die Häftlinge glichen eher Arbeitssklaven. Die SS erprobte im KZ Flossenbürg „eine in ihren Augen rationale Form der Vernichtung. Bevor sie endgültig zugrunde gerichtet wurden, sollte noch ein Maximum an Arbeitsleistung aus ihnen herausgepresst werden.“[39)]

Arbeit in dem Kommando Weberei

Als Alex im KZ Flossenbürg ankam, befürchtete er, als Arbeiter im Steinbruch eingesetzt zu werden und die mörderische Schwerstarbeit nicht zu überleben. Doch erneut stieß der inzwischen 18-Jährige auf Hilfsbereitschaft. Er beobachtete, wie sich zwei Insassen unterhielten. Einer der beiden trug einen grünen Winkel[40)] und eine Binde mit der Aufschrift „Kapo Kommando Weberei“.

Die „Kriminellen“, so Alex, waren bei den Juden im allgemeinen beliebter als die politischen Häftlinge. Sie behandelten die jüdischen Inhaftierten freundlicher. Alex bemerkte, dass der Kapo[41)] im Breslauer Dialekt sprach. Alex, gebürtiger Breslauer, sprach ihn an und es stellte sich heraus, dass dieser sogar in der Nachbarschaft der Familie Ebstein gewohnt hatte. Alex fragte ihn, ob er bei ihm in der Weberei arbeiten könne. Seine Antwort: „Ja, komm morgen mit mir mit.“

„Das war meine Rettung. Der Steinbruch wäre mein Tod gewesen.“

Wie Alex berichtete, arbeiteten im Februar 1945, als er seine Arbeit im Kommando Weberei begann, dort nur etwa zwanzig Häftlinge, was deutlich mache, wie glücklich sein Los war, dort – und nicht im Steinbruch – eingesetzt zu werden. Tausende Häftlinge wurden gezwungen, im Steinbruch der Deutschen Erd- und Steinwerke Schwerstarbeit zu leisten. Der Steinbruch war lange Zeit der größte Wirtschaftsbetrieb im KZ Flossenbürg. Alex war nicht bekannt, dass zu dieser Zeit nur noch eine Minderheit im Steinbruch arbeitete. Es gab andere Arbeitszuteilungen, zum Beispiel in der Messerschmitt-Produktion.

Was machten die Häftlinge im Arbeitskommando Weberei?

„Wir haben Streifen gerissen. Daraus wurden Flickteppiche gemacht. Zu diesem Zweck waren am Tisch Rasierklingen eingelassen. Darüber wurden die Stoffe zunächst in Streifen geschnitten.“

39) *Hans Simon-Pelanda u. a., Arbeitsgemeinschaft ehemaliges KZ Flossenbürg e. V., Das System der Zwangsarbeit im KZ Flossenbürg und seinen Außenlagern, in: Ihrer Stimme Gehör geben – Überlebendenberichte ehemaliger Häfltinge des KZ Flossenbürg, 2. Auflage, Bonn 2003, S. 14.*

40) *Sogenannte Berufsverbrecher und Kriminelle erhielten in nationalsozialistischen Konzentrationslagern den grünen Winkel, vgl. S. 61, Abb. 26 (Kennzeichnung der KZ-Häftlinge).*

41) *Kapos waren Funktionshäftlinge im Konzentrationslager. Sie wurden von der SS ernannt und waren mit der Aufsicht über andere Häftlinge betraut und wurden dadurch zu Mitarbeitern der Lagerleitung. Sie wirkten unter der Aufsicht der SS und waren für die Ergebnisse verantwortlich. Kapos erhielten für diese Dienste besondere Vergünstigungen. Zum System der Häftlingsgesellschaft vgl. Gedenkstätte Buchenwald (Hrsg.), Konzentrationslager Buchenwald 1937–1945, Göttingen 1999, S. 99–103.*

Jörg Skriebeleit, Leiter der KZ-Gedenkstätte Flossenbürg, schreibt, dass „Ende 1943 im Quarantänelager das Arbeitskommando ‚Weberei' mit 176 Gefangenen eröffnet [wurde]. In diesem wurden hauptsächlich körperlich geschwächte Häftlinge bei Flechtarbeiten für militärische Gebrauchsgegenstände wie Tarnnetze oder Gurte eingesetzt."[42)] Diese Arbeiten fanden unter dem organisatorischen Dach der Deutschen Erd- und Steinwerke, einem SS-Unternehmen, statt.

Die Funktion des Kommandos Weberei änderte sich bis Anfang 1945. Inzwischen war es auch eine Abteilung der Messerschmitt-Werke und kein Bereich von Schonarbeiten für Schwache mehr.[43)]

Am 31. Juli 2009 wandte sich Alex mit einem Schreiben an die Verwaltung der KZ-Gedenkstätte Flossenbürg und bat um Informationen über seinen Retter vom Kommando Weberei und die Bedeutung des Zettels mit der roten Nr. 507.[44)]

Im Schreiben der KZ-Gedenkstätte vom 24. September 2009 wurde die Weberei im Zusammenhang mit einer erneuten an die Gedenkstätte gerichteten, dieses Mal mündlichen Anfrage von Alex Ebstein erwähnt.[45)] Später fiel Alex der Begriff Weberei in einem Dokument auf, das in einem von der KZ-Gedenkstätte Flossenbürg veröffentlichten Buch abgedruckt ist. Das abgebildete Dokument enthält eine Auflistung von Forderungen der Kommandantur Flossenbürg.[46)] Alex, der das im Buch enthaltene Dokument sorgfältig durchgelesen hatte, fiel der Begriff Weberei sofort ins Auge.

Bei seinem Besuch in der Gedenkstätte am 21. Juli 2012 wies Alex einen der dort tätigen Historiker auf den Eintrag hin und übergab ihm eine Kopie der Seite.[47)] Der Gedenkstätte war das Wörtchen „Weberei" im Dokument laut Alex zu dieser Zeit noch nicht aufgefallen.

An die Herren
der Verwaltung der
KZ Gedenkstätte Flossenbürg

Ich war ab 6. Februar 1945 im KZ Flossenbürg Häftl.-Nr. 47.257.
Am 23. April 1945 wurde ich auf dem Todesmarsch von US-Truppen
bei dem Dorf „Ried am Pfahl" (Nähe Cham) befreit. Mein Retter
im Lager war der Kapo vom Kommando „Weberei". Können Sie bitte
über seinen Namen und sein Schiksal berichten? Ich habe außer
der obenstehenden Nr. noch eine rote Nr. 507. Was bedeutet
diese? Ergänzend: Am 6. Febr. 1945 kam ich vom KZ Sachsenhausen
nach Flossenbürg.

Mit freundlichen Grüßen
A. Ebstein 31.7.2009

ALEXANDER H. EBSTEIN
Groschenweg 57
81825 MÜNCHEN
Telefon 089 / 43 29 15

geb. 06.04.1926

Abb. 28: Schreiben Alex Ebstein an die KZ-Gedenkstätte Flossenbürg, 31. Juli 2009

42) Skriebeleit, Flossenbürg, S. 36.
43) Gespräch mit dem Historiker Ulrich Fritz, 2.4.2019.
44) Siehe oben, Abb. 28.
45) Siehe S. 56, Abb. 20.
46) KZG Flossenbürg, Selected texts, S. 60.
47) Ebd., S. 60.

Holzkohle auf dem „Speiseplan"

Zu Alex' Tätigkeiten in der Werkstatt gehörte es, jeden Morgen den Ofen zu reinigen. Die runden eisernen Öfen waren 1,50 Meter hoch und durchschnittlich fünfzig Zentimeter breit. Sie wurden wegen ihres Aussehens Kanonenöfen genannt.

Bis zum Februar 1945 hatte sich die Versorgung mit Lebensmitteln im Konzentrationslager Flossenbürg dramatisch verschlechtert. Um seinen Hunger zu stillen, begann er verkohlte Holzstücke aus dem Ofen der Weberei zu holen und diese zu essen.

„Täglich habe ich den Kanonenofen angemacht. Zunächst habe ich diesen in der Früh immer erst geleert. Vor lauter Hunger habe ich Holzkohle gegessen. Sie hat zwar keinen Nährwert, ist aber gesund, weil sie alle Keime aufsaugt. Außerdem war ja immerhin mein Magen voll und das Hungergefühl ließ nach."

Lebensmittel-Gutscheine im KZ

Im Konzentrationslager Flossenbürg wurden an verdiente KZ-Insassen Gutscheine für Lebensmittel und Zigaretten ausgegeben. Hintergrund war ein 1943 eingeführtes Prämiensystem. Dabei wurden statt Bargeld Prämienscheine verteilt. Die meisten Häftlinge erwarben sich damit Zigaretten. Die Lebensmittel, die man mit den Gutscheinen erhielt, hatten keine hohe Qualität.[48] Jörg Skriebeleit über das Prämiensystem des KZ Flossenbürg: „Auf Anregung der Industrie, für die die geringe Arbeitsfähigkeit der Gefangenen ein großes Problem darstellte, war im WVHA[49] über die Einführung von ‚Prämien' für die Gefangenen nachgedacht worden [...]."

Am 15. Mai 1943 führte Oswald Ludwig Pohl[50] schließlich ein allgemeines Prämiensystem in den Konzentrationslagern ein."[51] Dadurch sollte die Leistungsfähigkeit der Häftlinge gesteigert werden. „Das ideologische Prinzip von Arbeit und Vernichtung [wurde jedoch] selbst in der angespannten kriegswirtschaftlichen Lage niemals aufgegeben."[52]

174 187
Konzentrationslager Floßenbürg
PRÄMIENSCHEIN
Nennwert: RM 1.–
1452

Abb. 29: Prämienschein Flossenbürg, 1943

48) Gespräch mit dem Historiker Ulrich Fritz, 10.12.2014.
49) Wirtschafts- und Verwaltungshauptamt der SS.
50) Der SS-Obergruppenführer Oswald Ludwig Pohl leitete das WVHA. Pohl wurde bei den Nürnberger Prozessen als Kriegsverbrecher zum Tode verurteilt und 1951 hingerichtet.
51) Skriebeleit, Flossenbürg, S. 37.
52) Ebd.

Auch Alex erhielt einmal Lebensmittel-Gutscheine. Viele Jahre später las er in einem Buch der KZ-Gedenkstätte Flossenbürg, dass diese Gutscheine nicht an jüdische Häftlinge ausgegeben wurden. Warum Alex dennoch bei einer Gelegenheit solche Gutscheine erhielt, kann er sich nicht erklären. Vielleicht hatte der ihm wohlgesonnene Kapo oder ein anderer, der es gut mit ihm meinte, ein gutes Wort für ihn eingelegt. Oder er wurde wegen seines jugendlichen Alters berücksichtigt.

245

Arbeitskommando Weberei.

Prämienliste für die Arbeitswoche vom 12. bis 18. Juni 1944.

lfd. Nr.	Häftl. Nr.	Name		Betrag RM.	Unterschrift
1.	156	Humm	Martin	4.--	
2.	1334	Dziki	Jan	2.--	
3.	4276	Czobek	Mieczislaw	1.--	
4.	2937	Mackiewicz	Stanislaw	1.--	
5.	4014	Palka	Anton	1.--	
6.	4679	Petr	Anton	1.--	
7.	1887	Wlodarczik	Simon	1.--	
8.	3853	Dzioban	Stanislaw	1.--	
9.	5150	Choroschko	Michael	1.--	
10.	6631	Caviar	Roger	1.--	
11.	4445	Lazazowicz	Eugen	1.--	
12.	4463	Stodolka	Ladislaw	1.--	
13.	5103	Müller	[illegible]ul	1.--	
14.	4610	Dmitrenko	J[illegible]n	1.--	
15.	3506	Powerenow	Petro	1.--	
16.	1639	Kramar	Sergej	1.--	
17.	1403	Svehlik	Josef	1.--	
18.	4574	Czubaty	Ladislaw	1.--	
19.	348	Muszynski	Kasimir	1.--	
20.	3639	Brony	Karel	1.--	
21.	131531	Antonow	Stefan	1---	
22.	6881	Hode	Jan	1.---	
23.	3189	Kopeletz	Nikolai	1.--	
24.	4243	Major	Henrik	1.--	
25.	4117	Dobranowski	Stanislaw	1.--	
26.	4846	Wojtacha	Andreas	1.--	
27.	3221	Modruschan	Pasquae	1.--	
28.	3934	Malorny	Ernst	1.--	
29.	3011	Cichala	Josef	1.--	
30.	4169	Rucika	Juri	1.--	
31.	4941	Vanek	Brawaslaw	1.--	
32.	9021	Marek	Anton	1.--	
33.	6812	Rennard	Francouis	1.--	
			Übertrag:	37.-- RM	

Unterschrift

genehmigt:
Der Lagerkommand
I.V.
SS-Obersturmfüh

Abb. 30:
Arbeitskommando Weberei, Prämienliste, Dokument 12. – 18. Juni 1944

Alex stößt im KZ auf einen Zeugen Jehovas

Im Konzentrationslager Sachsenhausen hatte Alex das erste Mal von den Bibelforschern gehört. Doch erst im KZ Flossenbürg kam es zu einer ersten persönlichen Begegnung mit einem Mitglied der Religionsgemeinschaft. Alex traf auf Daniel Budakowsky,[53)] einen Zeugen Jehovas aus der Ukraine. Der 44-Jährige war am 16. Oktober 1944 mit einem Sammeltransport aus Schwerin nach Flossenbürg verschleppt worden.[54)]

Abb. 31: Daniel Budakowsky, undatiert

53) *Daniel Budakowsky war dreimal unter dem NS-Regime verhaftet worden, zweimal in der Ukraine und einmal in Dönitz, Mecklenburg. Er war acht Monate im Gefängnis und von April 1943 bis April 1945 in den Konzentrationslagern Lüneburg und Flossenbürg. (Erklärung von Daniel Budakowsky, 31.10.1945, JZD Archiv.)*

54) *Schreiben der KZ-Gedenkstätte Flossenbürg, Katharina Winter, Memorial Archives, 2.5.2019.*

Alex und Daniel waren im selben Block untergebracht. Anders als in einigen anderen Konzentrationslagern gab es keine getrennte Unterbringung der Bibelforscher. Alex war fast drei Monate in Flossenbürg. Seine Begegnungen mit Daniel Budakowsky beschrieb Alex sehr eindrücklich.

Schon bei der ersten Begegnung hatte sich Daniel als Zeuge Jehovas zu erkennen gegeben. Es entwickelten sich Gespräche, in denen Daniel Alex seine religiöse Überzeugung erläuterte und dessen Fragen mithilfe biblischer Aussagen beantwortete. Zeitweise führten die beiden täglich Gespräche über die Bibel. Alex berichtete, dass ihm diese Gespräche Trost spendeten und Mut machten.

„Ich war für Gespräche aufgeschlossen, weil ich von dem guten Ruf der Zeugen Jehovas gehört hatte, den sie sich in den Konzentrationslagern erworben hatten.“

Alex war bereits im KZ Sachsenhausen von der Haltung der Zeugen Jehovas beeindruckt gewesen, obwohl er dort mit keinem Zeugen ein persönliches Gespräch geführt hatte.

„Ich war zu sehr mit mir selbst beschäftigt.“

Aber dennoch hatte Alex die Zeugen Jehovas in Sachsenhausen beobachtet und wahrgenommen, wie über sie gesprochen wurde. Manchmal wurde gefragt: Wer sind die Häftlinge mit dem lila Winkel?

„Die Zeugen hatten die Achtung der anderen Insassen des KZ. Daher wurde sehr positiv über sie gesprochen.“

Im KZ Flossenbürg lernte er nun einen Zeugen Jehovas persönlich kennen.

„Mich beeindruckte, dass die Zeugen Jehovas nicht unterschrieben, ihrem Glauben abzuschwören, obwohl sie dadurch aus den Lagern hätten freikommen können. Sie unterstützten die anderen Lagerinsassen nach christlichen Grundsätzen, waren nicht nationalistisch. Hier war wirklich ein Interesse an den Menschen. Sie teilten ihr Brot, sie halfen Kranken, soweit das damals möglich war. Vor allem gaben sie den Menschen einen Trost, einen Halt in dieser finsteren Zeit.“

Den Zeugen Jehovas wurden in den Konzentrationslagern Loyalitätserklärungen zur Unterschrift vorgelegt, um sie unter Druck zu setzen. „Sie waren die einzigen Häftlinge, die freigelassen wurden, wenn sie sich bereit erklärten, sich in den NS-Staat einzuordnen. Nur sehr wenige machten davon Gebrauch.“[55]

55) *Nerdinger / Wilker, Verfolgung, S. 194.*

Ehemalige KZ-Häftlinge über ihre Erfahrungen mit Zeugen Jehovas in den Lagern

Zahlreiche Berichte von KZ-Insassen über ihre Begegnungen mit den Bibelforschern vermitteln die hohe Achtung, die sich die Mitglieder dieser Religionsgemeinschaft durch ihr Verhalten erworben hatten. Die Leiterin der KZ-Gedenkstätte Dachau, Gabriele Hammermann, stellt fest: „Die ehemaligen Mithäftlinge [beschrieben] die Haltung der Bibelforscher mit großem Respekt und [hoben] dabei vor allem deren Standhaftigkeit und Hilfsbereitschaft hervor."[56)] Detlef Garbe erwähnt „den Gemeinschaftsgeist, die Glaubenszuversicht und das solidarische Zusammenleben der Zeugen Jehovas" in den Konzentrationslagern.[57)]

Gerhard Besier bemerkt über die Zeugen Jehovas: „Auch im Lager lehnten sie den Hitlergruß, militärische Ehrenbezeugungen gegenüber den Wachmannschaften und die Arbeit für NS-Untergliederungen ab. Sie boykottierten Hitlers Geburtstag ebenso wie die Führerreden, suchten aber ihre Mitgefangenen und sogar das Wachpersonal für ihre religiösen Überzeugungen zu gewinnen. Nicht wenige Lagerinsassen schlossen sich der Religionsgemeinschaft an – unter ihnen auch Juden."[58)] Besier nennt fünf Juden namentlich, darunter Alexander Ebstein. Und Detlef Garbe stellt fest: „[...] selbst Gefangene mit kommunistischer und atheistischer Gesinnung, die in großer weltanschaulicher Distanz zu allen Religionen standen, waren so tief beeindruckt [...], daß sie sich zu ihnen hingezogen fühlten. Einige von ihnen nahmen schließlich den Bibelforscherglauben an."[59)] Die Münchner Zeugin Jehovas Elfriede Löhr berichtete über ihre sechs Jahre im KZ Ravensbrück: „Insgesamt wurden im Laufe der Jahre in unserem Lager circa 70 Menschen [als Zeugen Jehovas] getauft. Einige bekamen sogar unseren lila Winkel."[60)]

Der politische KZ-Häftling Erwin Gostner berichtete, wie er damit umging, als es in einem Gespräch im KZ Dachau um Folter und Tod im Lager ging: „Ich habe genug gehört und gehe hinaus. In einer solchen Stimmung besuche ich meist Stube 4, in der die Bibelforscher sind. Sie halten sich immer abgesondert, meiden jeden Streit, der auf den anderen Stuben angesichts unseres gereizten Zustandes alltäglich ist, und veranstalten fast jeden Abend eine Bibelstunde. Auch jetzt herrscht wohltuende Ruhe im Raum, als ich die Türe öffne."[61)]

---

56) Gabriele Hammermann bei der Veranstaltung anlässlich der Enthüllung einer Gedenktafel für den im KZ Mauthausen verhungerten Münchner Zeugen Jehovas Max Eckert, 7.5.2018.

57) Detlef Garbe, in: Liebster, Hoffnungsstrahl, S. XII.

58) Gerhard Besier / Katarzyna Stoklosa (Hrsg.), Jehovas Zeugen in Europa – Geschichte und Gegenwart, Band 3, Münster 2018, S. 189.

59) Detlef Garbe, Zwischen Widerstand und Martyrium – Die Zeugen Jehovas im „Dritten Reich", München 1999, S. 442.

60) Erklärung Elfriede Löhr, undatiert, JZD-Archiv, Selters / Ts.

61) Erwin Gostner, 1.000 Tage im KZ, Mannheim 1946, S. 46.

Alex erzählte, dass er während seiner KZ-Haft davon überzeugt gewesen sei zu überleben, obgleich er sich wiederholt mit Situationen konfrontiert sah, in denen er dem Tode sehr nahe war. Sein erster persönlicher Kontakt mit Zeugen Jehovas vermittelte ihm die Hoffnung, dass es etwas gibt, wofür es sich zu leben lohnt:

„Ich erkannte, dass die Zeugen Jehovas, die fest zu ihren religiösen Grundsätzen standen, wirkliche Vorbilder waren. Solche Menschen, die selbst unter großem Druck treu blieben, wollte ich zu meinen Vorbildern machen. Warum sollte ich mir andere zum Vorbild nehmen?“

In den letzten Monaten des mörderischen NS-Regimes, nach all dem Schrecklichen, das Alex über die Jahre als verfolgter Jude erleben musste, begann in ihm eine neue Lebensperspektive zu keimen.

„Daniel Budakowsky war der Wendepunkt in meinem Leben.“

Alex erzählte auch von dem Zeugen Jehovas Alfred Seltmann, der ebenfalls im KZ Flossenbürg inhaftiert war. Alex hatte von ihm gehört, ihn aber nicht mehr persönlich kennenlernen können. Der Familienvater war am 4. Januar 1945, noch bevor Alex in das Lager kam, im Alter von 45 Jahren im KZ Flossenbürg an den Folgen der Haft verstorben.[62)]

16. April 1945: Alex hört ein bedeutendes Gespräch von zwei SS-Männern

In der Mitte der Baracken, in denen die Häftlinge untergebracht waren, befanden sich die Toiletten- und Waschräume. In der Nacht vom 15. auf den 16. April 1945 ging Alex, etwa gegen zwei oder drei Uhr in der Früh, zur Toilette.

*„In dieser Nacht musste ich zur Toilette.
Das kam sonst nie vor, als junger Mann schlief ich immer durch.
Aber in dieser Nacht musste ich aufstehen.“*

Es war mucksmäuschenstill und er hörte, wie sich zwei SS-Offiziere unterhielten. Deren Unterkunft befand sich in der Nähe von Alex' Baracke. Ein SS-Mann sagte: „Alle Juden sollen sofort auf dem Appellplatz antreten. Wer nicht kommt, wird erschossen.“ Darauf erwiderte der andere: „Nein, erst morgen in der Früh.“

62) Mit Wirkung vom 31.10.1945 wurden in der Stadt Auerbach im ostdeutschen Vogtland zwei Straßen nach Zeugen Jehovas benannt, die in Konzentrationslagern umgekommen waren: Die Seltmannstraße und die Barthelstraße, letztere nach Erich Barthel. Seit dem 15.7.2013 erinnert außerdem in der Auerbacher Liebknechtstraße 1a ein Stolperstein an Alfred Seltmann. (Bekanntmachung des Bürgermeisters der Stadt Auerbach vom 31.10.1945, Deborah Gharib, Stadtarchiv Auerbach / Vogtland, 4.4.2019.)

Zwölf Jahre hatte Alex bereits den NS-Terror überlebt. Würde er in den letzten Tagen des NS-Regimes von den Nationalsozialisten zu Tode gebracht werden? Denn den Häftlingen war klar, dass das Ende des Zweiten Weltkriegs bevorstand. Nach dem, was Alex von den beiden Wachmännern erfahren hatte, rechnete er damit, dass die Juden des Lagers – und damit auch er – aufgefordert werden würden, in der Früh anzutreten, um erschossen zu werden. Sollte er das Risiko eingehen und auf dem Appellplatz erscheinen? Alex überlegte, was er am besten tun sollte.

„Wenn ich antrete, dann erschießen sie mich. Wenn ich nicht antrete und sie mich dabei erwischen, erschießen sie mich auch. Also, was macht's?"

Alex entschied sich, nicht anzutreten.

Wenige Stunden später, am 16. April, erklang tatsächlich der Ruf: „Alle Juden antreten". Die jüdischen Gefangenen folgten, doch der vorgewarnte Alex trat nicht an, sondern blieb einfach in der Baracke liegen. Um nicht mehr als Jude erkannt zu werden, entfernte er sein gelbes Zeichen. Es blieb nur noch der rote Streifen, der ihn als politischen Häftling kennzeichnete.

Als die jüdischen Häftlinge auf dem Appellplatz antraten, wurden sie aber nicht erschossen, wie Alex erwartet hatte, sondern mussten unter der Bewachung von SS-Angehörigen das Lager verlassen. Das war der Beginn des Todesmarschs für die jüdischen Häftlinge des Lagers.[63] „Am 16.4.1945 verließ der erste Transport mit sämtlichen jüdischen Häftlingen, ca. 1700 Männern, Flossenbürg in Richtung Dachau."[64] Der Transport per Eisenbahn führte sie bis Schwarzenfeld bei Schwandorf.

***Abb. 32:** Streifen mit der KZ-Häftlings-Nummer von Alex ohne den gelben Teil des Winkels, den er im KZ Flossenbürg entfernt und vernichtet hatte*

63) *Der Bericht von Edmund Grzebatkowski, der den Todesmarsch aus dem KZ Flossenbürg überlebte, bestätigt die Schilderung von Alex: „Beim Morgenappell befehlen die Deutschen, alle Juden müssten gesondert gehen. Nach dem Appell dürfen wir in die Baracken zurück, während die Juden von einer SS-Eskorte aus dem Lager gebracht werden. [...] Am nächsten Tag teilen sie uns nach dem Appell in zwei Gruppen ein. Diese Gruppe, der ich zugeteilt worden bin, kehrt in die Baracken zurück, während die zweite Gruppe unter Bewachung aus dem Lager geführt wird." (Edmund Grzebatkowski, Ich überlebte den Evakuierungsmarsch, in: Arbeitsgemeinschaft ehem. KZ Flossenbürg e. V. (Hrsg.), Ihrer Stimme Gehör geben – Überlebendenberichte ehemaliger Häftlinge des KZ Flossenbürg, Bonn 2001, S. 129 f., nachfolgend: Grzebatkowski, Evakuierungsmarsch.)*

64) *Heim u. a., Verfolgung, Band 18, S. 757.*

Die Todesmärsche

In der Schlussphase des Zweiten Weltkriegs sah sich die SS gezwungen, in Frontnähe geratene Konzentrationslager zu räumen. Die Häftlinge mussten in bewachten Gefangenenkolonnen in Gebiete marschieren, die noch unter deutscher Kontrolle standen. Sie sollten dem Zugriff der Alliierten entzogen werden und weiter als Arbeitskräfte für die deutsche Industrie ausgebeutet werden. Die SS sprach beschönigend von „Evakuierung".

Die Häftlinge prägten den zutreffenden Begriff „Todesmarsch". Während der Märsche wurden die Häftlinge brutal misshandelt und von SS-Wachmännern ermordet. Die chaotischen Fußmärsche und Transporte in offenen Güterwaggons konnten mehrere Wochen dauern. Oft waren Entfernungen von mehreren Hundert Kilometern zurückzulegen. Viele Häftlinge erfroren oder verhungerten. Wer nicht mehr marschfähig war, wurde von SS-Wachen erschossen. Insgesamt fielen den Todesmärschen 250.000 Häftlinge zum Opfer.

Das KZ Flossenbürg wurde zunächst zu einem Auffanglager für die aufgelösten Konzentrationslager im Osten. Als sich die Front Flossenbürg näherte, räumte die SS das Hauptlager; es folgten die Außenlager. Insgesamt waren davon mehr als 40.000 Häftlinge betroffen. Die Häftlinge des Hauptlagers wurden auf den Marsch mit dem Ziel des mehr als 200 Kilometer entfernten KZ Dachau geschickt. Die Elendszüge kreuzten Hunderte von Ortschaften in der Oberpfalz und in Niederbayern. Der längste dieser Todesmärsche wurde am 2. Mai 1945 im oberbayerischen Surberg bei Traunstein von US-Truppen befreit. Entlang der Todesmarschrouten fanden die US-Truppen mehr als 5.000 hastig begrabene Tote. Die Marschrouten und Ziele der Häftlinge der Außenlager unterschieden sich je nach ihrer geografischen Lage.

Am 23. April 1945 erreichte die 90. Infanterie-Division der 3. US-Armee das KZ Flossenbürg. Die Soldaten konnten das Stammlager kampflos einnehmen, da keine SS mehr vor Ort war.[65]

65) *Quellen: (1) KZG Flossenbürg, Selected texts. (2) Skriebeleit, Flossenbürg, S. 46ff. (3) Wollheim-Memorial, Frankfurt am Main, abrufbar unter: www.wollheim-memorial.de/de/raeumung_des_lagerkomplexes_auschwitz_der_todesmarsch (abgerufen am 2.4.2019).*

Für die meisten Juden bedeutete dieser letzte Marsch den Tod. Der Holocaust-Überlebende Erwin Farkas erinnerte sich: „It was a real death march." Wer auf dem Gewaltmarsch aufgrund von Erschöpfung hinfiel, wurde erschossen. Erwin Farkas, sein Bruder Zoltan und ihr Freund Lazar Kleinman stützten sich gegenseitig – so erlebten die drei Jungen Ende April 1945 die Befreiung durch die Amerikaner. Sie fanden im Kloster Indersdorf im Landkreis Dachau, einem Heim für „Displaced Children"[66)] Unterschlupf, bis sie in die USA bzw. nach Großbritannien emigrierten.[67)] Edmund Grzebatkowski berichtete, dass von 16.000 Häftlingen des Hauptlagers, die den Todesmarsch antraten, nur 4.000 überlebten.[68)] Es ist nicht möglich, exakte Zahlen zu ermitteln; die tatsächliche Zahl der Todesopfer wird aber unter der von Grzebatkowski angegebenen liegen. Jörg Skriebeleit gibt die Zahl der Todesopfer mit mindestens 5.000, möglicherweise 8.000 oder mehr Häftlinge an.[69)]

Alex betrachtete jeden Tag, den er noch im Lager verbringen konnte, als Gewinn. Andererseits befürchtete er entdeckt und sofort erschossen zu werden, weil er das Lager entgegen der Anweisung nicht wie die anderen Juden verlassen hatte. Alex erinnerte sich, dass ihn ein Mann bei der Essensausgabe seltsam anschaute, weil er ihn offenbar erkannt hatte. Aber er verriet ihn nicht. Alex ist sich sicher, dass ihn noch weitere Häftlinge erkannten. Aber niemand hat ihn verraten.

Im Ausstellungskatalog der KZ-Gedenkstätte Flossenbürg wird festgestellt: „Am 16. April mussten die jüdischen Häftlinge Richtung Süden abziehen. Drei Tage später entschied die SS, das gesamte Lager zu räumen."[70)]

19. April 1945: Für Alex beginnt der Todesmarsch

Alex gehörte wie Edmund Grzebatkowski zu denen, die im Lager blieben.

„Der Kanonendonner war schon zu hören."

Schließlich wurde das Lager aus Angst vor den herannahenden amerikanischen Soldaten geräumt und die verbliebenen Häftlinge mussten, bis auf die Schwerstkranken, das Lager verlassen.[71)] Edmund Grzebatkowski berichtete: „Am nächsten Tag, nach dem Appell, mussten [auch] wir aus dem Lager, es blieben nur die Kranken im Krankenrevier zurück. Wir wurden in Gruppen von jeweils hundert Leuten, zu fünft

66) *Unter dem Sammelbegriff der Displaced Persons wurden Ende des Zweiten Weltkriegs ausländische Zivilpersonen zusammengefasst, die sich durch Kriegseinwirkung an Orten außerhalb ihrer Heimat aufhielten. In den Auffanglagern entwickelte sich eine von den DPs getragene Selbstverwaltung mit kulturellen Veranstaltungen und einer bunten Presselandschaft. (Juliane Wetzel, Historisches Lexikon Bayerns, abrufbar unter: www.historisches-lexikon-bayerns.de/Lexikon/Displaced_Persons_(DPs), abgerufen am 2.4.2019.)*

67) *„It was a real death march" – Erwin Farkas an der OTH Regensburg (Ostbayerische Technische Hochschule), 2.5.2015, abrufbar unter: www.oth-regensburg.de/hochschule/aktuelles/einzelansicht/news/it-was-a-real-death-march-erwin-farkas-an-der-oth-regensburg.html (abgerufen am 2.4.2019). Siehe auch S. 50, Fußnote 18, „KZ-Überlebt".*

68) *Grzebatkowski, Evakuierungsmarsch, S. 133.*

69) *Skriebeleit, Flossenbürg, S. 51.*

70) *KZG Flossenbürg, Selected texts, S. 64 (aus dem Englischen übersetzt).*

71) *Bei der Befreiung am 23.4.1945 fanden Soldaten der US-Armee im Lager nur noch 1.500 Todkranke vor. Alle übrigen Häftlinge hatte die SS auf Todesmärsche Richtung Süden getrieben. (KZG Flossenbürg, Selected texts, S. 68.)*

in einer Reihe, aufgestellt, die Bewachung erfolgte durch SS-Wachposten, für jeweils 10 Häftlinge. Die ganze Zeit, während wir aus dem Lager gingen, begleiteten uns Schüsse. Die SS-Männer mordeten die ganz Schwachen, die nicht mehr die Kraft hatten, weiterzugehen und daher zurück blieben."[72)]

Unter der Bewachung von SS-Angehörigen verließen die Gefangenen bis zum 20. April 1945 das KZ in Richtung Süden. Und damit begann auch für Alex der Marsch ins Ungewisse.

„Häftlinge, die nicht mehr konnten, wurden erschossen. Die Straßen waren übersät mit Leichen."

Der Todesmarsch war für Alex drei Tage kürzer. Alex war überzeugt, dass seine Entscheidung, im Lager zu bleiben, wesentlich dazu beitrug, dass er den Todesmarsch überlebte.[73)]

„Um Aufsehen durch den Marsch von halb verhungerten Menschen zu vermeiden, durfte nur nachts marschiert werden. Darauf achteten die SS´ler."

Die Häftlinge litten auf dem Todesmarsch unter Hunger. Sie aßen, was sie auf dem Weg fanden. Alex stillte seinen Hunger, indem er am Wegesrand die Schalen der Hagebutten von Wildrosen und blaue Schlehen aß.

„Es war nass und kalt. Wir hatten keine warme Kleidung und der Stoff meines Häftlingsanzugs zerfiel."

Alex' Weg in die Freiheit

Alex' Bericht über seine Befreiung beginnt mit der Flucht der SS-Wachmänner und endet mit seiner Ankunft in Ried am Pfahl, nahe Cham. Er war insgesamt drei Tage marschiert.

„Der Spuk war vorüber."

Als die amerikanischen Soldaten näher rückten, flüchteten viele SS-Männer und warfen ihre Waffen weg. Die Häftlinge eigneten sich die Waffen an. Die SS war geflohen und die Häftlinge sich selbst überlassen, in Angst, ausgezehrt, hungrig, ohne passende wärmende Kleidung. Alex wusste, die Tage waren gefährlich. Und

72) *Grzebatkowski, Evakuierungsmarsch, S. 130.*
73) *Gemäß Bericht von Edmund Grzebatkowski waren es nur zwei Tage. Die KZ-Gedenkstätte Flossenbürg bestätigt dagegen drei Tage, vgl. S. 73, Zitat zur Fußnote 70.*

für die SS-Männer war es nun riskant, als solche erkannt zu werden. Daher suchten sie nach Möglichkeiten, ihre SS-Uniform gegen Zivil- oder Häftlingskleidung auszutauschen. Das stellte für jeden ehemaligen Häftling eine Bedrohung dar, auch für Alex, der noch seine Häftlingskleidung trug. Deshalb suchte er Schutz in einem Bauernhof in einem kleinen Dorf mit etwa zehn Häusern.

> *„Ich blieb im Bauernhof, denn die SS'ler waren scharf auf die Kleidung von ehemaligen Häftlingen. Ich dachte mir: Die bringen mich sonst noch um."*

Alex entdeckte auf dem Bauernhof einen wahrscheinlich für das Vieh bestimmten Kübel mit Kartoffeln. Der Bauer erlaubte ihm, von den Kartoffeln zu essen. Alex blieb über Nacht im Hof und schlief sich in einem Stall aus.

Mit anderen befreiten Häftlingen ging es weiter in Richtung Cham. Als Alex und andere ehemalige Häftlinge am 23. April 1945 in dem kleinen Ort Ried am Pfahl, nahe Cham, auf die amerikanischen Soldaten stießen, waren die deutschen Wehrmachtsangehörigen bereits geflüchtet, erzählte Alex.

Er hatte eine Strecke von etwa achtzig Kilometern zurückgelegt und wog nur noch 45 Kilogramm. Alex besaß noch den roten Streifen seines Winkels und die rote Transport-Nummer der Bahnfahrt von Sachsenhausen nach Flossenbürg. Diese beiden Dokumente, Erinnerungen an eine dramatische Zeit, bewahrte er bis zu seinem Tod auf.[74)]

Aus Sicht von Alex endete der Todesmarsch in Ried am Pfahl, als er auf die Hilfe der amerikanischen Soldaten stieß.

Was wurde aus Daniel Budakowsky?

Wo befand sich zu dieser Zeit Daniel Budakowsky, den Alex im KZ Flossenbürg kennen und als Zeuge Jehovas schätzen gelernt hatte? Alex hatte ihn nach seiner Befreiung aus dem KZ nicht mehr gesehen. Auf einem von Daniel Budakowsky kurz nach dem Krieg unterschriebenen Formular ist dokumentiert, dass auch er den Todesmarsch nach Cham mitmachen musste.[75)] Doch an welchem Tag er das KZ verließ, ist nicht mehr bekannt. Sehr wahrscheinlich war es ebenfalls der 19. April.

Später kam es zu mehreren Begegnungen zwischen Alex und Daniel. Dazu Alex' Sohn Werner: „Mein Vater erwähnte des Öfteren, auch früher schon, als Holocaust-Geschichten noch keine interessanten Gesprächsthemen waren, dass er gleich nach dem Krieg Daniel Budakowsky ein paar Mal auf Kongressen der Zeugen Jehovas gesehen hatte, bis er dann wie viele Ukrainer nach Kanada auswanderte. Mein Vater sprach sein Leben lang über Daniel Budakowsky, auch schon während meiner Jugendzeit."[76)]

Nach den wenigen Begegnungen in den ersten Nachkriegsjahren sahen sich Alex

74) Heute befinden sich diese Dokumente im Eigentum seines Sohnes Werner Ebstein.
75) Erklärung von Daniel Budakowsky, 31.10.1945, JZD Archiv.
76) E-Mail Werner Ebstein an den Autor, 3.5.2016.

und Daniel nie wieder. Der gebürtige Ukrainer lebte nach dem Krieg für kurze Zeit in Süddeutschland. Danach wanderte er zunächst nach Kanada aus. Schließlich zog er in die USA, wo er 1972 im Alter von 72 Jahren verstarb.

Alex trifft auf Bruno Liegl

In seiner Sträflingskleidung ging Alex nach der Befreiung weiter in die Stadt Cham. Dort hielten sich mehrere Hundert ehemalige KZ-Häftlinge auf. Sie standen auf dem Marktplatz im Zentrum der ihnen unbekannten Stadt. Unerwartet kam ein Mann, Bruno Liegl, den Alex nicht kannte, schnurgerade auf ihn zu und fragte: „Kannst du mir sagen, wo die Bibelforscher sind?" Alex ging davon aus, dass unter den ehemaligen KZ-Häftlingen auch Bibelforscher waren, daher seine Antwort:

„Hier müssten Bibelforscher sein, aber ich weiß nicht wo."

Abb. 33: Bruno Liegl, undatiert

Anschließend fragte Bruno: „Weißt du, wo du übernachtest?“ Alex verneinte. „Komm doch zu uns. Bei meinen Eltern ist noch ein Zimmer frei. Wenn du möchtest, kannst du bei uns wohnen.“ Bruno Liegl lebte mit seiner Familie in Cham. Er hatte in Russland als Soldat gedient.[77] Ein Onkel von ihm besaß vor dem Krieg Bücher von den Bibelforschern, die auch Bruno gelesen hatte. Während des Kriegs hatte Bruno beschlossen, sich damit näher zu befassen, wenn der Krieg einmal zu Ende wäre.

Am Tag darauf begaben sich die beiden jungen Männer auf die Suche nach den Bibelforschern, die sie etwa sieben Kilometer von Cham entfernt fanden. Das Rote Kreuz hatte mit fünf oder sechs Baracken für die Versorgung der ehemaligen KZ-Insassen gesorgt. In einer dieser Betreuungsstellen fanden sich sechs Bibelforscher zusammen. Bruno lud auch sie ein, im Hause seiner Eltern zu übernachten. Brunos Eltern, wie er damals noch keine Zeugen Jehovas, nahmen damit insgesamt sieben Männer bei sich auf.

Die Berichte über die Zeugen Jehovas in den Konzentrationslagern Sachsenhausen und Flossenbürg und besonders seine Gespräche mit Daniel Budakowsky hatten auf Alex eine so nachhaltige Wirkung, dass er seine Kontakte mit den Zeugen Jehovas intensivierte.

„Ich erkannte, dass die Zeugen Jehovas, die fest zu ihren religiösen Grundsätzen standen, wirkliche Vorbilder waren.“

Alex Ebstein

77) Alex hatte auch seinem Sohn Werner erzählt, wie er in Cham auf Bruno Liegl traf und dass dieser als Soldat in Russland gedient hatte. Warum Bruno Liegl zu dieser Zeit nicht mehr in der Wehrmacht war, ist nicht bekannt.

KAPITEL 4

Neuanfang als Zeuge Jehovas in München

„Nach dem Krieg war der Spuk plötzlich verschwunden, wie über Nacht. Keiner wollte etwas getan haben, und niemand wollte etwas gewusst haben."

Alex Ebstein

„Die jüdischen Überlebenden der Konzentrationslager waren die Gruppe, die nach der Befreiung mit den gravierendsten Problemen konfrontiert wurden."

Leo Eitinger, Auschwitz-Überlebender[1)]

Alex Ebstein hatte als jüdischer Deutscher jahrelange Verfolgung überlebt, darunter mehrere Jahre in den Konzentrationslagern Auschwitz, Sachsenhausen und Flossenbürg.

Mit den obigen Worten beschreibt der Auschwitz-Überlebende Leo Eitinger die allgemeine Situation der überlebenden europäischen Juden. Nach dem Holocaust wurden sie mit neuen Problemen konfrontiert. „Willkommen waren sie nicht, die Überlebenden des Judenmords", bewertet Wolfgang Benz die für Juden immer noch schwierige Situation.[2)] Mit den Worten: „Nach dem Krieg war der Spuk plötzlich verschwunden", formulierte Alex die Ignoranz der Bevölkerung nach dem Ende der NS-Zeit, die sich auf die eigenen Interessen konzentrierte und die unzählbaren Verbrechen des deutschen Volkes an den Juden und anderen Minderheiten ausblendete.

Nach dem Krieg wollte keiner etwas getan oder gewusst haben, erzählte Alex. Viele taten so, als hätte es die NS-Zeit mit der Vernichtung von Millionen jüdischen Europäern und den Gräueltaten an anderen Randgruppen wie Sinti und Roma und an Andersdenkenden wie den Zeugen Jehovas gar nicht gegeben. „Die Deutschen, auch wenn sie keine fanatischen Nazis gewesen waren, keine individuelle Schuld auf sich geladen hatten, wollten in ihrer Mehrheit nicht an die Verbrechen der National-

1) *Leo Eitinger, Die Jahre danach. Folgen und Spätfolgen der KZ-Haft, in: Dachauer Hefte 8 (1992), S. 9 f., zitiert in: Wolfgang Benz / Brigitte Mihok (Hrsg.), „Juden unerwünscht", Berlin 2016, S. 214, nachfolgend: Benz / Mihok, Juden unerwünscht.*
2) *Benz / Mihok, Juden unerwünscht, S. 35.*

sozialisten und die Tragödie der Juden erinnert werden. Sie wollten die zerstörten Städte wieder aufbauen und ein neues Leben beginnen", stellt Wolfgang Benz fest.[3)]

In seinem amtlichen Ausweis als „Rassisch Verfolgter" wurde Alex' Zeit vor Einlieferung in das KZ Flossenbürg (Häftlingstransport und die Tage im KZ Sachsenhausen) seiner Haftzeit im KZ Auschwitz zugerechnet.

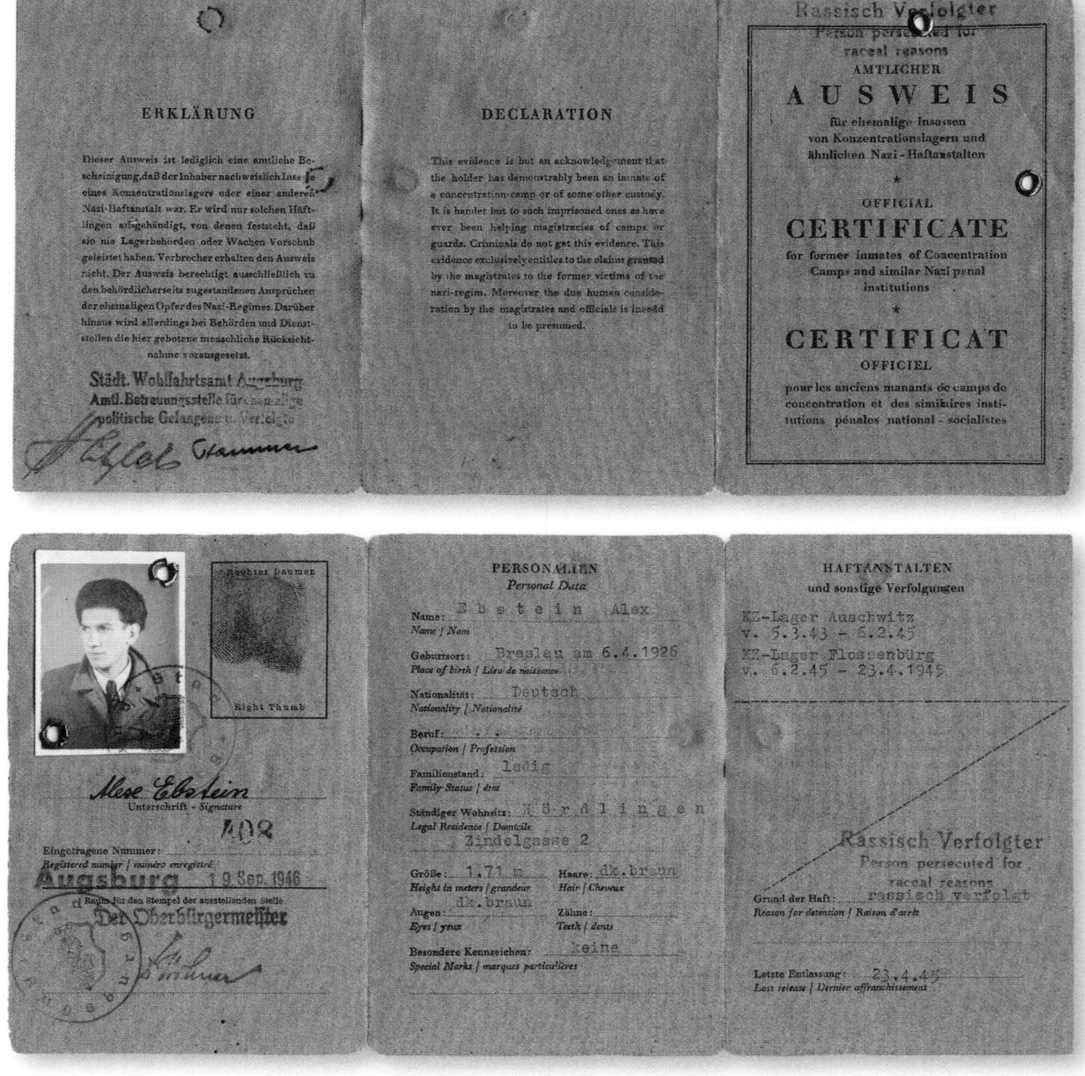

ERKLÄRUNG

Dieser Ausweis ist lediglich eine amtliche Bescheinigung, daß der Inhaber nachweislich Insasse eines Konzentrationslagers oder einer anderen Nazi-Haftanstalt war. Er wird nur solchen Häftlingen ausgehändigt, von denen feststeht, daß sie nie Lagerbehörden oder Wachen Vorschub geleistet haben. Verbrecher erhalten den Ausweis nicht. Der Ausweis berechtigt ausschließlich zu den behördlicherseits zugestandenen Ansprüchen der ehemaligen Opfer des Nazi-Regimes. Darüber hinaus wird allerdings bei Behörden und Dienststellen die hier gebotene menschliche Rücksichtnahme vorausgesetzt.

Städt. Wohlfahrtsamt Augsburg
Amtl. Betreuungsstelle für ehemalige politische Gefangene u. Verfolgte

DECLARATION

This evidence is but an acknowledgement that the holder has demonstrably been an inmate of a concentration-camp or of some other custody. It is handet but to such imprisoned ones as have ever been helping magistracies of camps or guards. Criminals do not get this evidence. This evidence exclusively entitles to the claims granted by the magistrates to the former victims of the nazi-regim. Moreover the due human consideration by the magistrates and officials is intended to be presumed.

Rassisch Verfolgter
Person persecuted for raceal reasons

AMTLICHER
AUSWEIS
für ehemalige Insassen von Konzentrationslagern und ähnlichen Nazi-Haftanstalten

OFFICIAL
CERTIFICATE
for former inmates of Concentration Camps and similar Nazi penal institutions

CERTIFICAT
OFFICIEL
pour les anciens manants de camps de concentration et des similaires institutions pénales national-socialistes

Rechter Daumen
Right Thumb

Alex Ebstein
Unterschrift - Signature

Eingetragene Nummer: 408
Registered number / numéro enregistré

Augsburg 19. Sep. 1946

Raum für den Stempel der ausstellenden Stelle
Der Oberbürgermeister

PERSONALIEN
Personal Data

Name: Ebstein Alex
Name / Nom

Geburtsort: Breslau am 6.4.1926
Place of birth / Lieu de naissance

Nationalität: Deutsch
Nationality / Nationalité

Beruf:
Occupation / Profession

Familienstand: ledig
Family Status / état

Ständiger Wohnsitz: Nördlingen Zindelgasse 2
Legal Residence / Domicile

Größe: 1,71 m
Height in meters / grandeur

Haare: dk. braun
Hair / Cheveux

Augen: dk. braun
Eyes / yeux

Zähne:
Teeth / dents

Besondere Kennzeichen: keine
Special Marks / marques particulières

HAFTANSTALTEN
und sonstige Verfolgungen

KZ-Lager Auschwitz
v. 5.3.43 – 6.2.45
KZ-Lager Flossenbürg
v. 6.2.45 – 23.4.1945

Rassisch Verfolgter
Person persecuted for raceal reasons

Grund der Haft: rassisch verfolgt
Reason for detention / Raison d'arrêt

Letzte Entlassung: 23.4.45
Last release / Dernier affranchissement

Abb. 34: Amtlicher Ausweis von Alex Ebstein als „Rassisch Verfolgter", 19. September 1946

3) *Ebd., S. 35 f.*

Alex lässt sich als Zeuge Jehovas taufen

Nur eine Woche nach Kriegsende setzte Alex seine religiösen Gespräche, die er im Konzentrationslager Flossenbürg begonnen hatte, fort. Er führte diese mit den Zeugen Jehovas, die bei Familie Liegl untergebracht waren. Nach einiger Zeit wurde Frau Liegl ein Haus zur Verfügung gestellt, damit die insgesamt sieben Männer, die sie aufgenommen hatte, dort vorübergehend wohnen konnten.

Die Gruppe setzte sich mit der Zentrale der Zeugen Jehovas in Magdeburg[4)] in Verbindung und bat um Unterstützung. Walter Vogt aus Cham, der selbst lange im KZ gelitten hatte, übernahm es, die Gruppe im Hause Liegl zu betreuen. So lernte Alex in seiner Zeit in Cham mehrere Zeugen Jehovas näher kennen, wodurch sein Entschluss, sich dieser Gemeinschaft anzuschließen, bestärkt wurde. Neben Bruno Liegl und Walter Vogt lernte er Hermann Kühn kennen, der später nach Moosburg bei München zog.

Alex wohnte noch in Cham, als er sich am 1. August 1945 im Fluss Regen als Zeuge Jehovas taufen ließ. Hans Wolf war Alex' Täufer. Kurze Zeit zuvor hatte sich auch Bruno Liegl[5)] im Fluss Regen taufen lassen.

Abb. 35: Hans Wolf, der Täufer von Alex, Ende der 1940er Jahre

Alex gehörte damit zu einem Kreis von Personen, die sich während der NS-Zeit oder kurz darauf infolge von Eindrücken und Erfahrungen mit den Zeugen Jehovas dieser Gemeinschaft anschlossen. Einige hatten in diesen Jahren Zeugen Jehovas in Gefängnissen und Konzentrationslagern kennengelernt. Andere waren durch Kontakte mit nicht inhaftierten Zeugen Jehovas oder durch andere Umstände mit der Religionsgemeinschaft in Berührung gekommen.[6)]

Alex war nun ein Zeuge Jehovas mit jüdischen Wurzeln. Nach der Befreiung musste er ohne Familie und Ausbildung ins Leben zurückfinden. Mit gerade 19 Jahren hatte er eine schwere Last schrecklicher Erfahrungen zu tragen. Seine Familie und alle anderen Verwandten waren ermordet worden oder ins Ausland geflüchtet. Nach diesen Erlebnissen hatte er sich nun einer anderen von den Nationalsozialisten schwer verfolgten Randgruppe angeschlossen.

„Dass ich mich den Zeugen Jehovas anschloss, erwies sich als großer Schatz."

---

4) Der Komplex des „Bibelhauses" der Zeugen Jehovas in Magdeburg war schwer beschädigt. Daher wurde 1945 zunächst in Räumlichkeiten eines Magdeburger Zeugen Jehovas ein Büro der Religionsgemeinschaft eingerichtet. (Hans-Hermann Dirksen, „Keine Gnade den Feinden unserer Republik", Berlin 2001, S. 90 f.)

5) Wie Alex berichtete, lebte Bruno Liegl später in Günzburg.

6) Siehe S. 166, Anmerkung 5: Personen, die während oder kurz nach der NS-Zeit Zeugen Jehovas wurden.

Reaktion der jüdischen Verwandten

Für Angehörige ist es nie einfach, wenn ein Familienglied aus der religiösen, kulturellen oder weltanschaulichen Tradition ausbricht. Trotz des angebrachten Respekts und der gebotenen Toleranz angesichts des Rechts auf freie Religionsausübung können leicht Gefühle verletzt werden. Das gilt besonders für Familien, die religiös stark verwurzelt sind.

Ursula Kersh, geborene Ebstein, eine in den USA lebende Cousine von Alex, formulierte ihre Empfindungen und die der anderen jüdischen Verwandten von Alex, als sie damals von seinem Religionswechsel erfuhren, mit folgenden Worten: „Ich möchte bemerken, dass wir alle sehr betroffen waren und hoch enttäuscht, als Alex, trotzdem er seine ganze Familie verloren hat, weil sie jüdisch waren, und er selbst so gelitten hat, vom Judentum weggegangen ist. Schwer zu verstehen. Mein Mann kam aus einer sehr jüdischen orthodoxen Familie, die auch ermordet wurde, er ging NUR SEHR SELTEN IN DIE SYNAGOGE, ABER BLIEB STOLZER JUDE."[7)]

Alex pflegte dennoch mit seiner Cousine bis zu seinem Tod telefonischen Kontakt. Sie verstanden sich gut. Trotz ihrer starken jüdischen Verwurzelung und ihrer Enttäuschung darüber, dass Alex zu den Zeugen Jehovas konvertiert war, ist sie zu einem positiven Statement fähig, wodurch letztendlich ihre doch tolerante Haltung deutlich wird: „Ich habe großen Respekt für eure Religion [der Zeugen Jehovas] und eure Überzeugungen. Genauso wie vor meiner eigenen. Ich respektiere überhaupt jede Religion, solange es eine friedliche ist."[8)]

Alex lernt seine Frau Luise kennen

Ende 1945 entschied Alex, sich als Vollzeitprediger in den Dienst seiner Religionsgemeinschaft zu stellen, um sich ganz auf die Verkündigung zu konzentrieren. Er wurde mit seinem Pionierpartner Hermann Lange, ebenfalls ein KZ-Überlebender, in Nördlingen eingesetzt. Beide wohnten etwa ein Jahr an ihrem Einsatzort Nördlingen bei den Eheleuten Eberle, die ebenfalls der Religionsgemeinschaft angehörten.

Im Herbst 1945 erhielt Alex die Nachricht, dass im Dezember in München der erste dortige Nachkriegskongress der Zeugen Jehovas in einem Saal des Deutschen Museums stattfinden sollte. Nach der schweren Verfolgungszeit war das ein besonderer, emotionaler Anlass. Insgesamt waren bei diesem Treffen etwa 350 Zeugen Jehovas anwesend, erinnerte sich Alex.

Alex und sein Dienstpartner Hermann Lange wurden ebenfalls nach München eingeladen. Die Zentrale der Religionsgemeinschaft hatte Alex mitgeteilt, er solle sich bei Johann Herrlinger[9)] melden, bei dem sich das Unterkunftsbüro für von auswärts

7) E-Mail Ursula Kersh an den Autor, 20.6.2018. Hervorhebungen von Ursula Kersh. Obwohl sie mit ihrer Familie während der NS-Zeit Deutschland verließ und nie mehr zurückkehrte, ist sie immer noch der deutschen Sprache in Wort und Schrift mächtig. Zur Geschichte ihrer Familie siehe den biografischen Anhang, S. 152ff.

8) E-Mail Ursula Kersh an den Autor, 22.7.2018.

9) Der Münchner Bankkaufmann Johann Herrlinger (1902–1965) war am 4.9.1936 festgenommen und am 2.3.1937 vom Sondergericht München wegen seiner Tätigkeit für die Zeugen Jehovas zu einer Gefängnisstrafe von neun Monaten verurteilt worden. Er hatte das Gartenhaus seiner Eltern an der Richthofenstraße 10 von 1934 bis 1936 genutzt, um Schriften der Zeugen Jehovas zu vervielfältigen und organisatorische Treffen der Glaubensgemeinschaft durchzuführen. (Nerdinger / Wilker, Verfolgung, S. 125.)

1	**Von der zuständigen Behörde einzutragen!**
2	**Amtliche Entscheidung auf Grund des Gesetzes zur Befreiung von Nationalsozialismus und Militarismus vom 5. März 1946.**
3	Official decision pursuant to Law for liberation from Nazism and Militarism of 5 March 1946.
4	Décision officielle en vertu de la loi pour la Libération du Nazisme et du Militarisme du 5 Mars 1946.
5	Официальное решение на основании закона для освобождения от национонал-социализма и милитаризма, 5. Марта 1946 с.
6	
7	Meldebogen .... Nr. ....
8	
9	
10	
11	
12	
13	
14	
15	

Druck W. Kohlhammer, Stuttgart / Werkstoff: Kaliko, Göppingen

Deutsche Kennkarte

German identity-card
Carte d'identité allemande
Германское Удостоверение Личности

Zur Beachtung!

1. Der Inhaber der Kennkarte hat diese stets bei sich zu führen und sie auf Verlangen allen Behörden sowie den Beamten des Polizeidienstes ohne Verzug vorzuzeigen.
2. Es ist strafbar, den Inhalt der Kennkarte zu entstellen oder sie in ihrem Inhalt zu verändern, die Kennkarte einem anderen zum Gebrauch zu überlassen oder eine fremde Kennkarte zu benützen.
3. Der Verlust der Kennkarte ist der nächsten Ortspolizeibehörde sowie der Behörde, die sie ausgestellt hat, unverzüglich zu melden.
4. Die Kennkarte ist ausschließlich ein Inlandsausweis.

Kennort / Place of issue / Lieu d'émission / Место выдачи	Nördlingen
Kenn-Nummer / Number / Numéro / Номер	B o1 817
Gültig bis / Expires on / Expire le / Действительно до	4. September 19 51

Name / Name / Nom / Фамилия	Ebstein
Vornamen / Christian name / Prénom / Имя	Alex
Geburtstag / Date of birth / Date de naissance / День рождения	6. April 1926
Geburtsort / Born at / Lieu de naissance / Место рождения	Breslau
Staatsangehörigkeit / nationality / nationalité / Подданство	deutsch
Beruf / Occupation / Profession / Профессия	ohne
Gegenwärt. Wohn-od. Aufenthaltsort / present place of residence and address / résidence permanente ou séjour / Настоящее место жительства	Nördlingen
Wohnsitz am 1. 9. 1939 / domicile on 1. 9. 1939 / domicile le 1. 9. 1939 / Место жительства 1. 9. 1939	Breslau
Größe und Gestalt / height and figure / hauteur et taille / Рост	171 cm, schlank
Farbe der Augen / Colour of the eyes / couleur des yeux / Цвет глаз	dunkelbraun
Unveränderl. Kennzeichen / invariable distinguishing marks / marques permanentes / Постоянныя особыя приметы	fehlen
Veränderliche Kennzeichen / variable distinguishing marks / marques variables / Временныя особыя приметы	Tätowierung lk. Unterarm
Bemerkungen / Remarks / Remarques / Замечания	

Fingerabdrücke / Finger-prints / Dactyloscopie / Отпечатки пальцев

Linker Zeigefinger / left forefinger / index gauche

Rechter Zeigefinger / right forefinger / index droit

Alex Ebstein
(Unterschrift des Kennkarteninhabers)

Nördlingen, den 4. September 194 6

Der Bürgermeister
Im Auftrage:
(Ausstellende Behörde)

(Unterschrift des ausfertigenden Beamten)

Gebühr 1.– RM.

Abb. 36: Am 4. September 1946 in Nördlingen für Alex ausgestellte Kennkarte

angereiste Kongressbesucher befand. Johann Herrlinger wohnte in der Richthofenstraße 10[10] im Münchner Ortsteil Großhadern. Dort sollte Alex und seinem Dienstpartner eine Unterkunft zugeteilt werden.

Als sich Alex im Hause Herrlinger meldete, waren die beiden jungen Zeuginnen Jehovas Wilhelmine (Minni) und Luise Albrecht anwesend. Minni schrieb in den ersten Nachkriegsjahren regelmäßig den Wachtturm auf Matrizen, die dann bei Herrlingers vervielfältigt wurden. Luise begleitete sie, um neue Matrizen bei Herrlingers abzugeben. Thea Herrlinger,[11] die Frau von Johann Herrlinger, bemühte sich, die beiden jungen Männer bei Familie Albrecht unterzubringen. Aber Luise sagte: „Meine Eltern möchten nur weibliche Gäste." Wie Luise ihrem späteren Ehemann ebenfalls erzählte, drängte Thea Herrlinger sie und ihre Schwester, da es keine alternativen Unterbringungsmöglichkeiten mehr gab: „Schaut sie euch doch mal an. Nehmt sie doch mit. Wir haben sonst niemanden, wo sie übernachten könnten."

Alex erkannte schnell, dass Luise die richtige Frau für ihn wäre. Besonders gefiel ihm, dass sie sich 1943, noch während der Verbotszeit, als Zeugin Jehovas hatte taufen lassen.[12] Außerdem sei sie ein „hübsches, fesches Mädchen" gewesen, wie sich Alex ausdrückte. Anfangs sei Luise noch zurückhaltend gewesen. Es hätte lange gedauert, bis er sie für sich gewinnen konnte. Langsam entwickelte sich zwischen den beiden ein reger Briefwechsel.

„Es war eine Zeit der Sehnsucht."

Alex' Bekanntschaft mit Luise Albrecht hatte für ihn, der als Teenager auf grausame Weise seine Familie verloren hatte, eine enorme Bedeutung. Luise bewahrte den gesamten Briefwechsel aus der Zeit vor ihrer Eheschließung auf. Am 5. Juli 1947 heiratete das Paar.

„Die Briefe liegen alle im Nachtkästl."

10) *Die damals noch nach dem Nazi-General Wolfram von Richthofen bezeichnet Straße wurde 1947 in Rodensteinstraße umbenannt, Auskunft Stadtarchiv München, 5.4.2019.*

11) *Der erste Ehemann von Thea Herrlinger, der Versicherungskaufmann Wilhelm Jung, war 1941 an den Folgen von Haft und Verfolgung als Zeuge Jehovas gestorben. (Nerdinger / Wilker, Verfolgung, S. 125.)*

12) *Alfred und Maria Albrecht, die Eltern von Luise, hatten sich 1929 als Bibelforscher taufen lassen. 1936 beteiligte sich das Ehepaar an der Verbreitung der „Luzerner Resolution", eines Protestflugblatts der Zeugen Jehovas. Ein Kuvert mit dem Flugblatt übergab Alfred Albrecht dem SS-Posten, der das Haus Hitlers am Prinzregentenplatz bewachte, mit der Bitte, es dem „Führer" auszuhändigen. Fünf Tage später wurde er verhaftet. Das Sondergericht München verurteilte ihn 1937 zu acht Monaten, seine Frau zu fünf Monaten Gefängnis. 1939 wurde Alfred Albrecht wegen seiner „staatsfeindlichen Einstellung" in die Heilanstalt Eglfing-Haar eingewiesen, wo er bis 1945 festgehalten wurde. (Nerdinger / Wilker, Verfolgung, S. 136.)*

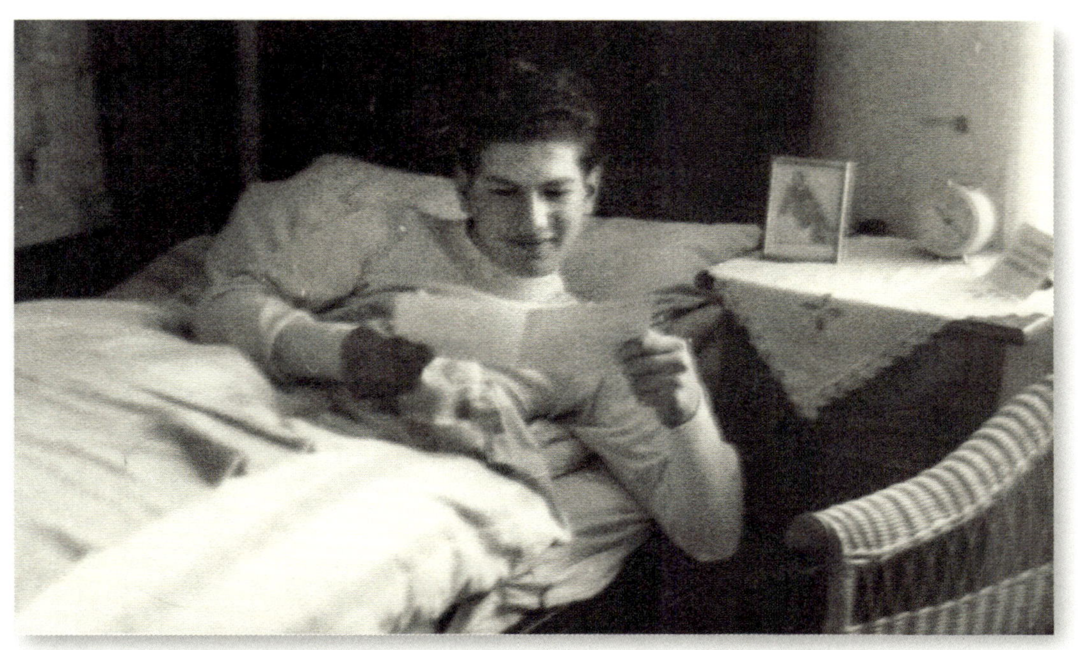

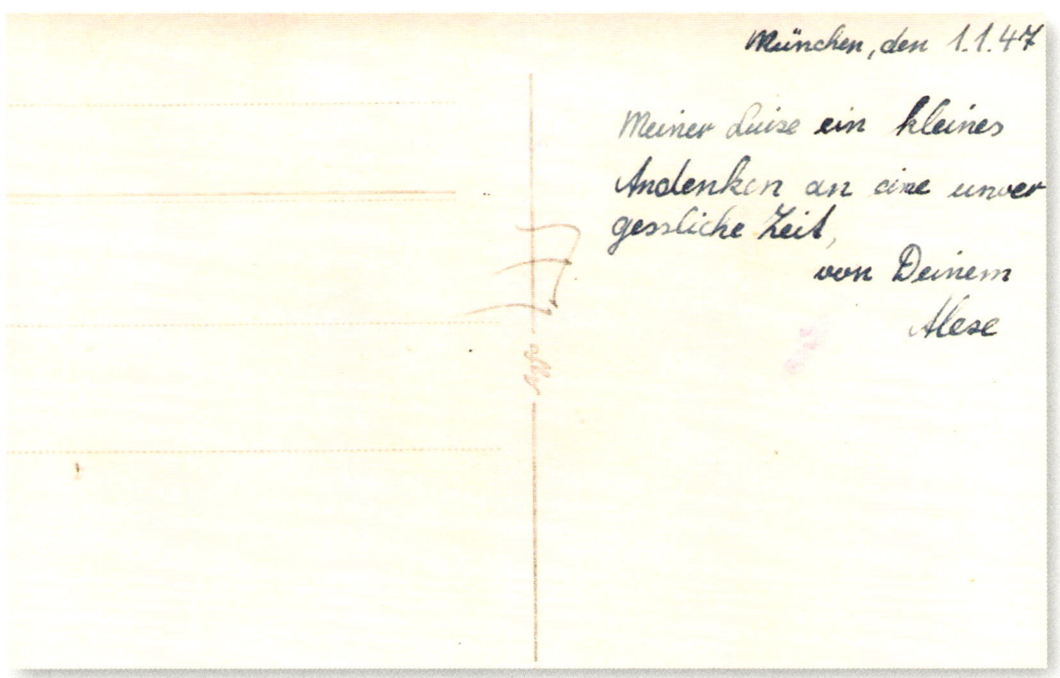

Abb. 37:
Foto Vorderseite: Alex liest einen Brief von Luise; Rückseite: Vermerk von Alex für Luise, 1.1.1947

Großer Nachkriegskongress der Zeugen Jehovas in Nürnberg

Nach dem kleinen Kongress in München 1945 besuchte Alex den ersten großen Nachkriegskongress, der vom 28. bis 30. September 1946 in Nürnberg stattfand. Zu der Veranstaltung wurden Zeugen Jehovas und interessierte Personen aus ganz Deutschland eingeladen. Das Treffen fand an einem historisch bedeutenden Ort statt, dem Zeppelinfeld, auch Zeppelinwiese genannt.[13)] Auf der Zeppelinwiese hatten die Nationalsozialisten von 1933 bis 1938 Reichsparteitage abgehalten.[14)]

Abb. 38: Der große Appell des Reichsarbeitsdienstes auf dem Zeppelinfeld während einer Rede Adolf Hitlers, Reichsparteitag vom 6. bis 13. September 1937, Nürnberg

---

13) *Bereits 1933 erklärte Adolf Hitler Nürnberg zur „Stadt der Reichsparteitage". Zu diesem Zweck ließ er auf einem elf Quadratkilometer großen Areal im Südosten Nürnbergs monumentale Bauten für die NS-Massenveranstaltungen errichten. Die Architektur wurde in den Dienst von Propaganda und Machtdemonstration gestellt. Das Zeppelinfeld, benannt nach Ferdinand Graf von Zeppelin, dem Entwickler des gleichnamigen Luftschiffs, ist der einzig fertiggestellte Bau der Parteitagsarchitektur. (Dokumentationszentrum Reichsparteitagsgelände, abrufbar unter: museen.nuernberg.de/dokuzentrum/themen/nationalsozialismus/das-reichsparteitagsgelaende/, sowie museen.nuernberg.de/dokuzentrum/themen/nationalsozialismus/das-reichsparteitagsgelaende/der-bau-des-reichsparteitagsgelaendes/, abgerufen am 4.4.2019.)*

14) *Das Motto des Reichsparteitags 1937 „Arbeit adelt" sollte den 1935 eingeführten, streng militärisch organisierten „Reichsarbeitsdienst" (RAD) aufwerten. Der RAD war ein wesentliches Mittel zur Durchsetzung nationalsozialistischer Ziele und Teil des totalen Zugriffs des Staats auf die Jugend. (Volkhard Knigge u. a., Stiftung Gedenkstätten Buchenwald und Mittelbau Dora, Zwangsarbeit – Die Deutschen, die Zwangsarbeiter und der Krieg, abrufbar unter: www.ausstellung-zwangsarbeit.org/arbeit-adelt.html, abgerufen am 4.4.2019.)*

Inzwischen hatten sich die Machtverhältnisse geändert. Nach zwölf Jahren Verfolgung durch die Nationalsozialisten war die Entscheidung der Religionsgemeinschaft, den Nachkriegskongress in Nürnberg abzuhalten, eine Demonstration ihres moralischen Sieges über das NS-Regime.

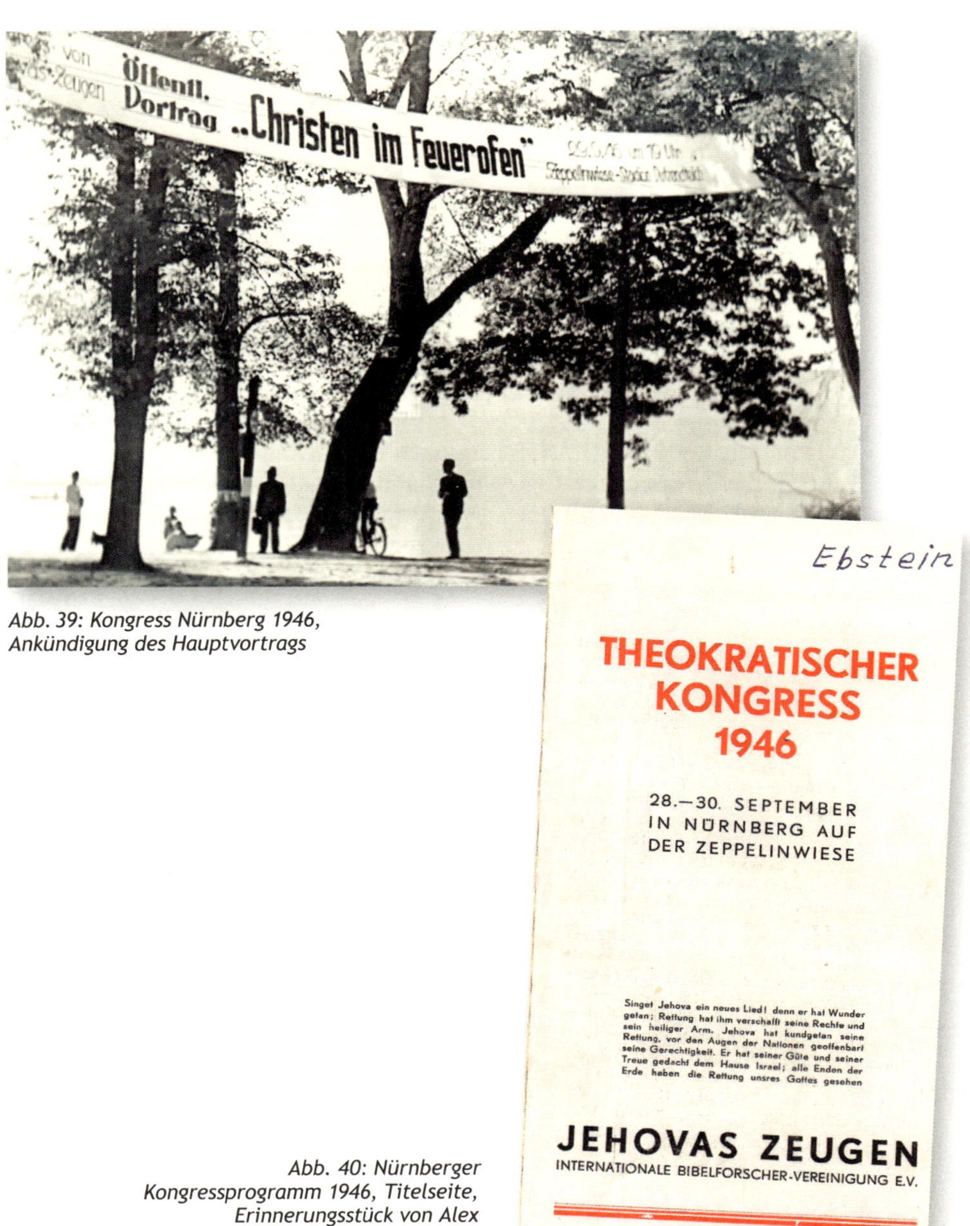

Ebstein

THEOKRATISCHER KONGRESS 1946

28.–30. SEPTEMBER IN NÜRNBERG AUF DER ZEPPELINWIESE

Singet Jehova ein neues Lied! denn er hat Wunder getan; Rettung hat ihm verschafft seine Rechte und sein heiliger Arm. Jehova hat kundgetan seine Rettung, vor den Augen der Nationen geoffenbart seine Gerechtigkeit. Er hat seiner Güte und seiner Treue gedacht dem Hause Israel; alle Enden der Erde haben die Rettung unsres Gottes gesehen

JEHOVAS ZEUGEN

INTERNATIONALE BIBELFORSCHER-VEREINIGUNG E.V.

Abb. 39: Kongress Nürnberg 1946, Ankündigung des Hauptvortrags

Abb. 40: Nürnberger Kongressprogramm 1946, Titelseite, Erinnerungsstück von Alex

Abb. 41: Kongress Nürnberg 1946, Blick in den Veranstaltungssaal

Während des Kongresses in Nürnberg traf Alex auf Max Liebster, der wie er als Jude mehrere Konzentrationslager überlebte hatte und sich unmittelbar nach der Befreiung als Zeuge Jehovas taufen ließ. Alex war mit Max Liebster bis zu dessen Tod 2008 mit 93 Jahren freundschaftlich verbunden.

Abb. 42: Drei Juden, die im KZ Zeugen Jehovas kennenlernten und sich kurz nach Ende des NS-Regimes der Glaubensgemeinschaft anschlossen: Fritz Heikorn,[15] Alex Ebstein und Max Liebster (von links nach rechts), 1947

15) Fritz Heikorn kam im KZ Buchenwald mit den Zeugen Jehovas in Berührung und stieß dort auch auf Max Liebster, der ihn als „jüdischen Intellektuellen" bezeichnete. Beide ließen sich kurz nach der Befreiung noch in Buchenwald als Zeugen Jehovas taufen (Liebster, Hoffnungsstrahl, S. 97 und 104.)

Berufliche Laufbahn

Infolge seines Entschlusses zu heiraten, beendete Alex Anfang 1947 den Sonderdienst und zog nach München. Am 20. Februar 1947 ließ er sich in der Hochschule für Bildende Künste immatrikulieren und erhielt kurz darauf ein Stipendium.[16] Offenbar vor dem Hintergrund seiner Eheschließung am 5. Juli 1947 gab er das Kunststudium wieder auf und begann ab Ende April 1947 zu arbeiten.

STAATL. AKADEMIE FÜR ANGEWANDTE KUNST MÜNCHEN

BESTÄTIGUNG

Herrn Alex Ebstein

wird bestätigt, daß er/sie im laufenden Winter-

Halbjahr 19 46/47 im 1. Semester als ord. Studierende eingeschrieben ist.

München, 20. Februar 1947

Sekretariat
der Akademie für angewandte Kunst
München

Angerer

Gebühr: 0,50 RM.
Reg.-Nr. 71

*5 49416 Jos. C. Huber, Dießen vor München

Abb. 43: Immatrikulationsbescheinigung der Hochschule der Bildenden Künste für Alex Ebstein, 20. Februar 1947

Kurz nach dem Krieg hatte Alex in München das jüdische Ehepaar Gundelfinger kennengelernt, das gute Kontakte zum Bayerischen Hilfswerk unterhielt. Das Hilfswerk nahm nach dem Krieg Aufgaben in Verbindung mit der Lebensmittelversorgung wahr. Das Ehepaar vermittelte Alex die Tätigkeit, ein Lebensmittelmagazin des Hilfswerks zu verwalten. Zwischen Kriegsende und Währungsreform bestanden erhebliche Versorgungsengpässe. Und dort im Magazin gab es alles: Fleisch, Eier, Butter usw. Das Lebensmittellager befand sich an der Mühlstraße 14 im Münchner Ortsteil Bogenhausen.

„Am 15. Mai 1945 wurde im Auftrag der amerikanischen Militärregierung in München das Hilfswerk für die von den Nürnberger Gesetzen Betroffenen gegründet. Ende 1945 wurde es als Bayerisches Hilfswerk landesweit zugelassen. Es kümmerte sich um ‚Volljuden', Zigeuner[17] und auch um rassisch verfolgte Menschen aus jüdisch-christlichen Ehen sowie um sogenannte ‚Nicht-Glaubensjuden'. Die vom bayerischen Hilfswerk betreute Gruppe der deutschen Juden sowie der Sinti und Roma war bis Anfang 1947 auf etwa 18.000 Menschen angewachsen. Die politischen und religiös verfolgten Deutschen wurden durch die KZ-Betreuungsstellen unter-

16) *Alex war ein begabter Kunstmaler. Im Anhang sind Beispiele seiner Gemälde zu finden. Siehe Materialien, S. 183 ff., Gemälde des Künstlers Alex Ebstein.*

17) *Die Angehörigen des Volks der Sinti und Roma werden heute nicht mehr als „Zigeuner" bezeichnet, weil der Begriff von den Betroffenen als diskriminierend empfunden wird.*

stützt. Ausländische Verfolgte, die in Lagern lebten, erhielten UNRRA-Hilfe.[18)] Für verfolgte Juden außerhalb der Lager setzte sich in erster Linie das Zentralkomitee der befreiten Juden ein. Insgesamt wurden in Bayern bis Anfang 1947 etwa 65.000 Menschen als Verfolgte des Nationalsozialismus betreut."[19)]

Abb. 44: Alex Ebstein, 1947

Alex begann seine Tätigkeit für das Hilfswerk am 30. April 1947. Als Verwalter des Lebensmittelmagazins entschied er über die Verteilung der eingehenden Lebensmittel. Man schenkte ihm volles Vertrauen. Besonders erinnerte sich Alex an Weihnachten 1947, eine Zeit, in der es für viele ehemals Verfolgte nicht genug zu Essen gab. In seinem Lagerbestand befanden sich damals hundert Gänse. Alex betrachtete es als Privileg, diese an Bedürftige zu verteilen, eine Erfahrung, über die er sein ganzes Leben immer wieder gern sprach.

1948 wurde Alex von Hans Pötzinger, einem Bruder von Martin Pötzinger,[20)] eine Stelle bei der Bayerischen Vereinsbank (BV) vermittelt. Alex begann seine Tätigkeit für die BV Anfang 1949.

Alex erzählte von Baron Tucher[21)] aus Nürnberg, der damals die BV leitete. Die Entscheidung, zur Bank zu wechseln, sei richtig gewesen. Alex hatte die Jahre, die er für die BV arbeitete, als gute Zeit in Erinnerung. Das Haus sei tolerant gewesen und habe ein gutes Betriebsklima gehabt. Er fühlte sich dort immer fair behandelt und gut aufgehoben.

Die Freizeit von Alex und seiner Frau war durch ihre religiösen Aktivitäten geprägt. Der Besuch der wöchentlichen Zusammenkünfte und der mehrmals im Jahr stattfindenden Kongresse gehörte zum festen Programm.

Abb. 45 bis 47: Kongresskärtchen von Kreistagungen der Zeugen Jehovas aus den Jahren 1947 bis 1949, die Alex als Erinnerung aufbewahrt hatte

18) United Nations Relief and Rehabilitation Administration (UNRRA), die in Europa bis Ende 1946 tätige Nothilfe- und Wiederaufbauverwaltung der Vereinten Nationen.

19) Constantin Goschler, Wiedergutmachung, München 1992, S. 76 f.

20) Zu Martin Pötzinger: siehe S. 25.

21) Hans Christoph Freiherr Tucher von Simmelsdorf (1904–1968) war von 1959 bis 1968 Sprecher des Vorstands der BV. Die bayerische Großbank fusionierte 1998 mit der Bayerischen Hypotheken- und Wechselbank zur HypoVereinsbank. Nach Tucher ist der Tucherpark in München benannt. (Abrufbar unter: stadtgeschichte-muenchen.de/strassen/d_strasse.php?id=257, geschichte.hypovereinsbank.de/de/hvb-unicredit/1998/, www.tucher-kulturstiftung.de/level-2.html, abgerufen am 4.4.2019.)

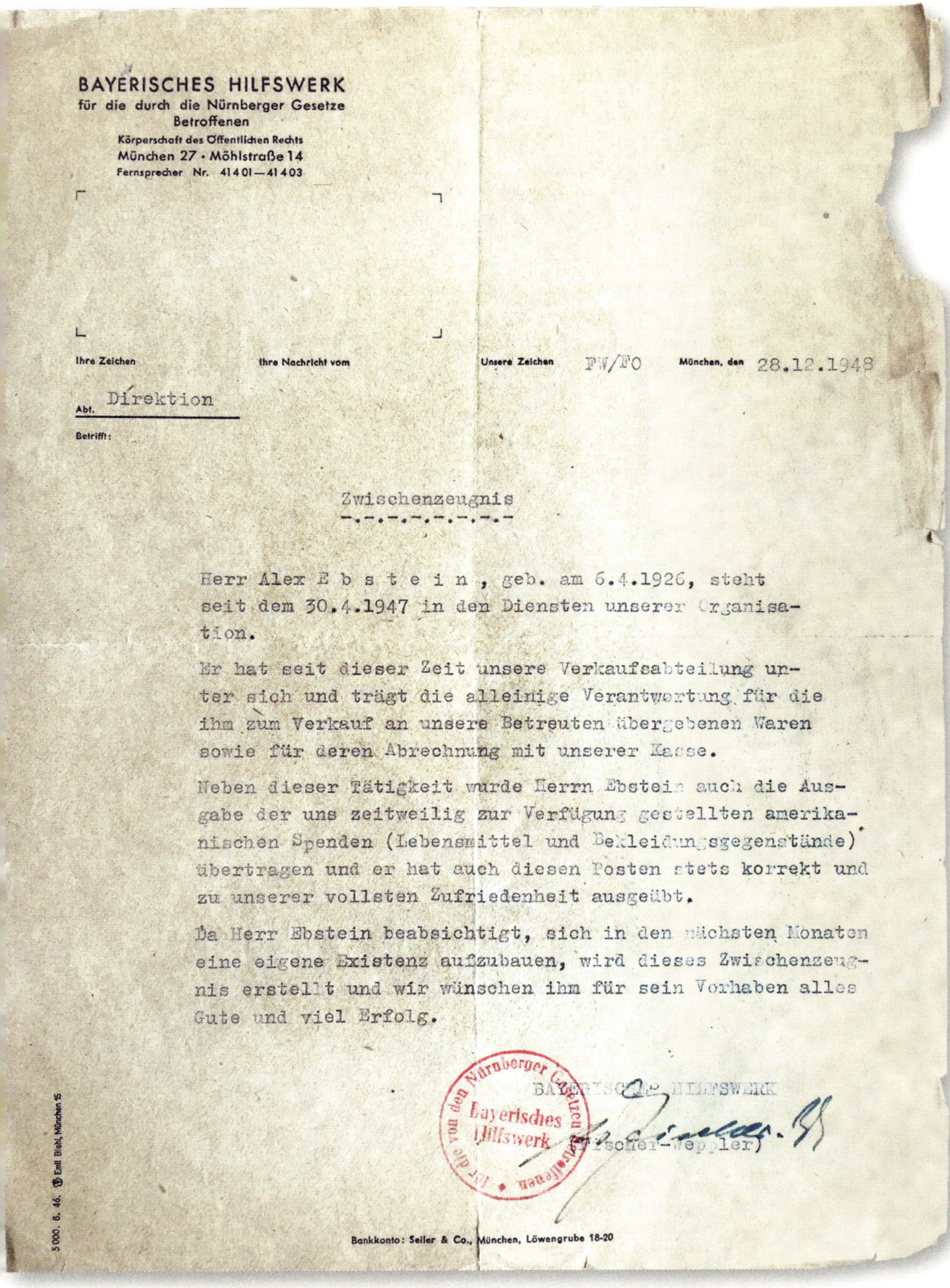

BAYERISCHES HILFSWERK
für die durch die Nürnberger Gesetze Betroffenen
Körperschaft des Öffentlichen Rechts
München 27 · Möhlstraße 14
Fernsprecher Nr. 41401—41403

Ihre Zeichen | Ihre Nachricht vom | Unsere Zeichen FW/FO | München, den 28.12.1948

Abt. Direktion

Betrifft:

Zwischenzeugnis
-.-.-.-.-.-.-.-

Herr Alex E b s t e i n , geb. am 6.4.1926, steht seit dem 30.4.1947 in den Diensten unserer Organisation.

Er hat seit dieser Zeit unsere Verkaufsabteilung unter sich und trägt die alleinige Verantwortung für die ihm zum Verkauf an unsere Betreuten übergebenen Waren sowie für deren Abrechnung mit unserer Kasse.

Neben dieser Tätigkeit wurde Herrn Ebstein auch die Ausgabe der uns zeitweilig zur Verfügung gestellten amerikanischen Spenden (Lebensmittel und Bekleidungsgegenstände) übertragen und er hat auch diesen Posten stets korrekt und zu unserer vollsten Zufriedenheit ausgeübt.

Da Herr Ebstein beabsichtigt, sich in den nächsten Monaten eine eigene Existenz aufzubauen, wird dieses Zwischenzeugnis erstellt und wir wünschen ihm für sein Vorhaben alles Gute und viel Erfolg.

Bayerisches Hilfswerk für die von den Nürnberger Gesetzen Betroffenen

BAYERISCHES HILFSWERK
(Fischer-Weppler)

5000. 8. 46. Emil Biehl, München 15

Bankkonto: Seiler & Co., München, Löwengrube 18-20

Abb. 48: Vom Bayerischen Hilfswerk ausgestelltes Zwischenzeugnis für Alex Ebstein, 28. Dezember 1948

Geburt des Sohnes

Am 11. Mai 1948 wurde Werner Ebstein geboren, das erste Kind von Alex und Luise. Gemäß jüdischer Tradition wird dem ersten neugeborenen Sohn der Name des Großvaters gegeben. Da der Vater von Alex Adolf hieß, wichen Alex und seine Frau verständlicherweise von dieser Tradition ab und nannten ihren Sohn Werner. Viele Jahre später folgten Werner und seine Frau dagegen wieder der jüdischen Familientradition und nannten ihren ersten Sohn Ephraim Alexander.[22]

Im Jahr der Geburt seines Sohnes Werner wurde Alex zum Leiter[23] der Versammlung München-Ost, einer der Münchner Gemeinden der Zeugen Jehovas, eingesetzt. Alex war erst 22 Jahre alt. Er folgte Heinrich Lutterbach, einem Münchner, der diese Funktion nicht mehr wahrnehmen konnte, weil ihm als reisender Prediger die Betreuung einer größeren Anzahl von Versammlungen übertragen worden war.[24]

Abb. 49: Kongresskärtchen aus dem Jahr 1948, Erinnerungsstück von Alex an seinen Besuch in Kassel

1948: Währungsreform und historischer Kongress in Kassel

Bis zur Währungsreform 1948 gab es weitgehend nur einen Weg, um Lebensmittel zu erhalten, und der lief über den Erhalt von Lebensmittelkarten. Jeder Bürger erhielt monatlich bestimmte Lebensmittelkarten zugeteilt. Die Karten hingen zusammen und wurden jeweils mit der Schere abgeschnitten. Jeder Abschnitt enthielt eine Zuteilung, zum Beispiel „50 Gramm Butter", die zum käuflichen Bezug dieser Lebensmittel berechtigte.

Alex erinnerte sich, wie im Frühjahr 1948 jeder westdeutsche Staatsbürger im Rahmen der Währungsreform vierzig Deutsche Mark (DM) erhielt.[25] Bis dahin galt noch die alte Währung, die Reichsmark (RM).

„Viele Brüder [Zeugen Jehovas] sparten das Geld, um die Fahrkarte zum Kongress nach Kassel zu bezahlen."

Der historische Nachkriegskongress fand vom 23. bis 25. Juli 1948 in Kassel statt. Auch Alex fuhr nach Kassel und erlebte beeindruckende Kongresstage. Wie bei den kleineren Veranstaltungen, die Alex bereits besucht hatte, freute er sich darüber, dass die Zeugen

22) *Ephraim Alexander Ebstein, das erste Enkelkind von Alex, wurde am 16.7.1982 in San Francisco geboren. Bei der Namensgebung spielten auch religiöse Überlegungen von Werner und seiner Frau als Zeugen Jehovas eine Rolle. Wegen der starken Verbreitung des Namens Alexander im US-amerikanischen Raum setzten sie den Namen nach Ephraim an die zweite Stelle.*

23) *Die Bezeichnung „Versammlungsdiener" sollte den dienenden Charakter dieser Stellung unterstreichen. Heutige Bezeichnung: „Koordinator der Ältestenschaft".*

24) *Der Berufsmusiker war als Zeuge Jehovas unter dem NS-Regime von 1936 bis 1945 inhaftiert, davon fast acht Jahre in Konzentrationslagern. (Hans Simon-Pelanda / Sandra Breedlove, Heinrich Lutterbach: Mit 27 Jahren aus dem Leben gerissen, in: Widerstand gegen das NS-Regime aus religiöser Überzeugung – Jehovas Zeugen in Regensburg 1933 – 1945, in: Verhandlungen des Historischen Vereins für Oberpfalz und Regensburg, 158. Band, Regensburg 2018, S. 288 – 299.)*

25) *Am 21.6.1948 wurde die RM durch die DM als gesetzliches Zahlungsmittel der drei westlichen Besatzungszonen abgelöst. Am 20.6. hatte jede Bewohnerin und jeder Bewohner dieser Zonen als sogenannte Kopfquote vierzig DM im Umtausch gegen vierzig RM erhalten. (Bundeszentrale für politische Bildung, abrufbar unter: www.bpb.de/apuz/271679/kleine-ereignisgeschichte-der-waehrungsreform-1948, abgerufen am 4.4.2019.).*

Jehovas auch in Kassel willkommen waren. Die Deutsche Post unterstrich das sogar mit einem Sonderstempel und der Oberbürgermeister Willi Seidel mit einem Willkommensgruß: „Den ‚Zeugen Jehovas' gilt heute mein Gruß! Zum ersten Mal kommen Frauen und Männer zu einem Theokratischen Kongress nach Kassel. In unserer Stadt wollen sie sich in schwerer Notzeit des Volkes versammeln. Aus allen deutschen Zonen[26] kommen Menschen hierher mit dem guten Willen, Gott und der Wahrheit, dem Frieden und der Gerechtigkeit zu dienen. Herzlich willkommen in unserer vom Kriege so schwer heimgesuchten Stadt."[27]

17 Sonderzüge aus allen Teilen Deutschlands brachten zahlreiche Kongressbesucher nach Kassel.[28] Alex und seine Familie reisten ebenfalls mit einem Sonderzug aus München an.

Abb. 50: Sonderstempel der Deutschen Post anlässlich des historischen Kongresses der Zeugen Jehovas in Kassel im Jahr 1948

Die zur Belieferung freigegebenen Punkte dieser Brennstoffkarte dürfen erst bei Übergabe der Brennstoffe abgetrennt werden.

Die Brennstoffe werden nur zur Verwendung an der umstehend bezeichneten Verbrauchsstelle zugeteilt.

Der Bezugsnachweis ist nicht übertragbar!

Bei Verlust des Nachweises kein Ersatz!

WA.München Brennstoffe Abschnitt No. 24 1946/47
WA.München Brennstoffe Abschnitt No. 23 1946/47
WA.München Brennstoffe Abschnitt No. 22 1946/47
WA.München Brennstoffe Abschnitt No. 21 1946/47
WA.München Brennstoffe Abschnitt No. 30 1946/47
WA.München Brennstoffe Abschnitt No. 29 1946/47
WA.München Brennstoffe Abschnitt No. 28 1946/47
WA.München Brennstoffe Abschnitt No. 27 1946/47
WA.München Brennstoffe Abschnitt No. 33 1946/47
WA.München Brennstoffe Abschnitt No. 15 1946/47
WA.München Brennstoffe Abschnitt No. 12 1946/47
WA.München Brennstoffe Abschnitt No. 11 1946/47
WA.München Brennstoffe Abschnitt No. 10 1946/47
WA.München Brennstoffe Abschnitt No. 9 1946/47

Wirtschaftsamt 2/679
der Landeshauptstadt München

№ 098417

Brennstoffbezugsnachweis
für das Kalenderjahr 1946/47

Haushaltungen Kl. II (3—5 Personen)

Straße No. 266

Name

Beruf

Stempel des Kohlenhändlers

Abb. 51: Beispiel einer Versorgungskarte von 1946/47, hier für den Bezug von Brennstoff. Diese Karten wurden, insbesondere für Lebensmittel, während und nach dem Krieg, als sich die Versorgungslage weiter verschlechterte, an Bewohner ausgegeben.

26) Nach dem Zweiten Weltkrieg übernahmen die vier Siegermächte Sowjetunion, USA, Großbritannien und Frankreich die Hoheitsgewalt über das Deutsche Reich. Abgesehen von den unter sowjetischer und polnischer Verwaltung stehenden Gebieten und Österreich wurde Deutschland in vier den Siegermächten zugeordneten Besatzungszonen aufgeteilt, bis 1949 die Bundesrepublik Deutschland und die DDR gegründet wurden. (Presse- und Informationsamt der Bundesregierung, abrufbar unter: www.bundesregierung.de/breg-de/themen/deutsche-einheit/1945-kriegsende-und-neuanfang-363534; Deutscher Bundestag, abrufbar unter: www.bundestag.de/besuche/ausstellungen/verfassung/tafel27/tafel27-199710, abgerufen am 5.4.2019.)

27) Oberbürgermeister Willi Seidel gemäß dem Entwurf zur Vorlage für die Kasseler Tageszeitungen und Sonderausgaben, Stadtarchiv Kassel, Verkehrs- und Wirtschaftsamt A8.80 Nr. 476.

28) Gemäß einer Auflistung der 17 „Sonderzüge zum theokratischen Kongress der Jehovas Zeugen" mit Angabe der Abfahrtsorte und der Ankunftszeiten in Kassel, ebd.

Am Hauptbahnhof von Kassel wurden die Delegierten mit großen Transparenten willkommen geheißen. Die Tageszeitungen berichteten von 25.000 bis 30.000 Besuchern am Sonntag, dem letzten Tag des Kongresses.[29]

Abb. 52: Ankündigung des Kongresses der Zeugen Jehovas in der Halle des Kasseler Hauptbahnhofs, in dem Alex mit seiner Familie 1948 mit dem Zug aus München ankam

Abb.53: Blick zur Orangerie und Karlswiese in Kassel, wo der Kongress 1948 stattfand

29) Zum Beispiel die Kasseler Stadtausgabe der Hessischen Nachrichten, 27.7.1948, S.4.

1949: Geburt der Tochter und Verbleib der Familie in Deutschland

Am 29. Mai 1949 wurde Ruth Ebstein geboren. Vier Jahre waren seit der Befreiung vom NS-Unrechtsregime vergangen. Was war aus den Plänen von Alex geworden, das Land des Holocaust zu verlassen?

Alex hatte sein Vorhaben, in die USA auszuwandern, inzwischen aufgegeben, weil er seine Frau nicht dafür gewinnen konnte. Im Rückblick bewertete Alex dies als eine gute Entscheidung. Die nun vierköpfige Familie wohnte weiter gemeinsam mit den Schwiegereltern in deren Wohnung an der Elsässer Straße im Münchner Ortsteil Haidhausen. Die Situation war für die Nachkriegszeit angesichts der Wohnungsknappheit nicht ungewöhnlich.

Ursula Kersh, die in den USA lebende Cousine von Alex, hat sich mit dessen Entscheidung, in Deutschland zu bleiben, schwer getan: „Ich konnte es nie verstehen, und kann es bis heute nicht verstehen, dass Alex, nachdem er die KZ-Hölle, den Verlust seiner Eltern, Schwester, und anderen Verwandten, überlebte, er in Deutschland wohnen bzw. leben konnte. Unglaublich. Meine Eltern hatten nie den Gedanken nach Deutschland zurückzugehen, trotzdem wir viele finanzielle Vorteile haben konnten.“[30]

Entscheidend war für Alex nicht, dass er in Deutschland, dem Land der Täter und Mörder seines jüdischen Volkes lebte. Alex lebte in einer vertrauensvollen Gemeinschaft der Zeugen Jehovas. Und es gab auch Menschen außerhalb seiner Religionsgemeinschaft, denen er vertrauen konnte.

Abb. 54: Alex und Luise Ebstein mit ihren beiden Kindern, Sommer 1950

Abb. 55: Kongressbesuch der „Jehovas Zeugen Gruppe München Haidhausen“, oben rechts im Bild Alex, 1951

30) *E-Mail Ursula Kersh an den Autor, 11.2.2019.*

Abb. 56: Bezirksversammlung im Münchner Prinzregentenstadion, 1949

Besuch der Bezirksversammlung in München

Vom 12. bis 14. August 1949 fand eine Bezirksversammlung der Zeugen Jehovas in München statt.[31)]

Alex besaß noch Aufnahmen dieser Bezirksversammlung, die im nicht überdachten Prinzregentenstadion abgehalten wurde. Er erzählte, dass das Wetter für August so regnerisch und kühl gewesen sei, dass die Nachbarn, die von ihren Wohnungen aus ins Stadion schauen konnten, mit heißem Tee kamen, um die anwesenden Zeugen Jehovas aufzuwärmen. In München durften die Zeugen Jehovas damit ähnlich gute Erfahrungen mit der Bevölkerung machen wie 1948 in Kassel.

> „So hilfsbereit waren damals in der Nachkriegszeit die Menschen."

Nach allem, was Alex erleben musste, hatte er sich die Fähigkeit bewahrt, sich auf das Positive zu konzentrieren.

31)Einige Jahre später wurden diese Anlässe Bezirkskongresse genannt, heute Regionale Kongresse.

Wiedergutmachung

Am 10. Februar 1950 beantragte Alex beim Bayerischen Landesentschädigungsamt Wiedergutmachung, da ihm durch die NS-Verfolgung die Möglichkeit einer Berufsausbildung versagt geblieben war.

Bayerisches Landesentschädigungsamt
München 2, Arcisstraße 11

AST

A.Z. EG 36 998 - II/2

Auf den Antrag des/r Ebstein Alexander Horst geborene —

geb. am 6.4.1926 in Breslau

wohnhaft in München 9, Scharfreiterstr. 5

auf Entschädigung wegen Schadens im beruflichen Fortkommen

hier: Schaden in der Ausbildung

erläßt das Bayer. Landesentschädigungsamt auf Grund der Vorschriften des Dritten Gesetzes zur Änderung des Bundesergänzungsgesetzes zur Entschädigung für Opfer der nationalsozialistischen Verfolgung vom 29. 6. 1956 (BGBl. I S. 559)

folgenden

Bescheid:

I. Dem Antragsteller wird für Schaden in der Ausbildung eine Entschädigung in Höhe von DM 5.000.-- (i.W. Fünftausend Deutsche Mark) zuerkannt.

II. Die nachträgliche Anrechnung evtl. noch nicht angerechneter Leistungen bezw. deren Rückforderung bleibt vorbehalten.

III. Das Verfahren ist gebühren- und auslagenfrei. Dem Antragsteller entstandene Gebühren und Auslagen werden nicht erstattet.

<u>Sachverhalt und Entscheidungsgründe:</u>

Der Antragsteller macht mit Antrag vom 10.2.1950 beim Bayer. Landesentschädigungsamt Ansprüche wegen Schadens in der Ausbildung geltend. Er trägt vor, er habe infolge NS-Verfolgungsmaßnahmen aus Gründen der Rasse keinerlei Berufsausbildung erhalten können. Nach dem Zusammenbruch im Jahre 1945 sei es ihm wegen seines schlechten Gesundheitszustandes nicht möglich gewesen, eine ordentliche Berufsausbildung zu erhalten.

- 2 -

BLEA — 705 b — 3000 — 4/57

Abb. 57: Bescheid des Landesentschädigungsamts über eine Entschädigungszahlung an Alex Ebstein wegen entgangener Ausbildung, 1957

Entschädigung von NS-Unrecht

Bereits 1945 wurden von den Besatzungsmächten Regelungen zur Wiedergutmachung von durch NS-Unrecht verursachten Schäden geregelt. 1949 wurde das „Gesetz zur Wiedergutmachung nationalsozialistischen Unrechts" (Entschädigungsgesetz) erlassen. Im Luxemburger Abkommen von 1952 sagte Deutschland außerdem u. a. die Zahlung von drei Milliarden DM an den Staat Israel zu, die als Eingliederungshilfe für jüdische Flüchtlinge aus Deutschland gedacht waren.

1956 erging das „Bundesgesetz zur Entschädigung für auf dem Gebiet des ehemaligen Deutschen Reiches lebende Opfer der NS-Verfolgung" (Bundesentschädigungsgesetz, kurz: BEG, rückwirkend gültig ab 1.10.1953). Mit dem BEG-Schlussgesetz von 1965 wurde bestimmt, dass nach dem 31.12.1969 (zuvor: 1.4.1958) keine Ansprüche mehr angemeldet werden können. Ausgeführt wird das BEG von den Entschädigungsbehörden der Länder.

Als Verfolgter gilt, wer aus Gründen politischer Gegnerschaft gegen den Nationalsozialismus oder aus Gründen der Rasse, des Glaubens oder der Weltanschauung durch nationalsozialistische Gewaltmaßnahmen einen Schaden an Leben, Körper, Gesundheit, Freiheit, Eigentum, Vermögen, in seinem beruflichen oder wirtschaftlichen Fortkommen erlitten hat.[32)]

32) Quelle: Bundesministerium der Finanzen, Entschädigung von NS-Unrecht – Regelungen zur Wiedergutmachung, Berlin 2018

Leben in München und Reisen

1953 wurde Alex die Leitung der neuen Gemeinde der Zeugen Jehovas im Münchner Stadtteil Giesing übertragen. Die Gründung war eine Folge des starken Wachstums der Religionsgemeinschaft in der Nachkriegszeit. Alex fand Erfüllung in seiner Familie und seinen religiösen Aktivitäten. Und er liebte es, zu reisen.

1953 reiste Alex zu einem internationalen Kongress der Zeugen Jehovas nach New York, in die Geburtsstadt seiner Mutter. Er verband seinen Aufenthalt mit einem Besuch bei seinen dort lebenden Verwandten.[33)] Als er die Wohnungen in den Hochhäusern New Yorks sah, fühlte er sich in seiner Entscheidung, in Deutschland zu bleiben, bestätigt, obwohl er mit seiner Familie weiter die Wohnung mit den Schwiegereltern teilen musste. In einer übergroßen Metropole wie New York zu leben, hätte ihm nicht zugesagt, meinte Alex. 1955 zog er in die Münchner Scharfreiterstraße 5. Sechs Jahre nach der Geburt des zweiten Kindes hatte die Familie nun endlich eine eigene Wohnung.

Alex hatte Dank seiner Familie und seines neuen Lebensinhalts seine Freude am Leben nicht verloren. Er war in seiner Religionsgemeinschaft sehr aktiv. Und das deutsche Wirtschaftswunder erreichte auch ihn und seine Familie, deren wirtschaftliche Situation sich verbesserte. Alex und seine Frau liebten es zu reisen. Bei ihren Amerika-Reisen schätzte Alex es, mit den großen, legendären amerikanischen Limousinen zu fahren, zu einer Zeit, als sich in Deutschland nur wenige Menschen überhaupt ein Auto leisten konnten. Er konnte begeistert davon erzählen. Alex liebte

33) Paula Ebstein und deren Töchter Ursula Kersh und Rosy Eisenberg. Siehe S. 145, Abb. 91. Alex' Onkel Josef Ebstein verstarb 1953.

Abb. 58: Alex mit seinen beiden Kindern Ruth und Werner, 1954

Abb. 59: Glückliches Familienleben:
Alex und Luise Ebstein mit den beiden Kindern Werner und Ruth, 1954

das Leben. Es war für ihn nach seinen furchtbaren Erfahrungen der NS-Zeit noch kostbarer geworden.

1958 erwarb Alex seinen ersten PKW, einen Fiat Millecento. Er genoss es, mit dem Wagen über den damals noch befahrbaren Marienplatz bis zum Parkplatz der Bayerischen Vereinsbank zu fahren. Viele Bankbedienstete, erzählte Alex, kamen, um sich das Auto anzusehen. In den 1950er Jahren war es noch etwas Besonderes, ein Auto sein Eigen zu nennen.

1965 zog Familie Ebstein in ein Reihenhaus im Münchner Ortsteil Trudering. Der Groschenweg 57 blieb ein halbes Jahrhundert bis kurz vor seinem Tod 2015 Alex' Adresse.

Alex beanstandet seine nachträglich ausgestellte Geburtsurkunde

An der Haustür seines Münchner Hauses war zu lesen „Alexander H. Ebstein". Das „H" stand für Horst.

„Der Name Horst gefällt mir nicht. Aber er muss wohl damals beliebt gewesen sein."

Von den Nationalsozialisten hatte er einen dritten Namen erhalten. Ab Januar 1939 mussten alle Juden, die keinen jüdischen Vornamen trugen, ihrem Namen einen weiteren hinzufügen.[34] Männer erhielten den Namen Israel, Frauen den Namen Sara. Jüdinnen und Juden sollten anhand ihrer Vornamen als solche kenntlich gemacht werden.

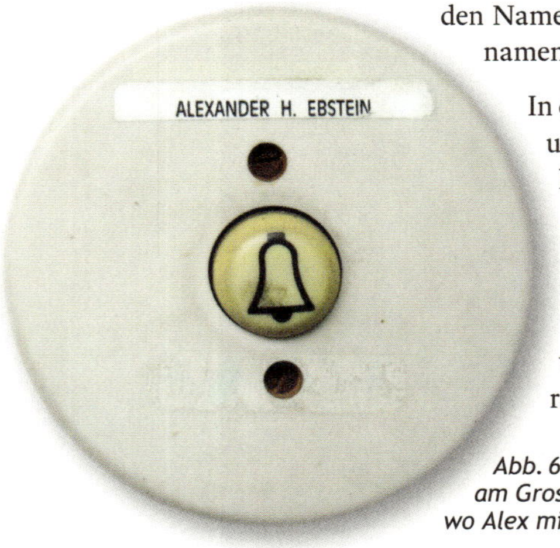

In den 1970er Jahren benötigte Alex seine Geburtsurkunde und forderte diese aus dem inzwischen polnischen Breslau an. Er war unangenehm berührt, als er auf der ihm zugesandten Geburtsurkunde den Namen „Alexander Horst Israel Ebstein" las. Alex beanstandete die Urkunde mit der Begründung, der Name Israel sei ihm von den Nationalsozialisten gegeben worden und nicht von seinen Eltern. Wenige Tage später erhielt er die korrekte Urkunde. Alex bewahrte beide Urkunden auf.

Abb. 60: Haustürklingel mit Namensschild am Groschenweg 57, wo Alex mit seiner Familie wohnte, 2012

34) 17.8.1938 [Datum der Verordnung:] Obligatorische Einführung zusätzlicher Vornamen („Sara" bzw. „Israel") für Juden, Volker Dahm / Hartmut Mehringer u. a. (Hrsg.), Die tödliche Utopie, 7. Auflage, München / Berlin 2016, S. 758.

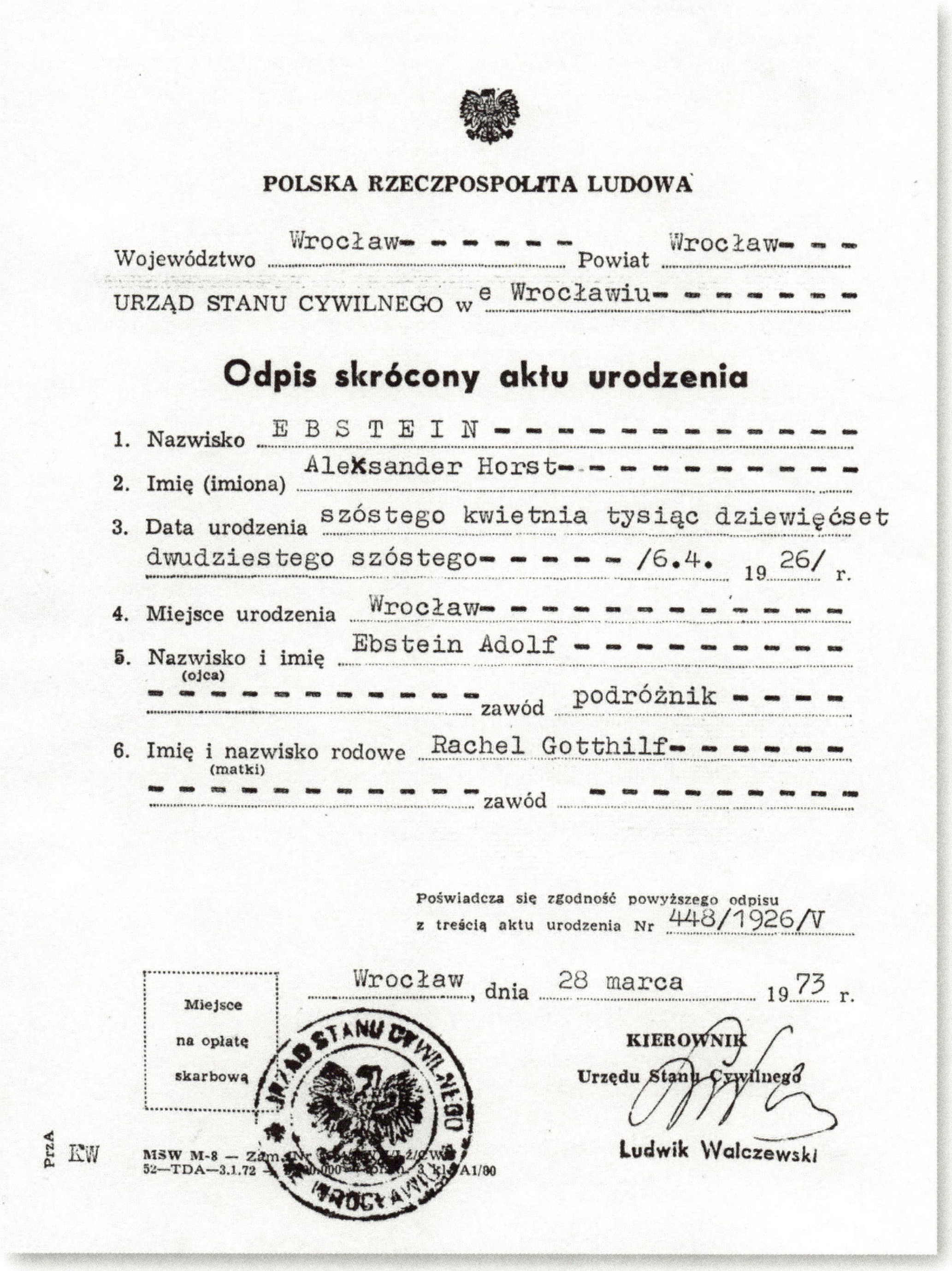

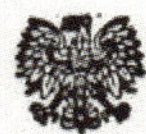

POLSKA RZECZPOSPOLITA LUDOWA

Województwo Wrocław- - - - - - Powiat Wrocław- - -

URZĄD STANU CYWILNEGO we Wrocławiu- - - - - - -

Odpis skrócony aktu urodzenia

1. Nazwisko E B S T E I N - - - - - - - - - - - - -
2. Imię (imiona) AleXsander Horst- - - - - - - - - - -
3. Data urodzenia szóstego kwietnia tysiąc dziewięćset dwudziestego szóstego- - - - - /6.4. 1926/ r.
4. Miejsce urodzenia Wrocław- - - - - - - - - - - -
5. Nazwisko i imię (ojca) Ebstein Adolf - zawód podróżnik - - - -
6. Imię i nazwisko rodowe (matki) Rachel Gotthilf- zawód - - - - - - - - -

Poświadcza się zgodność powyższego odpisu z treścią aktu urodzenia Nr 448/1926/V

Wrocław, dnia 28 marca 1973 r.

Miejsce na opłatę skarbową

URZĄD STANU CYWILNEGO WROCŁAW

KIEROWNIK Urzędu Stanu Cywilnego

Ludwik Walczewski

PrzA KW

MSW M-8 — Zam. Nr ... 52—TDA—3.1.72 — ...000 ... 3 kl. A1/80

Abb. 61: Die in Polen ausgestellte Geburtsurkunde, 28. März 1973

Die Jahre vergingen. 1972 feierten Alex und Luise Ebstein ihre Silberhochzeit. Diesen Anlass nutzte das Ehepaar, um eine vierwöchige Reise nach Israel anzutreten. Sie reisten mit dem Auto und mit dem Schiff, auf dem sie ihren PKW mitnahmen. Noch im Jahr 2010 sprach Alex begeistert von dieser Reise. Auf dem Besuchsprogramm stand auch das Israel Museum, das israelische Nationalmuseum in Jerusalem, wo sich Alex die berühmte Jesajarolle[35)] ansah.

Treffen mit Luises ehemaliger jüdischer Nachbarin

Die Familie von Alex' Frau wohnte während der NS-Zeit an der Elsässer Straße im Münchner Ortsteil Haidhausen in einem Gebäude, das der jüdischen Familie Bühler gehörte. Es war ein vierstöckiges Haus mit Rückgebäude.

Nach dem Krieg erzählte Luise über eine Begebenheit aus ihrer Jugend während der NS-Zeit, als sie Herrn Bühler auf der Straße begegnete. Gut erzogen wie sie war, begrüßte sie, wie damals üblich, ihren jüdischen Nachbarn auf offener Straße mit einem Knicks. Zu dieser Zeit mussten jüdische Bürger bereits einen „Judenstern" tragen. Herr Bühler reagierte besorgt mit der Äußerung: „Tu das besser nicht; du bringst uns beide sonst in Gefahr." Alfred Albrecht, Luises Vater, hatte Herrn Bühler wiederholt davor gewarnt, in Deutschland zu bleiben. Herr Bühler überlebte die Verfolgung durch die Nationalsozialisten nicht. Seine Tochter überlebte und wanderte nach Israel aus.

Während ihres Urlaubs 1972 in Israel traf Luise Ebstein nach mehreren Jahrzehnten wieder auf die Tochter der Bühlers, jetzt verheiratete Schwabacher. Familie Albrecht, die als Zeugen Jehovas ebenfalls verfolgt worden war,[36)] hatte immer ein gutes Verhältnis zu ihren jüdischen Nachbarn gehabt. So freute sich Frau Schwabacher über den Besuch von Luise und Alex und begleitete die beiden auf deren Fahrt durch den Sinai. Ihre Haltung zu Deutschland hatte sich jedoch nicht geändert. Sie betonte, dass sie mit ihrer Heimatstadt München nichts mehr zu tun haben möchte.

„Frau Schwabacher war verbittert."

Ernennung zum Bankprokuristen

1974 wurde Alex von der Bayerische Vereinsbank die Prokura übertragen. Alex arbeitete 35 Jahre, von 1949 bis 1984, für die BV und war dort in der Anlageberatung tätig. Daneben nahm er all die Jahre verschiedene ehrenamtliche Funktionen in der Religionsgemeinschaft der Zeugen Jehovas wahr.

35) Die älteste Handschrift des Bibelbuchs Jesaja wird auf das Jahr 125 v. Chr. datiert. Die nach seinem Schreiber, dem jüdischen Propheten Jesaja, benannte Rolle ist sieben Meter lang und wurde 1947 in den Qumranhöhlen am Toten Meer gefunden. Im Bibelhaus Erlebnis Museum, Frankfurt am Main, ist ein Faksimile zu sehen; das Original befindet sich im Israel Museum, Jerusalem. (Bibelhaus - Erlebnis Museum, Frankfurt am Main, abrufbar unter: bibelhaus-frankfurt.de/das-bibelhaus/die-jesajarolle.html, abgerufen am 6.4.2019.)

36) Zu Alfred und Maria Albrecht, den Eltern von Luise Ebstein: siehe S. 84, Fußnote 12.

BAYERISCHE VEREINSBANK
VEREINIGT MIT BAYERISCHE STAATSBANK AG

DIREKTION

München, den 13. März 1974

Herrn
Alexander E b s t e i n

M ü n c h e n

Sehr geehrter Herr Ebstein!

Es freut uns Ihnen mitteilen zu können, daß Ihnen durch Beschluß des Vorstandes mit Zustimmung des Aufsichtsrates

P r o k u r a

erteilt wurde.

Dazu beglückwünschen wir Sie herzlich.

Mit freundlichen Grüßen
BAYERISCHE VEREINSBANK

Vorsitzender des Aufsichtsrates: Dr. Ludwig Mellinger
Vorstandsmitglieder: Dr. Walter Diehm, Dr. h. c. Rudolf Eberhard, Günter Grüner, Dr. Max Hackl, Jürgen von Köller, Martin Pfeiffer, Dr. Peter Pfeiffer, Dr. Werner Premauer, Peter Reimpell, Hans Rüth, Dr. Hans Günther Schönmann, Kurt Sonntag, Dr. Heribert Strobel.
Stellvertretend: Dr. Helmut Scholz
Rechtsform: Aktiengesellschaft · Sitz: München · Registergericht: München HR B 421 48

Abb. 62: Beruflich erfolgreich: Ernennung zum Prokuristen bei der Bayerischen Vereinsbank, 1974

1983 besuchten Alex und Luise Ebstein ihren Sohn Werner mit Familie im Rahmen einer USA-Reise. Werner Ebstein hatte 1980 die US-Amerikanerin Michelle Harris in San Franciso geheiratet.

Nach seiner Pensionierung 1984 wurden zwei weitere Enkelkinder geboren.[37] 1988 wurde Alex die Verantwortung als Koordinator[38] für die Münchner Gemeinden der Zeugen Jehovas übertragen.[39] Er nahm diese Aufgabe bis 2011 wahr, als diese Funktion von der Religionsgemeinschaft abgeschafft wurde.

Anfang der 1990er Jahre lernte Alex den Münchner Filmemacher Wolf Gaudlitz kennen. Gemeinsam mit seiner Frau begleitete der aufgeschlossene Alex den Regisseur 1994 nach Lissabon und 1998 nach Palermo. In Palermo traf er dabei auch auf Leoluca Orlando.[40] Dem Oberbürgermeister der Stadt Palermo lag es sehr am Herzen, den Auschwitz-Überlebenden Alex Ebstein persönlich kennenzulernen. Zwischenzeitlich hatte sich 1996 die Hochzeit von Alex und Luise das fünfzigste Mal gejährt.

---

37) *Joel Ebstein, geboren 29.5.1985 in San Francisco; Hannah Ebstein, geboren 24.10.1989 in San Diego. Zum ersten Enkelkind Ephraim Alexander Ebstein: siehe S. 92, Fußnote 22.*

38) *Sogenannter Stadtaufseher. Heute bevorzugt die Religionsgemeinschaft für vergleichbare Funktionen den Begriff Koordinator. 2011 gab es in München bereits mehr als fünfzig Gemeinden der Zeugen Jehovas.*

39) *Sein Vorgänger, Helmut Knöller, war verstorben. Knöller war als Zeuge Jehovas in verschiedenen Konzentrationslagern, weil er den Kriegsdienst verweigert hatte. 1952 zog er nach München, wo er 1988 starb. (Nerdinger / Wilker, Verfolgung, S. 197.) Helmut Knöller gehörte zum Freundeskreis von Alex.*

40) *Der politische Weg des 1947 als Sohn eines Juristen geborenen Professors für Rechtswissenschaft ist vor allem vom Kampf gegen die Mafia geprägt. Orlando war von 1985 bis 2000 Oberbürgermeister von Palermo. Nach 2012 wurde er 2017, und damit zum fünften Mal, wieder gewählt. Träger zahlreicher Auszeichnungen: u. a. Goethe-Medaille (1999), Konrad-Adenauer-Preis der Stadt Köln (2008), Deutscher Nachhaltigkeitspreis (2013), Heine-Preis der Landeshauptstadt Düsseldorf (2018). (Unionsverlag, Zürich, abrufbar unter: www.unionsverlag.com/info/person.asp?pers_id=1928, abgerufen am 11.4.2019.)*

Der reisefreudige Alex Ebstein

Abb.63: Alex (Bildmitte, mit Hut) auf der Champs-Élysées in Paris, 1953

Abb. 64: Alex in New York, vor dem PKW seiner Cousine Ursula Kersh, im Hintergrund Paula Ebstein, Ursulas' Mutter, 1953

*Abb. 65:
Alex in Salzburg, 1959*

Abb. 66: Alex mit seiner Familie und Verwandten in Dänemark, Urlaub 1961

Abb. 67: Alex und Luise Ebstein im Yosemite-Park, Kalifornien, USA-Reise 1981

Abb. 68: Alex und Luise Ebstein bei ihrem Sohn Werner in San Francisco, Kalifornien, USA-Reise 1983

Abb. 69: Alex und Luise Ebstein, Goldene Hochzeit auf Mauritius, 1996

Abb. 70: Ausflug von Palermo in den archäologischen Park von Segesta, Dezember 1998. Von links nach rechts: Andre Vladimirov (Toningenieur, St. Petersburg / München), Achille Arioti (Reisebegleiter, Palermo), Luise Ebstein, Alex Ebstein

Was bleibt am Schluss?

Alex hatte sich die Fähigkeit angeeignet, aus Problemen Perlen zu machen. Er gewann schwierigen Situationen Positives ab und verstand es, Lehren aus den Begebenheiten des Lebens und seinen Erfahrungen zu ziehen. Außerdem war Alex ein wandelndes Geschichtsbuch. Aber nicht nur das war beeindruckend: Er war bis zuletzt, bis zum Tag seines Todes, bei den aktuellen Geschehnissen und den tagespolitischen Ereignissen auf dem Laufenden. Und er beschäftigte sich täglich mit der Bibel und bibelerklärenden Schriften der Zeugen Jehovas. Manchmal kam es vor, dass er frei aus einem Wachtturm-Artikel zitierte und sich nach der Meinung seines Gesprächspartners dazu erkundigte. Er las zum Beispiel aber auch jede Ausgabe des Polit-Magazins „Der Spiegel".

Alex war immer sehr an Menschen interessiert und zog Schlüsse aus seinen Begegnungen und den Erfahrungen anderer. Elisabeth Karmann,[41)] eine Zeugin Jehovas aus Holzkirchen und gute Bekannte der Familie Ebstein, verstarb im Frühjahr 2011. Sie war nach dem Krieg mit ihrem Säugling aus Ostpreußen geflohen. Dabei musste sie die furchtbare Erfahrung machen, dass ihr Kind während der Flucht erfror, weil extrem tiefe Minustemperaturen herrschten.

Alex hatte einen Besuch bei ihr vereinbart. Doch sie verstarb wenige Tage vorher. Seine Lehre daraus:

„Besuche bei alten Leuten sollte man nicht aufschieben, sonst sterben sie einem weg."

Um zu zeigen, was wirklich im Leben zählt, verwies Alex einmal auf einen Artikel im Magazin „Der Spiegel" über die Verfilmung des Lebens der ehemaligen britischen Premierministerin Margaret Thatcher. Am Ende des Artikels wurde die Hauptdarstellerin Meryl Streep gefragt, was am Schluss das Wichtigste sei („Was bleibt am Schluss?"). Meryl Streep antwortete: „Jemand, der mich liebt." Alex gefiel das Resümee der Schauspielerin; es sprach ihm aus dem Herzen.

Alex blickte auf eine langjährige gute Ehe mit Luise zurück. Für ihn war es außerdem sehr befriedigend, eine enge und herzliche Verbindung zu seinen Kindern zu haben und gute Freunde sein Eigen nennen zu können.

41) *Elisabeth Karmann hatte sich nach einem längeren Bibelstudium mit Alex und Luise Ebstein den Zeugen Jehovas angeschlossen.*

Abb. 71: Alex mit seiner Tochter Ruth, Anfang der 1980er Jahre

Abb. 72: Alex' Enkel Ephraim Alexander Ebstein aus den USA zu Besuch in Deutschland, mit Alex Ebstein und Christoph Wilker, 2011

„Würdevoll zelebrierten sie das Leben, dessen ich mich kurzzeitig schämte, als ich von der Tragödie erfuhr, die Alex zu durchleben hatte.

Ich empfand das Erscheinen von Alex und Luise in jenen Dezembertagen 1998 auf unserer Insel als ein ehrenvolles Geschenk.“

Achille Arioti, Palermo, Sizilien, 2019

KAPITEL 5

Zeuge und Zeitzeuge

„Die Menschheit hat sich nicht geändert."

Alex Ebstein

„Die wichtigste Lehre der Geschichte ist die, dass die Menschen nicht sehr viel aus der Geschichte lernen."

Aldous Leonard Huxley[1]

Alex Ebstein suchte das persönliche Gespräch, nicht die große Bühne. Daher wollte er auch nicht öffentlich über seine Verfolgungserfahrungen sprechen. Auch einem Buch über sein Leben stand er zunächst distanziert gegenüber.[2]

Wenn er jedoch im Gespräch aufgefordert wurde, über seine Erfahrungen als verfolgter jüdischer Deutscher zu berichten, dann war er dazu bereit. Seit den 1990er Jahren besuchte Alex Gedenkveranstaltungen und Gedenkorte. Seinen bedeutendsten Auftritt als Zeitzeuge hatte er in den USA, als er 1997 mit seiner Frau seinen Sohn Werner und dessen Familie in San Diego besuchte. Robert Buckley vom United States Holocaust Memorial Museum (USHMM), Washington / USA, erfuhr von Alex' Aufenthalt und traf ihn in Kalifornien, um ihn zu interviewen. Die Geschichte der als Juden von den Nationalsozialisten verfolgten Familie Ebstein ist seitdem im USHMM dokumentiert.[3]

1997 sprach Alex bei der Eröffnung der Ausstellung „Standhaft trotz Verfolgung – Jehovas Zeugen unter dem NS-Regime" im Münchner Kulturzentrum Gasteig. Bei der Veranstaltung kamen neben Alex Ebstein auch Gertrud Pötzinger, Horst Schmidt und Anton Letonja zu Wort.[4] Alex berichtete als einziger anwesender Zeitzeuge der jüdischen Opfergruppe über seine Verfolgung. Anschließend kam er auch auf seine frühen Kontakte mit Zeugen Jehovas zu sprechen. Dabei stellte er besonders Hermann Kühn heraus, der bei ihm einen tiefen Eindruck hinterlassen

1) *Aldous Leonard Huxley, englischer Schriftsteller, 1894–1963, zitiert in: Worte und Werte für heute, Zitat des Tages, zitate.at gmbh, Bad Vöslau, Österreich, 26.7.2018.*
2) *Schließlich gab er seine Zustimmung. So entgegnete er am 22.7.2011 auf die Frage des Autors, ob etwas dagegen spräche, die Informationen über sein Leben im Rahmen eines Buchprojekts zu verwenden: „Gern, natürlich; ich habe keine Geheimnisse".*
3) *Die Videoaufzeichnung des vom USHMM aufgenommenen Interviews ist unter folgendem Link im Internet abrufbar: www.collections.ushmm.org/search/catalog/irn508856 (abgerufen am 8.4.2019).*
4) *Die Zeitzeugen wurden von Klaus Brieter und Bernd Proske interviewt. Wortlaut des Interviews mit Alex Ebstein siehe S. 172 f.*

Abb. 73: Einladungskarte zur Veranstaltung im Münchner Kulturzentrum Gasteig, bei der Alex als Zeitzeuge intervie wt wurde, 1997

hatte, indem er aus dem Nachruf in der Moosburger Zeitung vom 1. März 1979 zitierte: Hermann Kühn wurde „insgesamt 8 Jahre ins KZ geschickt. Man schätzte diesen vitalen Mann wegen seiner herzensguten, äußerst hilfsbereiten und auch lebensfrohen Art. Kühn zeichnete sich außerdem durch stets bewiesene Dankbarkeit und Toleranz aus.“[5] Nach dem Zitat sagte Alex:

> *„Also, das war nur einer von denen, die ich damals kennenlernte und die den Anlass gaben, dass ich mich dann selbst mit den Zeugen Jehovas beschäftigte, weiter beschäftigte, und heute ein Zeuge Jehovas bin.“[6]*

Alex sprach im Rahmen dieser Wanderausstellung auch an anderen Orten, zum Beispiel am 26. Februar 1999 in Dingolfing und am 12. Juli 1999 in Miesbach.[7]

Abb. 74: Alex spricht bei einer Gedenkveranstaltung in Bad Reichenhall, 1998

5) *Moosburger Zeitung, 1.3.1979, siehe S. 171, Abb. 105.*
6) *Wortlaut des Interviews siehe S. 172 f., Abb. 106.*
7) *Über die Veranstaltung in Dingolfing berichtete ausführlich der Dingolfinger Anzeiger vom 1.3.1999. Über die Ausstellungseröffnung in Miesbach erschien ein Artikel in der Süddeutschen Zeitung vom 14.7.1999, siehe S. 113, Abb. 75.*

Dem Glauben treu auch im KZ

Ausstellung mit lokalen Beispielen: Zeugen Jehovas erinnern an Verfolgung

Von Stefani Wandl

Miesbach – Mit einer Ausstellung im Waitzinger Keller wollen die Zeugen Jehovas auf die Verfolgung ihrer Glaubensgenossen unter den Nationalsozialisten aufmerksam machen. Zu der Wanderausstellung, in die auch lokale Beispiele eingearbeitet sind, gehört eine Videodokumentation, die Interviews mit Zeitzeugen enthält.

Es sind nur Paßphotos, Namen, kurze Angaben zur den Personen, Schutzhaftbefehle, zum Teil Auszüge aus den Anklageschriften, Briefe, Photos von Konzentrationslagern. Doch der Betrachter dieser Zusammenstellung der „vergessenen Opfer" kann sich dem, was diese Momentaufnahmen erzählen, nicht entziehen. Die insgesamt 50 Schautafeln berichten vom Schicksal der inhaftierten Angehörigen der Glaubensgemeinschaft. Damals sollen etwa 25 000 Männer und Frauen in Deutschland zur Gemeinde der Zeugen Jehovas gezählt haben. Die Bibelforschervereinigung, wie sie damals hieß, wurde 1935 verboten, Mitglieder bereits vorher verfolgt. Wegen ihrer Einstellung, daß die Bibel die maßgebliche Autorität sei, der Verweigerung des Hitlergrußes und des Wehrdienstes, verfolgten sie die Nationalsozialisten. Wie es in den Unterlagen zur Wanderausstellung heißt, die seit einigen Jahren in verschiedenen Ländern gezeigt wird, waren von 1933 bis 1945 fast 10 000 Zeugen Jehovas unmittelbar Opfer des Nationalsozialismus. 6000 waren in Gefängnissen und KZs, 2000 starben, 250 davon wurden hingerichtet.

Resi Maurmeyr, 78 Jahre, aus Hausham, schilderte bei der Eröffnung am Montag ihre persönlichen Erlebnisse. Sie kann sich noch sehr gut erinnern, als ihr Vater, der Bergarbeiter Georg Steingraber, von der Gestapo abgeholt wurde. Sie war damals 15. „Obwohl mein Vater immer wieder gesagt hatte, daß er damit rechne, und wir schon vorbereitet waren, kam es doch plötzlich. Um 7 Uhr morgens standen die SA-Männer mit ihren braunen Uniformen vor der Tür und nahmen meinen Vater wortlos mit."

Am zweiten Tag seines „Empfangs" in Dachau brach man ihm die Kiefer und schlug ihm sämtliche Zähne aus. Resi Maurmeyr sollte ihren Vater, der erst zwei Jahre im KZ Dachau und dann sechs Jahre in Mauthausen inhaftiert war, noch einmal kurz sehen. Sie stand in Agatharied am Straßenrand, als ein Bus mit Häftlingen aus dem KZ Dachau vorbeifuhr – sie sollten die Sudelfeldstraße bauen. Maurmayr erkannte unter ihnen ihren Vater und winkte ihm zu. „Das wurde beobachtet, und er durfte nicht mehr mitfahren." Als Steingraber nach Hause kam, wog er nur 35 Kilog. Die Ausgrenzung begann aber laut Maurmeyr bereits früher: „Ich war sieben Jahre alt, als meine Eltern aus der Kirche austraten. Da predigte der Pfarrer von der Kanzel dagegen. In der Schule bekam ich immer schlechte Noten und als ich eine Schneiderlehre beginnen wollte, drohten der Ortsgruppenleiter und der Bürgermeister der Schneiderin, sie würde ihr Geschäft verlieren."

Als weiterer Zeitzeuge war Alexander Horst Ebstein, 73, aus Breslau, anwesend. Wegen seiner jüdischen Herkunft kam er mit 16 Jahren nach Ausschwitz, später in andere KZs, wo er Kontakt mit Zeugen Jehovas bekam. Taufen ließ er sich aber erst nach dem Krieg. „Mich beeindruckte, daß sie nicht unterschrieben, ihrem Glauben abzuschwören, obwohl sie dadurch aus den Lagern frei kommen hätten können. Sie unterstützten die anderen Lagerinsassen nach christlichen Grundsätzen, waren nicht national eingestellt", sagt Ebstein.

Zu jenen Männern und Frauen, die sich im Kreis Miesbach Sondergerichtsverfahren unterziehen mußten oder ohne Gerichtsverfahren ins KZ kamen, zählten: Therese Münch, Kreszenz Schmidt, beide aus Holzkirchen, Berta und Josef Burgmayer, Erlkam, Josef Kleeblatt, Unterdarching, Georg Gruber, Agatharied, Peter Fischbach, Moosrain, Andreas Stoib, Wall, Rosina Gruber, Schliersee, Georg und Agathe Göbl, Moosrain, sowie Mathias Pillmeier und Albert Fischl aus Miesbach.

Film und Ausstellung sind bis Sonntag, 18. Juli, täglich von 9 Uhr bis 20 Uhr zu sehen.

AUSSTELLUNGSERÖFFNUNG: *Christoph Wilker von den Zeugen Jehovas (v. l.) mit den Zeitzeugen Gertrud Pötzinger, Therese Maurmeyr und Alexander Ebstein.* stwa/Photo: Özlükurt

Abb. 75: Bericht in der Süddeutschen Zeitung vom 14. Juli 1999 über die Eröffnung der Wanderausstellung „Standhaft trotz Verfolgung" in Miesbach, bei der Alex als Zeitzeuge interviewt wurde

Abb. 76:
Die 2003 durch Alex enthüllte Gedenktafel in der KZ-Gedenkstätte Dachau, 2018

Im Sommer 1997 folgte Alex der Einladung zum 15. Internationalen Jugendbegegnungszeltlager in Dachau. Bei diesem Anlass wurde Alex in der KZ-Gedenkstätte interviewt und die anwesenden Jugendlichen konnten persönlich mit ihm sprechen.[8)] In der Gedenkstätte traf Alex auch auf eine alte Frau aus der Ukraine. Er erinnerte sich lebhaft, wie diese ihm erzählte, sie sei im Frauen-KZ Ravensbrück gewesen und habe diese Zeit nur überlebt, weil ihr dort eine Zeugin Jehovas geholfen habe. Wie Alex berichtete, sagte die Frau: „Wenn ihr mir nicht geholfen hättet, würde ich nicht mehr leben. Dafür möchte ich mich bedanken. Bitte geben sie das weiter." Alex hat diese Erfahrung sehr berührt, wenngleich er sich als jüdischer Zeitzeuge nicht persönlich angesprochen fühlte. Doch sah er dadurch seine eigenen frühen Erfahrungen mit den Zeugen Jehovas im KZ bestätigt.

Im Frühjahr 2001 wurde Alex bei einer Gedenkveranstaltung im Jugendgästehaus Dachau interviewt. 2003 enthüllte er eine Gedenktafel in der KZ-Gedenkstätte Dachau, die an die Leiden der Zeugen Jehovas erinnert. Die Fürstenfeldbrucker SZ berichtete darüber in ihrer Ausgabe vom 8. August 2003 unter der Überschrift „Tafel für Zeugen Jehovas – Heute Feierstunde in der KZ-Gedenkstätte Dachau".[9)]

Am 13. März 2008 gehörte Alex zu den von Christian Ude, damals Oberbürgermeister von München, namentlich begrüßten Gästen in der Seidlvilla, dem Kulturzentrum Schwabings. Vorgestellt wurde das von Ilse Macek[10)] herausgegebene Buch „ausgegrenzt – entrechtet – deportiert. Schwabing und Schwabinger Schicksale 1933 – 1945". Wenige Tage danach, am 17. März, besuchte Alex Imo Moszkowicz. Der Regisseur und Schauspieler wohnte in Ottobrunn bei München. Die beiden tauschten ihre schrecklichen Erinnerungen an Auschwitz-Monowitz aus. Imos Buch über seine Erfahrungen als verfolgter Jude hatte für Alex eine besondere Relevanz, weil es während der NS-Zeit auffallend viele Parallelen im Leben der beiden gegeben hatte.[11)]

8) Das Interview führte Wolfram Slupina.
9) Siehe S. 174, Abb. 107.
10) Ilse Macek, Politikwissenschaftlerin, Publizistin, Münchner Sprecherin der Vereinigung „Gegen Vergessen – Für Demokratie."
11) Imo Moszkowicz, Der grauende Morgen. Imo Moszkowicz verfasste außerdem eine Broschüre über seine Zeit in Buna-Monowitz. Zu Imo Moszkowicz: siehe Vorwort, S. 11.

Obwohl sich Imo und Alex in Auschwitz und während des langen Fußmarschs nach Gleiwitz nicht bzw. nicht bewusst begegnet sind, oder sich vielleicht nicht mehr daran erinnern konnten, waren sie, als sie viele Jahre später aufeinandertrafen, durch ihre gemeinsamen Erfahrungen schnell eng verbunden. Ähnlich wie bei Max Liebster bedurfte es dazu keiner Kontakte während der NS-Zeit. Ihre schlimmen Erfahrungen hatten sich emotional tief in ihr Gedächtnis eingebrannt und eine enge Verbundenheit der Beteiligten ausgelöst. Die schrecklichen Erlebnisse verbanden auch die, die damals nicht aufeinandertrafen. Während Alex Max Liebster bereits kurz nach dem Krieg kennengelernt hatte, stieß er erst viele Jahre später auf Imo Moszkowicz.

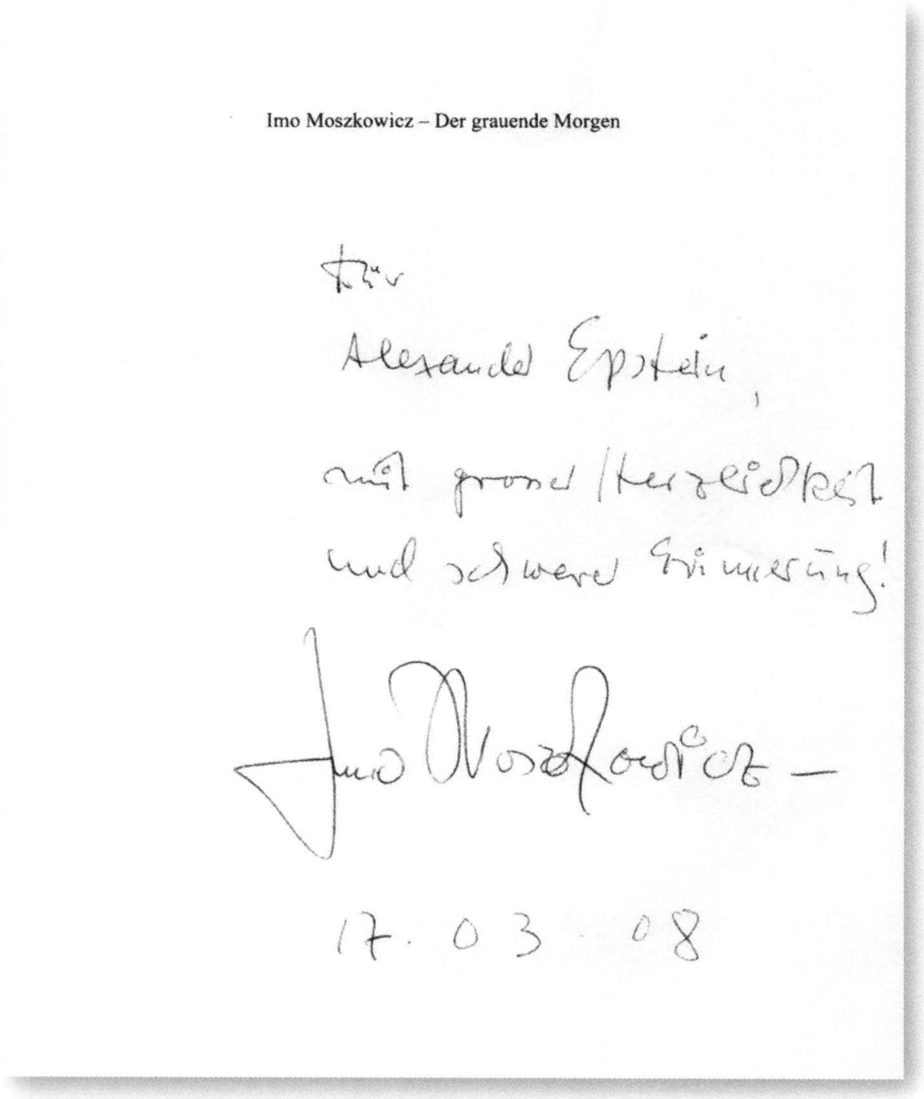

Imo Moszkowicz – Der grauende Morgen

Für
Alexander Epstein,
mit großer Herzlichkeit
und schwerer Erinnerung!
Imo Moszkowicz –
17.03.08

Abb. 77: Persönliche Widmung von Imo Moszkowicz für Alex in seinem Buch: „Der grauende Morgen“: „Für Alexander Ebstein, mit großer Herzlichkeit und schwerer Erinnerung. Imo Moszkowicz – 17.03.08“

Am 5. Dezember 2011, kurz nach der Geburt seines ersten Urenkelkindes,[12] erhielt Alex eine Einladung der KZ-Gedenkstätte Flossenbürg für das Überlebendentreffen 2012, das vom 20. bis 22. zum Juli 2012 stattfinden sollte. Alex hatte bislang keine Einladung aus Flossenbürg angenommen. Die Entfernung war ihm zu groß. Doch auf das Angebot einer Mitfahrgelegenheit ging er ein und verbrachte zwei Tage in Flossenbürg.[13]

Abb. 78: Alex im Gespräch mit dem Historiker Ulrich Fritz, Stiftung Bayerische Gedenkstätten, beim Jahrestreffen der KZ-Überlebenden in der KZ-Gedenkstätte Flossenbürg, 2012

Im März 2012 war Alex als Zeitzeuge in der Sendung „Wie teuer ist der Tod?" im Bayerischen Rundfunk (Bayern 2) zu hören. Im selben Jahr besuchte Wolf Gaudlitz, der verantwortliche Redakteur, im Rahmen von Vorbereitungen zu einer anderen Sendung des Bayerischen Rundfunks über einen in Israel lebenden Zeitzeugen, der ebenfalls als jüdischer Häftling in Auschwitz war, Yad Vashem.[14] Alex bat ihn, nachzusehen, ob auch der Name seines Vaters Adolf Ebstein dort festgehalten sei. Gaudlitz sah nach und stieß auf die Angabe „Adolf Ebstein, Breslau". Alex war tief bewegt, diese Information zu erhalten. Yad Vashem ist die weltweit bedeutendste Holocaust-Gedenkstätte.

---

12) Levi Alexander Ebstein, geboren 27.6.2011, Sohn von Ephraim Alexander Ebstein, dem Enkel von Alex.

13) Die Abbildung 1 und die Abbildung auf der Umschlagrückseite entstanden während seines gemeinsamen Besuchs mit dem Autor in Flossenbürg.

14) Nationale israelische Gedenkstätte in Jerusalem, wo an die jüdischen Opfer des Holocaust erinnert wird (Museum, Archive, Forschungs- und Bildungszentrum). In Yad Vashem sind die Namen und biografischen Angaben von Millionen Opfern der systematischen anti-jüdischen Verfolgung zur Zeit des Holocaust (der Shoah) gesammelt und aufgezeichnet. Viereinhalb der sechs Millionen Juden, die von den Nazis und ihren Helfershelfern ermordet wurden, wird hier ein Denkmal gesetzt. (Yad Vashem, abrufbar unter: www.yadvashem.org/de/holocaust/lexicon.html und yvng.yadvashem.org/index.html?language=de, abgerufen am 7.4.2019.)

Abb. 79: Alex, stehend, bei einem Vortrag im Rahmen des Veranstaltungsprogramms beim-Jahrestreffen der KZ-Überlebenden in der KZ-Gedenkstätte Flossenbürg, 2012

2013 wurde Alex von den Zeugen Jehovas München – Perlacher Forst eingeladen, anlässlich des fünfzigjährigen Bestehens der dortigen Gemeinde im Rahmen eines Interviews zu sprechen. Alex gehörte im Jahr 1963 zum Kreis der Gründungsväter der Gemeinde. Zwei Zeitungen berichteten über den Anlass und gingen dabei auch auf die Verfolgungsgeschichte von Alex Ebstein ein.[15]

Abb. 80: Gerhard Braber, Alex Ebstein, Leonhard Bäcker und Alfred Duschl (von links nach rechts) bei den Feierlichkeiten anlässlich des fünfzigjährigen Bestehens der Gemeinde der Zeugen Jehovas München – Perlacher Forst, 2013

---

15) *Harlachinger Rundschau vom 6.3.2013 und Münchner Merkur, Wochenendausgabe vom 27./28.4.2013, siehe S. 175f., Abb. 108 und 109.*

Erinnerungskultur in Deutschland

„Die Kommunikation unter den zu einer bestimmten Zeit lebenden Menschen ermöglicht es, ein kollektives Gedächtnis zu etablieren.“[16] Dieses „Gedächtnis“ bildet die Grundlage, aus der Geschichte zu lernen und es an die nächsten Generationen weiterzugeben.

Angesichts der Dimension der NS-Verbrechen unter Adolf Hitler nimmt dieser Teil der deutschen Geschichte mit der Vernichtung der jüdischen Bevölkerung, der Verfolgung anderer Minderheiten und dem Widerstand gegen das NS-Regime einen bedeutenden Platz in der Erinnerungskultur Deutschlands ein. Das „kollektive Gedächtnis“ entwickelte sich allerdings in West- und Ostdeutschland unterschiedlich. Der Historiker Edgar Wolfrum resümiert: „Während in der Bundesrepublik die ‚Vergangenheitsbewältigung‘ ein ständiger Prozess war, erklärte die SED diese mit der ‚antifaschistisch-demokratischen Umwälzung‘ für beendet.“[17]

Aber auch in Westdeutschland trat die Moral angesichts des Kalten Kriegs zunächst hinter dem Pragmatismus zurück. Die mittlere Garnitur der NS-Funktionäre wurde in die Gesellschaft integriert und damit nicht für ihre Verbrechen zur Verantwortung gezogen. In der Öffentlichkeit wurden das „Dritte Reich“ und der Holocaust bis Ende der 1950er Jahre weitgehend totgeschwiegen. Etwa 1958 lösten antisemitische Skandale einen Wandel aus. Damit änderte sich Ende der 1950er Jahre auch die Erinnerung und man begann mit dem Bau von Gedenkstätten. Nach der Wiedervereinigung vom 3. Oktober 1990 fanden die beiden deutschen Gesellschaften erinnerungskulturell wieder zusammen.[18]

Bedeutende Orte der Erinnerung an die NS-Zeit sind die KZ-Gedenkstätten. Außerdem wird durch Mahnmale und Erinnerungszeichen an die NS-Verbrechen erinnert. 1995 begann Gunter Demnig mit der Verlegung von Stolpersteinen, „ein Projekt, das die Erinnerung an die Vertreibung und Vernichtung der Juden, der Zigeuner / Sinti und Roma, der politisch Verfolgten, der Homosexuellen, der Zeugen Jehovas und der Euthanasieopfer im Nationalsozialismus lebendig erhält.“[19]

Aus dem Kunstprojekt hat sich das größte dezentrale Denkmal mit etwa 80.000 Stolpersteinen entwickelt. „Stolpersteine sind 10 x 10 cm große Messingplatten, auf denen die persönlichen Daten von Opfern des Naziregimes eingestanzt sind. Sie werden vor den früheren Wohnhäusern in den Bürgersteig bündig eingelassen und damit sichtbar im öffentlichen Raum verankert.“[20]

---

16) Aleida und Jan Assmann, Das Gestern im Heute. Medien und soziales Gedächtnis, in: Klaus Merten u. a. (Hrsg.), Die Wirklichkeit der Medien, Opladen 1994, S. 115, zitiert in: Kristina Kargl, Die Weiße Rose – Defizite einer Erinnerungskultur, München 2014, S. 23.

17) Edgar Wolfrum, Geschichte der Erinnerungskultur in der DDR und BRD, in: Geschichte und Erinnerung, Bundeszentrale für politische Bildung, 26.8.2008, abrufbar unter: www.bpb.de/geschichte/zeitgeschichte/geschichte-und-erinnerung/39814/geschichte-der-erinnerungskultur?p=all (abgerufen am 7.4.2019).

18) Ebd.

19) Gunter Demnig, abrufbar unter: www.stolpersteine.eu/ (abgerufen am 8.4.2019).

20) Flyer der Initiative Stolpersteine für München e. V., 2/2011.

Alex schätzte die unterschiedlichen Initiativen, durch die warnend an die Verbrechen der NS-Diktatur erinnert wird. An der vom Künstler Gunther Demnig initiierten Gedenkarbeit durch die Verlegung von sogenannten Stolpersteinen gefiel ihm, dass dadurch einer sehr großen Anzahl von NS-Opfern gedacht werden kann und Demnig vorurteilsfrei alle Opfergruppen berücksichtigt. 2014 drückte er in einem an Terry Swartzberg, den Vorsitzenden der Münchner Initiative für Stolpersteine, gerichteten Schreiben seine Wertschätzung für die Stolpersteine aus.[21]

ALEXANDER H. EBSTEIN
Groschenweg 57
81825 München
Tel.: 089 / 43 29 15

Initiative Stolpertine für München e. V.
Herrn Terry Swartzberg
Ruhestraße 3

81541 München

München, 23.03.2014

Verlegung von Stolpersteinen in München

Sehr geehrter Herr Swartzberg,

als jüdischer Überlebender der Konzentrationslager Auschwitz, Sachsenhausen und Flossenbürg und als Angehöriger der Glaubensgemeinschaft Jehovas Zeugen verfolge ich mit großem Interesse die Verlegung von Stolpersteinen in München. Ich möchte Ihnen, sehr geehrter Herr Swartzberg, und Ihren Unterstützern von Herzen für Ihren Einsatz danken, den von den Nationalsozialisten ermordeten Münchnern durch die Steine ihren Namen zurückzugeben und Passanten auf deren Schicksale aufmerksam zu machen.

Zu meiner Person:

1926 in Breslau geboren und aus einer jüdischen Familie stammend musste ich die ganze entwürdigende Entwicklung der Behandlung der Juden, die mit kleinen Repressalien begann, beobachten und persönlich erleben. Ich verlor meine einzige Schwester, meine Eltern und weitere Angehörige durch den Holocaust. Als Jugendlicher durchlebte ich danach die Konzentrationslager Auschwitz, Sachsenhausen und Flossenbürg, wo ich die Zeugen Jehovas kennen und schätzen lernte. Sofort nach der Befreiung schloss ich mich den Zeugen Jehovas an. Nun lebe ich seit fast sieben Jahrzehnten in der schönen Stadt München. Hier habe ich geheiratet und hier wurden meine beiden Kinder geboren. München ist seit langem meine Heimat geworden. Und aus diesen Gründen schätze ich, dass in den letzten Jahren auch hier in München Stolpersteine für jüdische Mitbürgerinnen und Mitbürger und im vergangenen Jahr erstmals auch für zwei Zeuginnen Jehovas verlegt wurden.

Nochmals vielen Dank für Ihre wertvolle Arbeit.

Mit freundlichem Gruß

Ebstein.

Abb. 81: Dankesschreiben von Alex Ebstein an die Initiative Stolpersteine für München, 23. März 2014

21) *In München werden Stolpersteine nur auf Privatgrund verlegt. Der Stadtrat der Landeshauptstadt München beschloss 2015 die Förderung von Gedenktafeln an Hauswänden und Gedenkstelen auf öffentlichem Grund, um an die Opfer des Nationalsozialismus zu erinnern. 2018 wurden in München erstmals solche Erinnerungszeichen installiert. Alex stand allen Formen des Gedenkens an die NS-Opfer aufgeschlossen gegenüber.*

Fragen an den Zeitzeugen Alex Ebstein[22)]

Welche Lehre ziehst Du aus den Verbrechen der Nationalsozialisten gegen Juden und Andersdenkende?

Wehret den Anfängen. Es fängt klein und unscheinbar an, ist dann aber irgendwann kaum noch aufzuhalten.

Welche weiteren Lehren hast Du aus dem Holocaust gezogen?

Das frisst sich ins Volk. Das heißt, gewisse geschichtliche Ereignisse werden nicht vergessen. Infolge der Ereignisse werden mit den Deutschen bestimmte Eigenschaften verbunden. Oft zu Unrecht, wie ich das aus vielen eigenen Erfahrungen, die ich während der Nazi-Herrschaft gemacht habe, weiß. NS-Deutschland war ein Erpresserstaat. Das führte dazu, dass viele führende Persönlichkeiten aus KPD und SPD ins Ausland gingen. Auch viele bekannte Schriftsteller gingen ins Ausland. Außerdem ist zu berücksichtigen, dass der Mensch feige ist. Die Masse machte mit, freiwillig oder unter Druck. Auch die Masse der Kommunisten und Sozialdemokraten.

Woher kam der Judenhass?

Die Wurzel des Judenhasses war vor allem der Neid. Das hatte verschiedene Hintergründe. Zum einen war die jüdische Religion schon immer sehr bildungsorientiert. Das führte zu einer Überlegenheit der Juden gegenüber anderen. Der Hass hat aber auch religiöse Ursachen. So wurde seitens der katholischen Kirche argumentiert, die Juden hätten Jesus umgebracht. Der Judenhass wurde allerdings auch missbraucht, um sich unliebsamer Personen zu entledigen. Wenn zum Beispiel ein Fürst bei einem Juden Schulden hatte, die er nicht bezahlen konnte, dann kam es vor, dass der Jude einfach ermordet wurde. Und der Fürst war seine Schulden los.

Eine weitere Rolle spielte die berufliche Benachteiligung der Juden. Ihnen war es nicht gestattet, Land zu erwerben. Daher konnten sie nicht Landwirte werden. Sie hatten auch keinen Zugang zu den Zünften, konnten daher keine Handwerker sein. Also blieben ihnen nur der Handel, Geldgeschäfte und später Tätigkeiten als Rechtsanwälte und Ärzte. Und genau das führte interessanterweise dazu, dass die Juden schließlich zu mehr Geld kamen als Glieder anderer Berufszweige. Ein Teufelskreis.

22) Eine Auswahl von Fragen, die der Autor im Jahr 2013 spntan an Alex richtete.

Alex verwies auch auf Kaiser Wilhelm II.,[23] der antisemitisch eingestellt und überzeugt von deutschen Qualitäten gewesen sei.

Kaiser Wilhelm II. sagte: „Am Deutschen Wesen wird alles genesen". Doch es gibt keinen Grund für die deutsche Überheblichkeit. Wir sind alle nur Menschen.

Nach dem verlorenen Ersten Weltkrieg musste Wilhelm II. abdanken. Er floh ins Exil nach Holland.

Ausgerechnet Kaiser Wilhelm II., den meine Eltern so verehrt haben. Kaiser Wilhelm II. war also in dieser Hinsicht ein Vorgänger von Hitler. Er hat dazu beigetragen, den Boden für die Verfolgung und Vernichtung der Juden zu bereiten.

Wie beurteilst Du die heutigen Menschen?

Viele sind verweichlicht. Wir waren schon als Kinder nicht verweichlicht. Das Leben war damals viel einfacher. Zum Beispiel bekamen wir zum Geburtstag nur ein paar Süßigkeiten und waren damit zufrieden. Heute wird viel gefordert. Die harten Jahre unter Hitler und die von Entbehrungen geprägte Nachkriegszeit haben uns zusätzlich geformt. Heute mit 87 Jahren fühle ich mich relativ stabil.

In der Bibel wird auch von vielen Gräueltaten berichtet. Warum wurden diese Geschehnisse aufgezeichnet?

Damit der Leser lernt, wie der Mensch ist. Außerdem sind die Aufzeichnungen ein Ausdruck von Ehrlichkeit. Andere geschichtliche Aufzeichnungen waren oft geschönt, zum Beispiel die der alten Ägypter. Auch die Wehrmachtsberichte der deutschen Wehrmacht unter Hitler waren geschönt. Dagegen sind die Berichte über Israel genau, auch wenn dadurch kein gutes Licht auf [das alte] Israel geworfen wurde.

Was hat dich überzeugt, dass die Bibel das Buch Gottes ist?

Der Rat für das tägliche Leben, der in der Bibel zu finden ist. Auch überzeugt mich die Erklärung der Bibel, warum das Böse in der Welt ist.

---

23) Wilhelm II. (1859–1941) war von 1888 bis 1918 der letzte deutsche Kaiser und König von Preußen. Er flüchtete am 9./10.11.1918 in die Niederlande. (Lexikon Zeitverlag, Band 16, S. 274 f.)

Um zu veranschaulichen, wie wertvoll die Ratschläge aus der Bibel sind, verwies Alex auf einen Artikel in der Süddeutschen Zeitung vom 25./26. Oktober 2008 über Alan Greenspan,[24] der bei seiner enormen Lebenserfahrung die Grenzen des menschlichen Beurteilungsvermögens betonte. Der Mensch sei nicht in der Lage, weit vorauszusehen, das heißt Entwicklungen langfristig abzuschätzen. Alex erwähnte, dass Greenspan damit eine grundlegende Aussage der Bibel bestätigte.

Alex hatte die Fähigkeit, Dinge, die er hörte oder las, in einen biblischen Kontext zu setzen. Das traf auch auf diesen Artikel in der Süddeutschen Zeitung zu. Dort wurde Greenspan mit den Worten zitiert: „Wir sind als Menschen einfach nicht klug genug. Wir können die Dinge nicht so weit im Voraus sehen."[25] Im Angesicht der schlimmsten Finanzkrise seit achtzig Jahren war Greenspan vorgeworfen worden, für die Krise verantwortlich zu sein. Er sah sich gezwungen, einzuräumen, dass gewisse Entwicklungen nicht vorhersehbar seien, und verwies auf die Grenzen menschlicher Möglichkeiten.

Alex notierte neben dem SZ-Zitat die Quelle eines Satzes des jüdischen Propheten Jeremia, der in der Bibel mit folgenden Worten zitiert wird: „Ich weiß, Herr, daß der Mensch seinen Weg nicht zu bestimmen vermag, daß keiner beim Gehen seinen Schritt lenken kann." [26]

24) Alan Greenspan, geboren 6.3.1926, war von 1987 bis 2006 und damit unter vier aufeinanderfolgenden US-Präsidenten Vorsitzender der US-Notenbank und erreichte in dieser Position international hohes Ansehen.

25) Süddeutsche Zeitung, 25./26.10.2008, siehe S. 123, Abb. 82.

26) Jeremia 10, 23, zitiert nach der Einheitsübersetzung der Bibel, Katholische Bibelanstalt GmbH, Stuttgart 1980. Vgl. Abb. 82, dort oben rechts in roter Schrift von Alex ergänzt: JER. 10:23.

Der Fall des Propheten

Ex-Notenbankchef Greenspan gibt erstmals seine Fehlbarkeit zu

Es gibt viele gefallene Stars in diesen Tagen, und zu ihnen gehört Alan Greenspan. Der ehemalige Präsident der amerikanischen Notenbank Federal Reserve hat schon unzählige Anhörungen im Kongress hinter sich. Früher ging es dabei äußerst ehrfürchtig zu. Greenspan galt als Meister des Wirtschaftsaufschwungs. Die Abgeordneten erfragten meist ehrerbietig den Rat des Maestros.

Nun saß der 82 Jahre alte Greenspan erneut vor einem Ausschuss des Repräsentantenhauses. Doch diesmal war die Stimmung nicht ehrerbietig, sondern aggressiv und feindselig. Der einstige Maestro gilt heute in Washington als einer der Hauptschuldigen an der schwersten Finanzkrise seit achtzig Jahren. Greenspan hätte die unverantwortlichen Kreditpraktiken, die Ursache der Katastrophe, verhindern können, sagte der Vorsitzende des Ausschusses, der kalifornische Demokrat Henry Waxman. Er habe es aber nicht getan, „und nun zahlt die ganze Wirtschaft den Preis dafür."

Zwei Dinge wirft man Greenspan heute vor: Erstens ließ er die Zinsen zu lange zu niedrig und schuf so eine Schwemme an billigem Geld. Zweitens stemmte er sich immer gegen die strengere Regulierung der neuen, komplexen Wertpapiere, die jetzt dem globalen Finanzsystem zum Verhängnis geworden sind. Vor dem Kongress legte Greenspan zumindest ein Teilgeständnis ab. Es lässt sich, vereinfacht, so zusammenfassen: Ja, ich habe mich geirrt. Aber ich bin nicht schuldig im Sinne der Anklage, weil niemand diese Entwicklung hat voraussehen können.

Der entscheidende Satz in Greenspans Aussage ist vermutlich dieser: „Jene unter uns, die geglaubt haben, das Eigeninteresse der Kreditinstitute reiche aus, um das Vermögen der Aktionäre zu schützen, befinden sich in einem Zustand des Schocks und der Fassungslosigkeit." Auf die Frage, ob seine marktwirtschaftlichen Überzeugungen ihn zu Entscheidungen verleitet hätten, die er heute bereue, antwortete Greenspan: „Ja, ich habe einen Fehler entdeckt. Ich weiß nicht, als wie entscheidend und wie dauerhaft der sich erweisen wird. Aber ich bedaure ihn sehr."

Gleichzeitig beharrte er aber darauf, dass diesen „Jahrhundert-Tsunami" niemand hätte vorhersehen können. Weder für den Einbruch der Immobilien-Preise in den Vereinigten Staaten um 20 Prozent, noch für das Scheitern des Risikomanagements in den großen Banken habe es einen Präzedenzfall gegeben. Nicht einmal die besten Experten hätten dies alles vorausgesehen. „Wir sind als Menschen einfach nicht klug genug. Wir können die Dinge nicht so weit im Voraus sehen."

Für Greenspan ist diese Aussage eine Wende. Vor einem Jahr noch hatte er sich ganz anders geäußert. Damals, zu Beginn der Finanzkrise, waren seine Memoiren erschienen. Darin zeigte er sich unbeirrt: Die Politik habe keine Möglichkeit, Spekulationsblasen zu verhindern, sie könne nur hinterher die Folgen beseitigen. Die Welt habe nur die Wahl zwischen einem wenig regulierten System, in dem gelegentlich mal ein Unglück passiert, und einem streng regulierten, fugendichten, in dem zwar nichts mehr passiert, das aber auch Wachstum und Innovation verhindere. Für Greenspan war klar, dass Modell Nummer eins vorzuziehen war. Ob sich dies inzwischen geändert hat, sagte er in Washington nicht.

Trotz der Krise ist Greenspan noch immer ein gefragter Mann: Er berät John Paulson, einen der erfolgreichsten Hedgefonds-Manager. Und er berät die Deutsche Bank in New York. *Nikolaus Piper*

Abb. 82: Artikel über Alan Greenspan mit handschriftlichen Hervorhebungen und Bemerkungen von Alex, Süddeutsche Zeitung vom 25./26. Oktober 2008

Zeitzeuge und Zeuge Jehovas

Nochmal auf die schrecklichen Jahre der Verfolgung als jüdischer Deutscher angesprochen, resümierte Alex:

„Was soll's. Es ist vorbei. Wenn man bedenkt, was die Menschen auch heute mitmachen müssen. Die Menschheit hat sich nicht geändert. Und ich glaube daran, dass sich etwas ändern wird. Durch das Königreich Gottes wird sich etwas ändern. Das zeigt auch das ‚Vater unser', wo es heißt: ‚Dein Wille geschehe im Himmel wie auch auf Erden.'"

Alex' Leben nach dem Holocaust war vor allem seiner neuen religiösen Überzeugung gewidmet. Er war Zeuge (Jehovas) und Zeitzeuge (des Holocaust), was für ihn allerdings zusammenhing. Es waren keine getrennten Disziplinen, sondern bildeten für ihn eine Einheit.

Anfang der 1990er Jahre erhielt Alex nach einer Ansprache, die er bei einer Veranstaltung im Münchner Kongresssaal der Zeugen Jehovas gehalten hatte, einen Anruf von einem ihm bis dahin Unbekannten. Der in Damaskus geborene Francis[27] hatte seine Ansprache gehört. Der Student bat Alex, mit ihm Gespräche über religiöse Fragen zu führen. Alex kam dieser Bitte gern nach und führte daraufhin regelmäßige biblische Diskussionen mit ihm. Alex erzählte, dass sich Francis schließlich als Zeuge Jehovas taufen ließ. Später zog er mit seiner Frau nach Norddeutschland.

Alex' Leben war reich gefüllt mit Erfahrungen, die er als Zeuge Jehovas machte. Er war sowohl im Gemeindeleben der Religionsgemeinschaft wie auch in deren missionarischem Werk sehr aktiv. Zum Beispiel führte er im Laufe der Jahre mit insgesamt sechzig verschiedenen Personen kostenlose Bibelkurse durch, von denen sich viele als Zeugen Jehovas taufen ließen. Einer davon war Francis.

Anfang der 1990er Jahre stellte sich Alex für das Titelbild eines sechsseitigen Flyers der Zeugen Jehovas zur Verfügung. Auf der Titelseite ist Alex mit Klaus Köhler abgebildet. Die beiden gehörten einige Jahre derselben Münchner Gemeinde der Zeugen Jehovas an. Den in mehreren Sprachen in Millionenauflage veröffentlichten Flyer aus dem Jahr 1992 verwendeten Zeugen Jehovas über viele Jahre, um über den christlichen Charakter der Religionsgemeinschaft zu informieren.[28]

27) Keine Angabe des Nachnamens, da es dem Autoren nicht gelang, den Wohnort von Francis in Erfahrung zu bringen, und damit keine Kontaktaufnahme möglich war.

28) Später wechselte Klaus Köhler mit seiner Frau Manuela in den Reisedienst der Glaubensgemeinschaft und ist inzwischen seit mehreren Jahrzehnten in diesem Dienst tätig. Im Rahmen seiner Einsätze besuchte das innerhalb wie außerhalb der Gemeinschaft aufgrund seiner ausgeprägten Menschenfreundlichkeit sehr beliebte Ehepaar zahlreiche Gemeinden der Zeugen Jehovas in Deutschland.

Abb. 83:
Von der Religionsgemeinschaft der Zeugen Jehovas im Missionswerk verwendeter Flyer mit Alex Ebstein und Klaus Köhler auf der Titelseite

„Wer Zeitzeugen zuhört, der wird selbst zu einem.“[29)]

Elie Wiesel, jüdischer Holocaust-Überlebender, Friedensnobelpreisträger

29) *Yad Vashem, Auszug aus einer Rede Elie Wiesels in Yad Vashem, abrufbar unter: www.yadvashem.org/de/holocaust/video-testimonies.html (abgerufen am 8.4.2019).*

KAPITEL 6

Alex' handgeschriebener Lebenslauf

„Je mehr wir von unserer Geschichte verstehen, desto besser können wir mit der Gegenwart umgehen.“

Sebastian Koch[1)]

Abb. 84: Alex Ebstein, ca. 1997

1) *Sebastian Koch, deutscher Schauspieler, geboren 1962, Darsteller verschiedener historischer Persönlichkeiten, darunter Napoleon Bonaparte, Claus Schenk Graf von Stauffenberg, Albert Speer, Richard Oetker, Klaus Mann, zitiert in: Worte und Werte für heute, Zitat des Tages, zitate.at gmbh, Bad Vöslau, Österreich, 31.5.2018.*

Der Holocaust, die Vernichtung von Millionen jüdischen Europäern und Mitgliedern anderer Minderheiten, hat das 20. Jahrhundert wie kein anderes Ereignis geprägt. Millionen Verfolgte starben. Weitere Millionen überlebten, aber gingen vorher durch die Hölle. Alle diese Menschen haben Geschichte geschrieben. Und einer von diesen war Alex Ebstein. Es gibt unterschiedliche Wege, sich der Geschichte zu nähern. Eine berührende Möglichkeit besteht darin, sich Einzelschicksalen zu widmen.

Alex Ebstein hinterließ einen Lebenslauf, den er handschriftlich auf insgesamt vier Seiten aufgezeichnet hatte. Das vierseitige Dokument vermittelt einen prägnanten Überblick über sein bewegtes Leben. Seine Aufzeichnungen beginnen mit dem Jahr seiner Geburt und Angaben zur Familie. Es folgt ein schneller Sprung in das Jahr 1936, mitten hinein in die Zeit der Verfolgung, die er als Sohn jüdischer Eltern zu spüren bekam. Auf der vierten Seite berichtet Alex über die Verhältnisse des Todesmarschs, die er erlebte.

Anschließend blickt er dankbar zurück auf die „Wunder", die ihm das Leben retteten. Und er erwähnt die entscheidenden Weichenstellungen kurz nach dem Krieg, die sein anschließendes Leben prägen sollten. In Alex' Lebenslauf geht es nahezu ausschließlich um seine Erfahrungen während der NS-Diktatur. Diese Zeit prägte sein Leben, weshalb er ihr in seinem schriftlichen Lebensrückblick ein entsprechendes Gewicht verlieh.

Mit seinen abschließenden Worten betont Alex, was ihm in der Zeit nach der Judenverfolgung wichtig war. Er erwähnt seine Frau Luise, seine Enkelkinder, seine Funktionen in seiner neuen geistigen Heimat, der Religionsgemeinschaft der Zeugen Jehovas. Vor allem äußert er Wertschätzung dafür, dass er mit seiner Frau Jehova (Gott) dienen durfte. Je älter er wurde, desto bewusster wurde ihm, welch positiven Einfluss die Entscheidung, ein Zeuge Jehovas zu werden, auf sein Leben hatte.

Abb. 85: Alex vor dem in der Nachkriegszeit als Sportbaracke bezeichneten Gebäude am Münchner St.-Martins-Platz, in dem zur damaligen Zeit mehrere Jahre Zusammenkünfte der Zeugen Jehovas „München-Ost“ stattfanden, 2012

(1)

als Sohn jüd. Eltern (Adolf u. Rachel geb. Frede Eckstein)

1) 1926 in Breslau geboren. Schw. Eva 6 Jahre jünger.
Eltern gläubig – liberal, manchmal Sa. Synagoge – hohe Feiertage
Wuchs in liebevollem Elternhaus auf. Schwester Eva (1920 6 Jhr)

2) Bis etwa 1936 allgem. Schule – dann jüd. Schule.
Als Kind die ganze Wucht der Diskriminierung u. Entwürdigung: Rechtlosigkeit.

jüd. Geschäfte beschmiert u. boykotiert.
~~B~~ Verbot: Fahrrad, Kino, Schwimmbäder, Straßenbahn, Bus, aller öffentl. Veranstaltungen. Parkbänke

1937 wirtschaftl. Grundlage immer schlechter.
Zogen in eine Wohnung, wo jeder ein Zimmer hatte.

1938 Krystallnacht – Synagogen verbrannt. Vater Buchenwald. 2 Mo. Nov. – Dez

~~Ab 1939 der Kr~~
Verbot für selbstständige Arbeit – Vater bei Fa. Koschnik Gleiskau

1939 Kriegsbeginn – Auswanderung ~~nicht~~ kaum mehr möglich.

Mutter US-Citizen – US-Botschaft Bln. nur allein
1941 nach 9 Jahren – Schulentlassung. – Holzbearbeitungsbetrieb.
Straßenbahnen – Schw. litt besonders darunter.

1941 Nov. Eva (21 Jahre) verhaftet – Riga. Mutter weiße Haare.
1942 übrigen der Fam. { Von Tante u. Cousine Amalie u. Amelie Richter
Brief aus Litzmannstadt
Mußten dann in Tischergasse 14 nur jüd. Familien.

1

1) 1926 in Breslau als Sohn jüd[ischer] Eltern (Adolf und Rachel gen[annt] Grete Ebstein) geboren. Schw[ester] Eva [– Alex] 6 Jahre jünger.

Eltern gläubig-liberal, manchmal Sa[mstag] Synagoge – [und wenn] hohe Feiertage.

Wuchs in liberalem Elternhaus auf. Schwester Eva (1920 [geboren] 6 Jahre [bei Geburt Alex])

2) Bis etwa 1936 allg[emeine] Schule – dann jüd[ische] Schule.

Als Kind die ganze Wucht der Diskriminierung u[nd] Entwürdigung [erlebt]: Rechtlosigkeit.

jüd[ische] Geschäfte beschmiert u[nd] boykot[t]iert.

Verbot: Fahrrad, Kino, Schwimmbäder, Straßenbahn, Bus, alle öffentl[ichen] Veranstaltungen, Parkbänke

1937 wirtschaftl[iche] Grundlage immer schlechter.
Zogen in eine Wohnung, wo jeder ein Zimmer hatte.

1938 Krystallnacht – Synagogen verbrannt. Vater [im KZ] Buchenwald [für] 2 Mo[nate] Nov[ember] – Dez[ember]

Verbot für selbständige Arbeit – Vater bei Fa. Koschnik Gleisbau

1939 Kriegsbeginn – Auswanderung kaum mehr möglich.

Mutter US-Citycen [US-Bürgerin] – US-Botschaft B[er]l[i]n nur allein [nur Genehmigung für Alex' Mutter]

1941 nach 9 Jahren – Schulentlassung – Holzbearbeitungsbetrieb

Sterntragen [„Judenstern"] Schw[ester] litt besonders darunter.

1941 Nov[ember] Eva 21 Jahre [alt] verhaftet – Riga. Mutter weiße Haare.

1942 Übrigen der Fam[ilie]. Von Tante und Cousine Amalie und Anneliese Richter Brief aus Litzmannstadt [Lodz, Polen, 1940 – 1945 Litzmannstadt]

[Alex und seine Eltern] mußten dann in die Fischergasse 14 [Breslau, ziehen,] nur jüd[ische] Familien.

(2)

Mitte März Haus umstellt – alte Synagoge Wallstr.
27. März mit Straßenbahn Bhf. Velodr.
Nach Auschwitz ganzen Tag nachts rattata rattata, in Dunkelheit
Rampe Auschwitz – hell ... Dr. Mengele = rechts – links.

Kein Abschied von Mutter.

Vater u. ich Monowitz (Nebenlager) Alex 106884 – Adolf 106883
Schwere Arbeit – Tonnenschwere Eisenschienen tragen
viele Tote u. Verletzte
Zementsäcke im Laufschritt – krummer Rücken.

Vater magerte ab – am 4. Juni 1943 konnte ich ~~sl~~ mich von ihm verabschieden als er den Lastwagen nach Birkenau bestieg.

Ich selbst ~~w.~~ blieb in Monowitz – wo ich ~~doch~~ dch. glückl. Umstände am Leben blieb – auch Dank der Hilfe jüd. Ärzte im Krankenhaus. (Meine Krankheit nicht eingetragen)

Als Russen näher kamen Jan. 1945
Zu Fuß nach Gleiwitz – viele Tote Berg = △

Dann in offene Viehwagen – ohne Essen und Trinken.
Nur zum Stehen Platz.
Wagen über Tschechei nach Österreich

Nach einigen Tagen viele Tote – Menschen wurden irre.

Tote aufgestapelt – steif – als Sitzbänke für Lebende | wegen Hunger Durst = Schnee

2

Mitte März [1943] Haus umstellt – alte Synagoge Wallstr[aße]

27. März [1943] mit Straßenbahn [zum] B[ahn]h[o]f Odertor

Nach Auschwitz, ganzen Tag .... nachts rattata rattata, in Dunkelheit

Rampe Auschwitz – hell ... Dr. Mengele = rechts – links

Kein Abschied von [der] Mutter.

Vater u[nd] ich Monowitz (Nebenlager) Alex [Häftlings-Nr.] 106884 – Adolf 106883

Schwere Arbeit – tonnenschwere Eisenschienen tragen

viele Tote und Verletzte

Zementsäcke im Laufschritt – krummer Rücken

Vater magerte ab – am 4. Juni 1943 konnte ich mich von ihm verabschieden als er den Lastwagen nach Birkenau bestieg.

Ich selbst blieb in Monowitz – wo ich doch d[ur]ch glückl[iche] Umstände am Leben blieb – auch Dank der Hilfe jüd[ischer] Ärzte im Krankenbau. (Eine Krankheit nicht eingetragen)

Als [die] Russen näher kamen, Jan[uar] 1945

zu Fuß nach Gleiwitz – viele Tote [wie ein] Berg

Dann in offene Viehwagen – ohne Essen und Trinken.

Nur zum Stehen Platz.

Wagen über Tschechien nach Österreich

Nach einigen Tagen viele Tote – Menschen wurden irre wegen Hunger

Durst = Schnee

Tote aufgestapelt – steif – als Sitzbänke für Lebende [genutzt]

(3)

~~San Diego 2~~

In Tschechei Halt unter Fußgängerbrücke – Schrein Hunger.
Brot in Zug – einer ICH.

Nach Mauthausen nicht aufgenommen.
Weiter nach Sachsenhausen
10 Tage ohne Essen.
Wer überlebt die etwas dabei – oder Wunder wie ich.

Kurze Zeit in Sachsenhausen – dann nach Flossenbürg.

Im Waggon kaum – Schläge mit Gewehrlauf.

Am 6. Feb. 45 im KZ Flossenbürg.
Meist in Bergwerke.
Ich Kommando Weberei
(Wende i. Leben) Daniel Budakowski
Mitternacht
Am April als die US-Armee näher kam – nachts auf Toilette

SS

„Sofort alle Juden antreten lassen – Nein jetzt noch nicht – erst morgen früh"
→ ALLES ANTRETEN - SONST ERSCHOSSEN
Überlegte = Ja wird so erschossen.

Machte gelbes Zeichen ab.

Transport der Juden Richtg. tschech. Grenze 3 früh (6 Tage marschiert)
Wir mir 3 Tage marschiert.

3

In Tschechei Halt unter Fußgängerbrücke – [Häftlinge] schrien[:] Hunger

Brot in [den] Zug [geworfen] – eines ICH.

Nach Mauthausen [wegen Überfüllung] nicht aufgenommen.

Weiter nach Sachsenhausen

10 Tage ohne Essen.

Nur überlebt[,] die etwas dabei [hatten] – oder [durch] Wunder wie ich

Kurze Zeit in Sachsenhausen – dann nach Flossenbürg

In Waggon kauern – [Ich erhielt] Schläge mit [dem] Gewehrlauf.

Am 6. Feb[ruar] 45 im KZ Flossenbürg.

[Arbeitszuteilungen] Meist in Bergwerke.

Ich [kam in die] Kommando-Weberei

(Wende i[m] Leben) Daniel Budakowski

Im April[,] als die US Army näher kam – nachts Mitternacht auf [die] Toilette

[Zeichnerische Darstellung von Alex: Standort SS und Toilettenraum]

[Unterhaltung zweier SS-Männer:]

„Sofort alle Juden antreten lassen[“] – [„]nein jetzt noch nicht[,] erst morgen früh“

ALLES ANTRETEN – SONST ERSCHOSSEN

[Ich] überlegte = So und so erschossen [egal, wie ich mich entscheide].

[Meine Entscheidung: Ich] machte [das] gelbe Zeichen [, das für Juden steht,] ab.

Transport der Juden Richt[un]g tschech[ische] Grenze 3 [Uhr] früh
(6 Tage marschiert)

Wir [die zunächst im Lager Verbliebenen] nur 3 Tage marschiert.

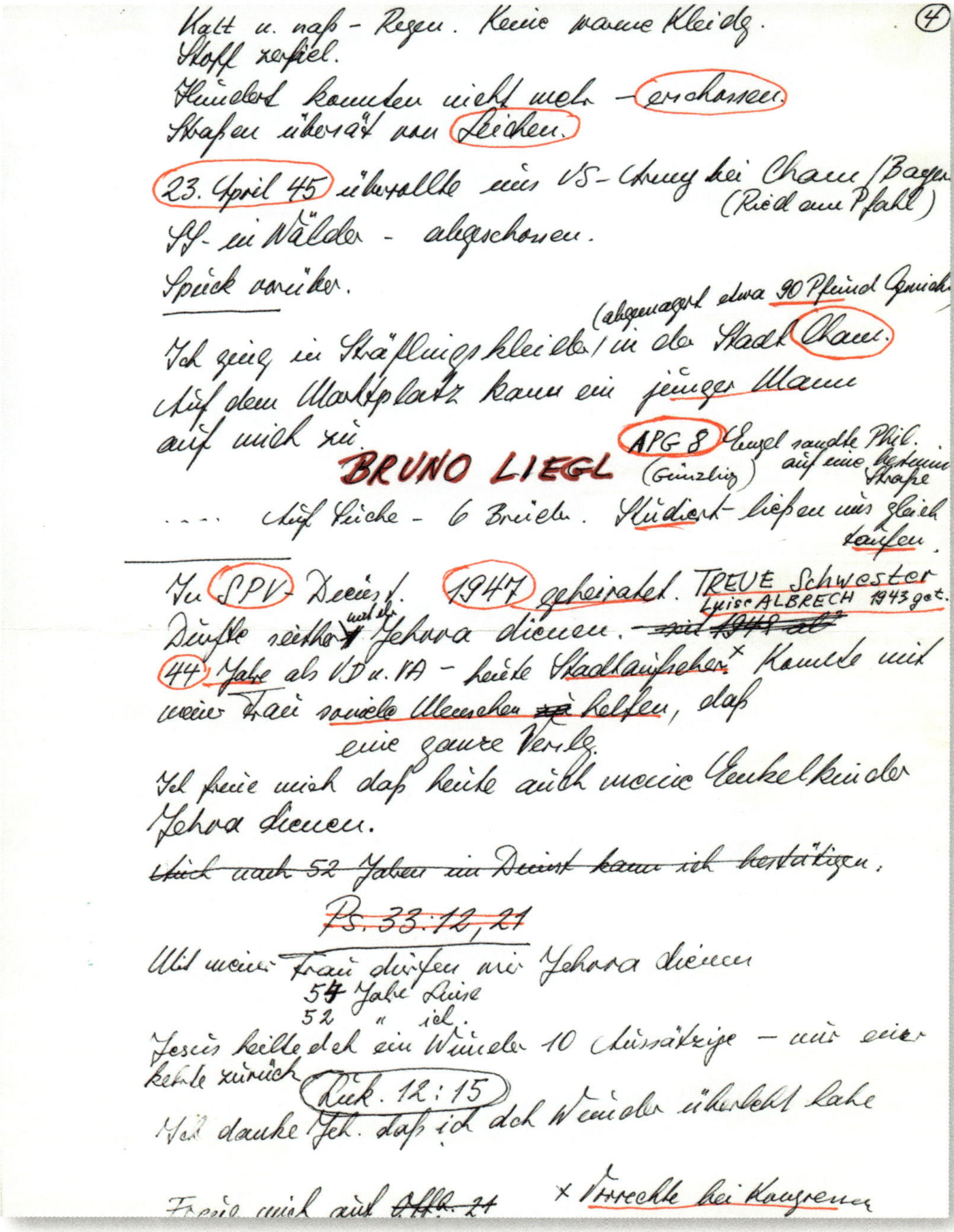

Kalt u. naß – Regen. Keine warme Kleidg. ④
Stoff zerfiel.
Hunderte konnten nicht mehr – erschossen.
Straßen übersät von Leichen.

23. April 45 überrollte ein US-Armee bei Cham/Bayern (Ried am Pfahl)
SS- in Wälder – abgeschossen.
Spuk vorüber.

(abgemagert etwa 90 Pfund Gewicht)
Ich ging in Sträflingskleidung in die Stadt Cham.
Auf dem Marktplatz kam ein junger Mann auf mich zu. APG 8 Engel sandte Phil. auf eine bestimmte Straße
BRUNO LIEGL (Günzling)
.... Auf Suche – 6 Brüder. Studiert ließen uns gleich taufen.

Im SPV-Dienst. 1947 geheiratet. TREUE Schwester Luise ALBRECH 1943 get.
Durfte seither mit der Jehova dienen. ~~seit 1949 als~~
44 Jahre als VD u. VA – heute Stadtaufseher.× Konnte mit meiner Frau so vielen Menschen ~~zu~~ helfen, daß eine ganze Versammlung.
Ich freue mich daß heute auch meine Enkelkinder Jehova dienen.
~~Und nach 52 Jahren im Dienst kann ich bestätigen.~~
~~Ps. 33:12, 21~~
Mit meiner Frau dürfen wir Jehova dienen
54 Jahre Luise
52 " ich.
Jesus heilte doch ein Wunder 10 Aussätzige – nur einer kehrte zurück Luk. 12:15
Und danke Jeh. daß ich doch Wunder überlebt habe

Freue mich auf ~~Off. 21~~ × Vorrechte bei Kongressen

Abb. 86: Handgeschriebener Lebenslauf (vier Seiten)

Kalt u[nd] naß – Regen. Keine warme Kleid[un]g.

Stoff [der Häftlingskleidung] zerfiel.

Hundert konnten nicht mehr – erschossen.

Straßen übersät von Leichen.

[Am] 23. April 45 überrollte uns [die] US-Army bei Cham / Bayern (Ried am Pfahl)

SS in Wälder – abgeschossen.

Spuk vorüber.

Ich ging in Sträflingskleider (abgemagert etwa 90 Pfund Gewicht) in der Stadt Cham.

Auf dem Marktplatz kam ein junger Mann auf mich zu.

BRUNO LIEGL (Günzburg) [-] Apg 8[2] Engel sandte Phil[ippus] auf eine bestimmte Straße

... Auf [der] Suche – 6 Brüder.[3] Studiert [Bibelstudium] ließen uns gleich [als] Zeugen Jehovas taufen.

Im SPV-Dienst.[4] 1947 geheiratet. Treue [Glaubens]Schwester Luise Albrecht[,] 1943 [als Zeugin Jehovas] get[auft]

Durfte seither mit ihr Jehova [Gott] treu dienen.

44 Jahre als VD u[nd] VA – heute Stadtaufseher[5]. Vorrechte bei Kongressen. Konnte mit meiner Frau so viele[n] Menschen helfen, daß eine ganze Versamml[un]g [daraus gebildet werden könnte].[6]

Ich freue mich[,] dass heute auch meine Enkelkinder Jehova dienen.

Mit meiner Frau dürfen wir Jehova dienen

54 Jahre Luise

52 Jahre ich

Jesus heilte durch ein Wunder 10 Aussätzige – [doch] nur einer kehrte zurück [, um sich zu bedanken]

Luk[as] 12:15[7]

Ich danke Jehova[,] daß ich d[ur]ch Wunder überlebt habe

Freue mich auf [die Erfüllung von] Off[en]b[arung, Kapitel] 21[8]

---

2) Seine eigene Erfahrung erinnerte Alex an den Bericht im Bibelbuch Apostelgeschichte, Kapitel 8.

3) Die Mitglieder der Glaubensgemeinschaft der Zeugen Jehovas bezeichnen sich gegenseitig als Brüder oder Schwestern, weil sie sich als geistige Familie betrachten.

4) SPV (Sonderpionierverkündiger), Vollzeitprediger der Zeugen Jehovas.

5) VD = Versammlungsdiener [VA, eine spätere Bezeichnung = Vorsitz führender Aufseher], siehe S. 92, Fußnote 23. Stadtaufseher, siehe S. 104, Fußnote 38.

6) Alex und seine Frau betrachteten im Laufe der Jahrzehnte mit etwa sechzig Personen, die dann ebenfalls Zeugen Jehovas wurden, die Bibel. Die als Versammlungen bezeichneten Gemeinden der Religionsgemeinschaft sind meist 60 bis 120 Personen stark.

7) Evangelium nach Lukas, Kapitel 12, Vers 15: „Dann sagte er [Jesus] zu ihnen: ‚Haltet eure Augen offen, und hütet euch vor jeder Art Habsucht, denn wenn jemand auch in Fülle hat, kommt doch sein Leben nicht aus den Dingen, die er besitzt.'" (Neue-Welt-Übersetzung der Heiligen Schrift, Selters / Ts. 1989.) Alex führte die Undankbarkeit der neun geheilten Aussätzigen offenbar auf deren habgierige Einstellung zurück.

8) Das Bibelbuch Offenbarung beschreibt in Kapitel 21, Vers 3 und 4 künftige paradiesische Verhältnisse auf der Erde.

Abb. 87: Alex bei einem Treffen von KZ-Überlebenden der NS-Opfergruppe der Zeugen Jehovas, 1978. Alex: hintere Reihe, vierter von links (stehend), davor: Gertrud und Martin Pötzinger (sitzend)

KAPITEL 7

Alex' letzter Lebenstag

„Heute Nacht starb mein Vater."

Werner Ebstein[1]

Im Winter 2014/15 war Alex gestürzt und erlitt dabei einige Prellungen. Von nun an blieb er weitgehend in seinem Haus und war auf Unterstützung von außen angewiesen. Im „La Villetta", seinem italienischen Lieblingslokal, wurde er nicht mehr gesehen.

Die Gemeinde der Zeugen Jehovas München-Trudering kümmerte sich liebevoll um ihn, darunter Josef und Antonia Federl. Immer wieder äußerte Alex seine Dankbarkeit für die ihm erwiesenen Hilfestellungen, die wie alle Dienste der Religionsgemeinschaft ehrenamtlich erfolgten. Auch seine am Starnberger See wohnende Tochter Ruth hielt ständig Kontakt mit ihm.[2] Doch Alex gefiel die Situation nicht.

„Ich möchte der Versammlung [der Zeugen Jehovas] nicht zur Last fallen."

Nach nur wenigen Monaten traf er deshalb die Entscheidung umzuziehen, um betreut zu wohnen. Sein Auto schenkte er Walter und Waltraud Weishäupl, einem befreundeten Ehepaar seiner Versammlung,[3] dem er dadurch seine besondere Wertschätzung zum Ausdruck brachte. Sein Haus stand von nun an leer.

1) E-Mail Werner Ebstein an den Autor, 27.2.2015.
2) Im Jahr 2018 zog Ruth Borrmann mit ihrem Ehemann in die Schweiz.
3) Die Gemeinden der Zeugen Jehovas werden der biblischen Bezeichnung folgend Versammlung (griechisch „ecclesia") genannt.

Alex' letzter Lebenstag

Im Februar 2015 stabilisierte sich der Gesundheitszustand von Alex. Mehrere Wochen unvorstellbar, äußerte Alex den Wunsch, wieder einmal in sein italienisches Lieblingsrestaurant zum Essen zu gehen. Wir vereinbarten einen Termin für Donnerstag, den 26. Februar 2015. Eigentlich wollte ich mich mit ihm am Mittwoch treffen, doch für diesen Tag hatte er bereits eine Verabredung mit seiner Tochter Ruth.

Also holte ich Alex einen Tag später, am Donnerstag, von seiner neuen Wohnung ab und wir fuhren zum „La Villetta". Alex war wieder gesprächig und gut gelaunt. An seiner enormen geistigen Beweglichkeit hatte sich nichts verändert. Nur sein Rücken machte ihm zu schaffen. Alex bestellte sich sein Essen und trank dazu wie gewohnt ein Glas Bier. Anschließend genoss er wie seit Jahren einen Cappuccino. Ein paar nette Worte und ein gutes Trinkgeld für die Bedienung fehlten ebenfalls nicht. Anschließend brachte ich Alex wieder nach Hause und dachte, es werde mit ihm weiter aufwärtsgehen und das nächste Treffen würde nicht lange auf sich warten lassen. Alex wird bestimmt noch hundert Jahre alt.

Abb. 88: Das letzte gemeinsame Bild von Alex Ebstein mit seinem Sohn Werner, 2014

Nachricht von Alex' Tod

Am nächsten Morgen, Freitag in der Früh, fand ich eine Nachricht von Werner Ebstein, Alex' Sohn aus den USA, vor:

„Lieber Christoph,
heute Nacht starb mein Vater.
Liebe Grüße von Werner".

Nach unserem Treffen hatte Alex am Abend noch mit seinem Sohn telefoniert. Alex sagte seinem Sohn, ihm sei schwindelig. Werner empfahl seinem Vater, sich hinzulegen und zu erholen. „Ich werde dich morgen noch mal anrufen, wenn du dich wieder besser fühlst." Doch es gab kein Morgen. Sein Vater war in seinem gemütlichen Sessel eingeschlafen und nicht wieder aufgewacht.

Die Nachricht von Alex' Tod traf mich völlig überraschend und ich war sehr betroffen. Sofort wurde mir bewusst: Alex hatte seine letzten Lebensstunden mit mir verbracht, bevor er in seine Wohnung ging und starb. Diese Vorstellung vermittelte mir ein Gefühl der Dankbarkeit. Und es freute mich, Alex' Wunsch erfüllt zu haben, noch einmal mit ihm in sein Lieblingslokal zu gehen.

Alex hatte wiederholt den Wunsch geäußert, bald friedlich einzuschlafen. In der Nacht vom 26. auf den 27. Februar 2015 war sein Wunsch in Erfüllung gegangen. So wirkte auch Alex' letzter Schritt auf mich, wie viele seiner Schritte zuvor. Irgendwie passte alles und war wie aufeinander abgestimmt. Als hätte er auch seinen letzten Lebenstag vorher klug organisiert.

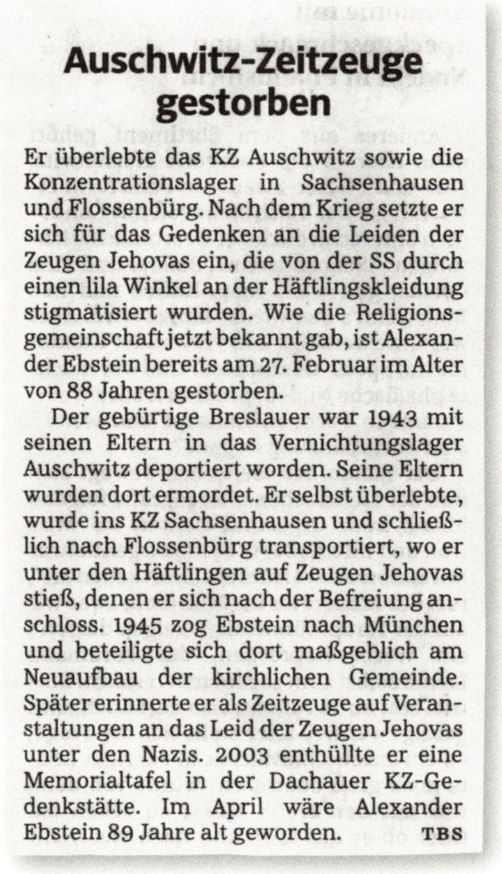

Auschwitz-Zeitzeuge gestorben

Er überlebte das KZ Auschwitz sowie die Konzentrationslager in Sachsenhausen und Flossenbürg. Nach dem Krieg setzte er sich für das Gedenken an die Leiden der Zeugen Jehovas ein, die von der SS durch einen lila Winkel an der Häftlingskleidung stigmatisiert wurden. Wie die Religionsgemeinschaft jetzt bekannt gab, ist Alexander Ebstein bereits am 27. Februar im Alter von 88 Jahren gestorben.

Der gebürtige Breslauer war 1943 mit seinen Eltern in das Vernichtungslager Auschwitz deportiert worden. Seine Eltern wurden dort ermordet. Er selbst überlebte, wurde ins KZ Sachsenhausen und schließlich nach Flossenbürg transportiert, wo er unter den Häftlingen auf Zeugen Jehovas stieß, denen er sich nach der Befreiung anschloss. 1945 zog Ebstein nach München und beteiligte sich dort maßgeblich am Neuaufbau der kirchlichen Gemeinde. Später erinnerte er als Zeitzeuge auf Veranstaltungen an das Leid der Zeugen Jehovas unter den Nazis. 2003 enthüllte er eine Memorialtafel in der Dachauer KZ-Gedenkstätte. Im April wäre Alexander Ebstein 89 Jahre alt geworden. TBS

Abb. 89: Bericht über den Tod von Alex Ebstein, Süddeutsche Zeitung vom 9. März 2015

Kein Gast, sondern ein Freund

Zur Trauerfeier kamen viele Freunde, Verwandte und Nachbarn, ja selbst ehemalige Arbeitskollegen. Eine Nachbarin äußerte Wochen danach, dass ihr Alex fehlen würde. Alex nahm sich immer Zeit für andere Menschen, überall wo er auf sie traf. Das wird nun vermisst.

Alex war mehr als zwanzig Jahre Gast des Lokals „La Villetta“, oft mehrmals in der Woche und auch an seinem letzten Lebenstag. Ich übergab dem Wirt Giuseppe Carlucci im Beisein von Werner Ebstein den SZ-Artikel über den Tod von Alex. Auf meine Bemerkung, Alex sei ja viele Jahre Gast in seinem Hause gewesen, erwiderte der Wirt: „Alex war kein Gast, sondern ein Freund. Wir haben uns oft unterhalten, auch über seine Verfolgung und über die Zeugen Jehovas.“[4)]

*Abb. 90:
Ein über viele Jahre gern gesehener Gast. Alex vor dem Lokal „La Villetta“, 2010*

„Alex war kein Gast, sondern ein Freund.“

Giuseppe Carlucci

4) *Giuseppe Carlucci, 12.3.2015.*

KAPITEL 8

Rückblick

„Ich bin nur ein Staubkörnchen im Universum"

Alex Ebstein

Nach den vielen Grausamkeiten, die Alex Ebstein und seine jüdische Familie unter Hitler durchmachen mussten, navigierte sich Alex, auch Dank zahlreicher Hilfestellungen und glücklicher äußerer Faktoren, klug durch die Verfolgungszeit und fand nach dem Ende des NS-Regimes zu einem befriedigenden Leben, das bis zu seinem plötzlichen Tod im Alter von fast 89 Jahren anhielt.

Obgleich viele Menschen der deutschen Nachkriegsgesellschaft noch wenige Jahre zuvor weggeschaut, zugestimmt oder sich sogar beteiligt hatten, als ihre jüdischen Mitbürgerinnen und Mitbürger verfolgt und vernichtet wurden, war Alex in der Lage, bei seinen Mitmenschen positive Eigenschaften wahrzunehmen. Er hatte sich seine Bereitschaft bewahrt, aufgeschlossen und positiv auf andere zuzugehen. Alex war trotz allem nicht verbittert, sondern schaute nach vorn, und hörte niemals auf, anzufangen. Diese Haltung, die möglicherweise zu seinem Überleben beigetragen hatte, half ihm auch nach der NS-Zeit, sich wieder erfolgreich in die Gesellschaft einzugliedern und mit neuen Belastungen, die auf ihn zukamen, ausgeglichen umzugehen.

Seine Fähigkeit, sich auf das Positive zu konzentrieren, half ihm, kontaktfreudig zu bleiben. Und er liebte es, mit Menschen ins Gespräch zu kommen, und interessierte sich für sie. Bis ins hohe Alter, ja, bis an seinem letzten Lebenstag, sprach er Menschen an. Und er wurde angesprochen, weil sich Menschen an ihn erinnerten. Alex freute sich darüber, besonders wenn sie auch seinen Namen kannten.

Alex' Biografie hätte deshalb auch den Titel „Begegnungen" tragen können. Ob im privaten Umfeld, im Berufsleben oder auf Reisen, als Zeuge Jehovas oder Zeitzeuge: Alex suchte den Kontakt. Und er wurde dafür in seinem Leben reich belohnt. Seine wichtigste und schönste Begegnung war sicher, als er 1945 seine Frau Luise kennenlernte. Ihr Tod mehr als sechzig Jahre danach, im Jahr 2006, war ein schwerer Verlust für ihn. Seine hässlichste Begegnung war Adolf Hitler. Sein Aufeinandertreffen mit dem Bibelforscher Daniel Budakowsky im Konzentrationslager Flossenbürg sollte sein Leben wie kein anderes Ereignis zuvor oder danach so nachhaltig prägen. Alex selbst bezeichnete diese Begegnung als den Wendepunkt seines Lebens.

2008 traf Alex den Holocaust-Überlebenden Imo Moszkowicz, dem sehr erfolgreichen Regisseur.[1] Es gab auch Begegnungen mit bedeutenden Politikern, wie in den 1990er Jahren, als Alex bei einer Veranstaltung in der Dachauer KZ-Gedenkstätte kurz mit einem rumänischen Staatsmann sprechen konnte. Dies war ihm nur möglich, weil er als Auschwitz-Überlebender großes Vertrauen genoss.

Von Ottfried Fischer[2] erhielt Alex einmal eine Einladung in den nach diesem benannten und berühmten „Ottis Schlachthof". Doch sein Stuhl blieb leer, weil er seine Zusage wieder zurückzog. Kurz vor der Sendung hatte Alex erfahren, dass auch ein „Abtrünniger" eingeladen worden war, also ein ehemaliger Zeuge Jehovas, der nun öffentlich gegen die Gemeinschaft Position bezog, die Alex während und nach seiner KZ-Zeit so zu schätzen gelernt hatte. An der Einladung festzuhalten, wäre für ihn etwa so gewesen, als würde er sich mit jemandem an den selben Tisch setzen, der seine geliebte Familie in den Schmutz zieht und verleumdet. Vielleicht ist dieser Vergleich eine Hilfe, die Haltung von Alex nachzuvollziehen.

Durch die von Verfolgung und Entbehrungen geprägten Jahre hatte Alex' gelernt, wie kostbar das Leben ist. Das zeigte sich in seiner ganzen Lebensführung. Das Reisen war ein Teil seines erfüllten Lebens. Alex reiste meist aus Lebensfreude, die er zurückgewonnen hatte. Aber er konnte seine Vergangenheit niemals abschütteln. Der Holocaust war sein ständiger Begleiter, auch auf seinen Reisen. Entweder kam Alex selbst auf seine Vergangenheit als verfolgter Jude zu sprechen, meist nur durch eine kurze Bemerkung, oder er wurde von anderen darauf angesprochen. Und er war auf seinen Reisen nicht nur Zeitzeuge, sondern auch Zeuge, Zeuge Jehovas. Alex suchte den Kontakt und er stieß immer wieder auf Menschen, die sich für ihn, das wandelnde Geschichtsbuch, interessierten. In seinen Gesprächen baute Alex auch gern einmal ein kurzes Zitat aus der Bibel ein, zum Beispiel als er 2012 beim Jahrestreffen der KZ-Überlebenden in Flossenbürg ein längeres Gespräch mit dem Programmdirektor eines bedeutenden Fernsehsenders führte.

Anfang der 1970er Jahre reiste Alex mit seiner Frau nach Jerusalem. Dort trafen sie auf Frau Schwabacher, Luises ehemalige jüdische Nachbarin. Bei seinen Amerika-Reisen genoss es Alex, mit großen amerikanischen Limousinen zu fahren, damals aus europäischer Sicht Traumfahrzeuge und Symbole des Wohlstands des Landes der unbegrenzten Möglichkeiten, wie man meinte. Alex war ein weltoffener Mensch, aber kein Materialist, sondern im Gegenteil bescheiden und zurückhaltend. Seine freundliche, ruhige Ausstrahlung wirkte auf Menschen anziehend. Mit der von ihm wiederholt gewählten Formulierung „Ich bin nur ein Staubkörnchen im Universum" wollte er betonen, als wie unbedeutend er sich sah. Ein Staubkörnchen auf der Erde hat keinen Wert, wie viel weniger im Universum.

---

1) Vgl. Vorwort, S. 11. Imos 1958 geborener Sohn Martin Moszkowicz ist Filmproduzent und Vorsitzender der Constantin Film AG, der erfolgreichsten deutschen Filmproduktionsgesellschaft.

2) Schauspieler („Der Bulle von Tölz", 1995 bis 2009), Kabarettist („Ottis Schlachthof", 1995 bis 2012).

Abb. 91: Paula Ebstein, ihre beiden Töchter Ursula Kersh (ganz rechts) und Rosy Eisenberg sowie Alex Ebstein auf Coney Island, New York, 1953

Einige seiner Verwandten, die den Holocaust überlebten, hatte es nach Amerika verschlagen. Noch heute lebt eine seiner Cousinen, Ursula (Ulla) Kersh, in Florida. Sie ist die Tochter seines Onkels Josef Ebstein. Ulla ist eine konservative gläubige Jüdin. Alex hatte regelmäßig mit ihr telefoniert. Sie ist inzwischen neunzig Jahre alt.[3] Ullas Schwester Rosy lebt ebenfalls in den USA.

Auch die Reise mit seiner Frau 1993 nach Palermo, Sizilien, war ein Erlebnis, an das sich Alex gern zurückerinnerte. Zu verdanken hatte er diese Reise einer weiteren Begegnung, seinem Kontakt mit dem Münchner Filmemacher Wolf Gaudlitz, der Alex und Luise begleitete.[4] In Palermo kam es zu einem Treffen mit Leoluca Orlando, dem Oberbürgermeister der sizilianischen Stadt, der sich für Alex' Erfahrungen während der NS-Zeit interessierte.

Selbst als Alex mit seiner Frau 1997 den gemeinsamen Sohn Werner und dessen Familie in Kalifornien besuchte, holte ihn seine Vergangenheit ein. Robert Buckley vom United States Holocaust Memorial Museum, Washington, D.C., nutzte die Gelegenheit, um ein Interview mit ihm aufzuzeichnen.[5] Jahre später, 2011, machte Robert Buckley im Rahmen einer Europareise einen Gegenbesuch bei Alex in München.

---

3) Im Jahr 2019.
4) Wolf Gaudlitz ist bekannt durch Filme wie „Palermo flüstert" und „Taxi Lisboa".
5) Siehe S. 111, Fußnote 3.

Abb. 92: Robert Buckley vom USHMM, Alexander Ebstein, Christoph Wilker (von links nach rechts), 2011

Im Laufe der Jahre lernte Alex zahlreiche Zeitzeugen kennen, darunter Jack Terry,[6] Martin und Gertrud Pötzinger,[7] Max Liebster und die Münchner Familie Glasner,[8] um nur wenige zu nennen. Und natürlich kannte er den engagierten und beliebten Zeitzeugen Max Mannheimer, der Auschwitz und weitere Konzentrationslager überlebte und nach dem Krieg wie Alex nach München zog.[9]

Doch begonnen hat alles in Breslau, Alex' Geburtsstadt. Und nach vielen guten Jahren in München fühlte er sich als Münchner. München war seine Heimatstadt geworden, obwohl sie einmal die Hauptstadt einer nicht nur für ihn grausamen Bewegung war. Zu den Freundschaften, die er im Laufe der Jahrzehnte in München schloss, gehörten Peter Doll, Franz Klupp und Daniel Thio, Zeugen Jehovas, die er sehr schätzte. Daniel Thio erinnert sich: „Alex konnte in den verschiedensten Situationen gut auf die Menschen eingehen, ungeachtet ihres Alters, ihrer Bildung oder sozialen Stellung. Schon als Jugendlicher habe ich an ihm bewundert, dass er schwierige Sachverhalte äußerst einfach und anschaulich erklären konnte."[10]

---

6) *Jack Terry, geboren 1930, der jüngste überlebende Häftling des KZ Flossenbürg, Mitglied im Stiftungsrat der Stiftung bayerischer Gedenkstätten, Sprecher der ehemaligen Häftlinge des KZ Flossenbürg.*

7) *Martin und Gertrud Pötzinger wurden beide wegen der Verbreitung von Protestflugblättern der Zeugen Jehovas von NS-Sondergerichten verurteilt und waren viele Jahre in verschiedenen Konzentrationslagern. (Nerdinger / Wilker, Verfolgung, S. 135.)*

8) *Die Biografie von Rita Berger, Tochter von Ludwig und Katharina Glasner, beinhaltet auch die Lebensberichte ihrer Eltern: Ich hatte eine gerade Linie, der ich folgte – Die Geschichte von Rita Glasner, einem Bibelforscherkind im „Dritten Reich", München 2015.*

9) *Max Mannheimer (1920–2016) war seit 1990 Präsident der Lagergemeinschaft Dachau, seit 1995 Vizepräsident des internationalen Dachau Komitees. Seit 2018 erinnert der Platz vor dem NS-Dokumentationszentrum München an den Überlebenden des Holocaust und unermüdlichen Zeitzeugen.*

10) *Alex gehörte derselben Gemeinde der Zeugen Jehovas an wie Daniel Thio. Alex bestimmte ihn in seinem Testament, seine Trauerrede zu halten.*

Abb. 93: Alex mit Franz und Sigrid Klupp, die zu den wichtigen Weggefährten seiner religiösen Aktivitäten zählten, 2013

Auch Helmut und Roswitha Echtle, Walter und Veronika Köbe sowie Wolfram und Karin Slupina zählen zu bedeutenden Begegnungen in seinem Leben. Die Ehepaare sind seit vielen Jahren im zentraleuropäischen Büro der Zeugen Jehovas in Selters / Taunus tätig. Alex' Kinder Ruth und Werner werden hier nicht erwähnt, weil sie nicht Begegnungen, sondern Teil seines Lebens waren. Das gilt auch für deren Ehepartner.[11)]

Wie Noah Klieger schrieb Alex sein Überleben des Holocaust „Wundern" zu und nicht seinen eigenen Fähigkeiten. Er tat es aus der Sicht eines gläubigen Menschen, anders als Noah Klieger, der mit den von ihm erwähnten Wundern offenbar etwas anderes meinte und in Bezug auf die hohe Unwahrscheinlichkeit, Auschwitz zu überleben, von nicht nur einem, sondern vielen Wundern sprach. In seinem handschriftlichen Lebenslauf dankte Alex Jehova, die NS-Zeit überlebt zu haben, weil er überzeugt war, dass Gott der Quell allen Lebens ist. Es war Ausdruck seiner großen grundsätzlichen Dankbarkeit für das nach seinen Erfahrungen noch wertvoller gewordene Leben, keine religiöse Bewertung des Holocaust.

Alex' Stärken

Vier ausgeprägte Stärken zeichneten Alex aus: Sein über aktuelle Vorkommnisse hinausschauendes positives Denken, seine Kontaktfreude und sein Instinkt für kluge Entscheidungen, verbunden mit einer guten Beobachtungsgabe. Eine vierte Eigenschaft hatte er sich in der Nachkriegszeit erworben und weiterentwickelt: sein Gottvertrauen. In der Summe vermittelten ihm seine Stärken ein gesundes

11) Werners Ehefrau Michelle Ebstein starb 2003. Seit 2010 ist er mit Sasha Sarai verheiratet. Ruths Ehemann Stefan Borrmann starb 2019.

Selbstvertrauen, eine gelassene und positive Ausstrahlung auf andere und ein stabiles Leben.

Doch geprägt haben Alex vor allem seine Erfahrungen unter dem NS-Regime, zunächst in seiner Heimatstadt Breslau, dann in den Konzentrationslagern Auschwitz, Sachsenhausen und Flossenbürg und schließlich während der zwei Todesmärsche, die er ebenfalls durchleiden musste. Er hatte vieles zurücklassen müssen, vor allem seine Schwester und seine Eltern.

Nach dem Krieg baute er sich ein neues, glückliches Leben in seiner neuen Heimatstadt München auf. Die Religionsgemeinschaft der Zeugen Jehovas wurde zu seiner geistigen Heimat. In ihren Reihen fand er seine Frau Luise und gründete eine Familie. Sein Sohn Werner schenkte ihm drei Enkelkinder und zwei Urenkelkinder, auf die er sehr stolz war.

Alex hinterließ ein beachtliches geistiges Erbe, das die Niederschrift der vorliegenden Biografie rechtfertigte. Auf ein Schreiben,[12)] in dem die tolerante und weltoffene Art von Alex Ebstein gewürdigt wurde, antwortete seine Cousine Ursula Kersh zustimmend:

„Ja, das war unser Alex!!!!"

Ursula Kersh

Abb. 94: Alex Ebstein, 2010

12) *E-Mail des Autors an Ursula Kersh, 19.6.2018. Antwort-E-Mail von Ursula Kersh, 19.6.2018.*

ANHANG

1. BIOGRAFISCHER ANHANG

Das Schicksal der Verwandten von Alex

„Alle sind irgendwie entwurzelt."

Alex Ebstein über seine Verwandten, die den Holocaust überlebten

Mit dem Begriff „entwurzelt" beschrieb Alex seine Erfahrungen und Beobachtungen bezüglich seiner Verwandten, die den Holocaust überlebten. Neben der unvorstellbar hohen Zahl von Toten verloren die meisten überlebenden europäischen Juden mit ihrer Heimat, ihren Verwandten und ihrem Wirkungskreis einen wesentlichen Teil ihrer Identität. Dies wollte Alex mit dem Begriff „entwurzelt" zum Ausdruck bringen. Bedrückt berichtete er, wie seine Verwandtschaft unter der NS-Verfolgung schwer gelitten hatte und auseinandergerissen wurde.

Die nachfolgende Übersicht soll die Einordnung von Alex' Verwandten erleichtern.

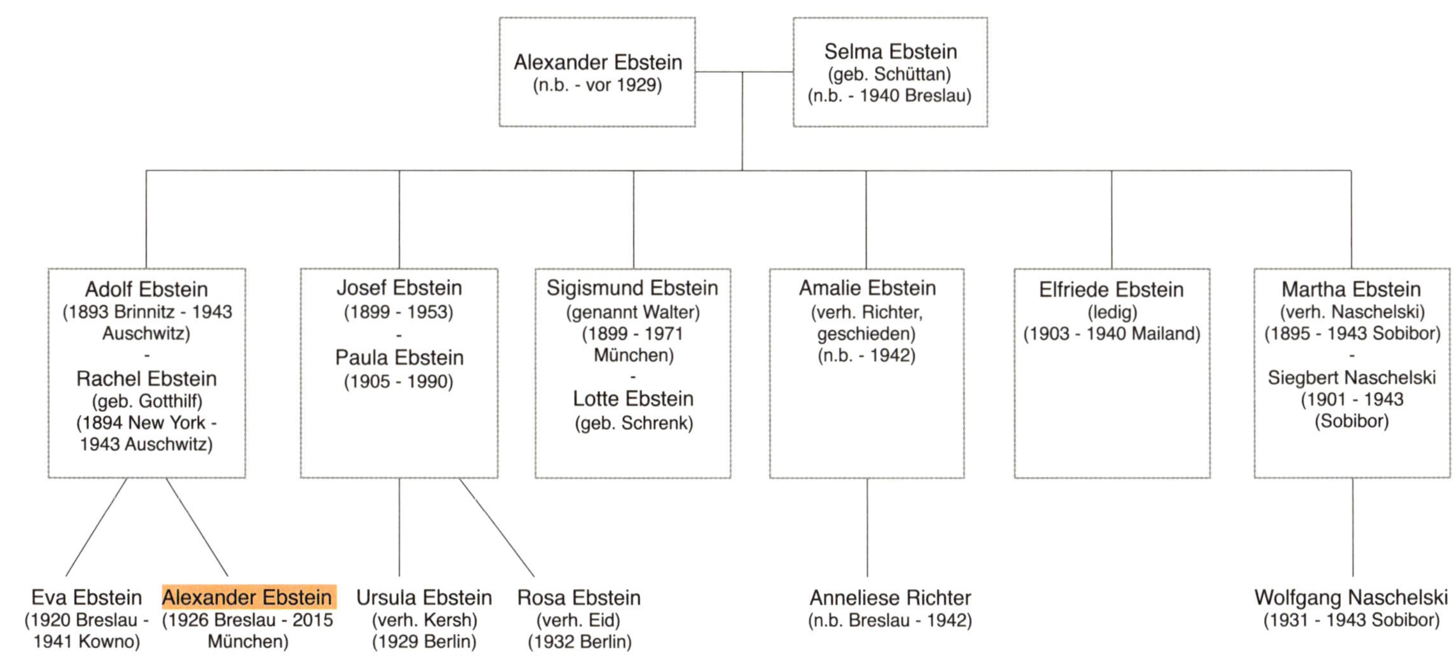

Abb. 95:
Die Familie von Alexander und Selma Ebstein, den Großeltern von Alex (drei Generationen)

Abb. 96: Familienfoto anlässlich der Hochzeit von Sigismund Ebstein, Breslau, 8. November 1936. Von links nach rechts: Amalie Richter, n. b., Adolf Ebstein, Selma Ebstein, Rachel Ebstein (oben), n. b., Eva Ebstein (oben), Charlotte Ebstein, Elfriede Ebstein, Josef Ebstein, Sigismund Ebstein, Anneliese Richter, Alex Ebstein (unten), n. b.

Adolf Ebstein, der Vater von Alex, hatte zwei Brüder, die Zwillingsbrüder Josef und Sigismund, sowie drei Schwestern, Elfriede (Frieda), Martha und Amalie. Bis auf Elfriede hatten alle geheiratet. Die Familie (zwei Generationen, ohne Alexander und Selma Ebstein, die vor Beginn der NS-Zeit bzw. den Vernichtungsmaßnahmen gestorben waren), bestand damit aus insgesamt 16 Personen, zehn Erwachsenen und sechs Kindern. Von diesen wurden acht, fünf Erwachsene und drei Kinder, von den Nationalsozialisten getötet.

Adolf und Rachel Ebstein, die Eltern von Alex, wurden im Vernichtungslager Auschwitz-Birkenau ermordet. Alex' Schwester Eva wurde von den Nationalsozialisten in Kowno erschossen.[1)] Martha Naschelski, geborene Ebstein, ihren Mann Siegbert und deren Sohn Wolfgang ermordeten die Nationalsozialisten im Vernichtungslager Sobibor.[2)] Amalie Richter, geborene Ebstein, und ihre Tochter Anneliese wurden ebenfalls ermordet.[3)] Alex' Großeltern waren von der NS-Verfolgung nicht betroffen. Sein Großvater starb vor 1929, seine Großmutter ebenfalls vor Beginn des NS-Vernichtungsprogramms. Der geschiedene Ehemann von Amalie Richter hatte keine jüdischen Wurzeln.

1) Zur Ermordung von Adolf, Rachel und Eva Ebstein: siehe Kapitel 2.
2) Vgl. S. 155 f., Fußnote 22.
3) Vgl. S. 156, Fußnote 23.

Die Zwillingsbrüder Josef und Sigismund sowie Frieda Ebstein konnten sich dem Zugriff der Nationalsozialisten entziehen. Drei Kinder überlebten: Alex und die beiden Töchter von Josef Ebstein, Ursula (Ulla) und Rosa-Charlotte (Rosy).

Josef Ebstein und Familie

Der 1899 geborene Josef Ebstein war Kürschnermeister und lebte in Berlin. Der Onkel von Alex ging im Frühjahr 1938 mit seiner 1905 geborenen Frau Paula, der 1929 geborenen Tochter Ursula, der 1932 geborenen Tochter Rosa-Charlotte, genannt Rosy, und seiner Schwester Elfriede nach Italien, noch bevor in jüdische Ausweise ein „J" eingetragen wurde.[4)] Alex berichtete, dass es zu dieser Zeit noch ganz offiziell möglich war auszuwandern, sogar mit Umzugskisten. Nach der Pogromnacht vom 8./9. November 1938, seien Ausreisen noch eine Zeit lang mit Koffern möglich gewesen.

> *„Alle sagten, sie gingen vom Regen in die Traufe, von Hitler zu Mussolini. Doch tatsächlich ging es ihnen in Italien gut."*

Die Italiener halfen der Familie sogar, sich zum Schutz falsche Papiere zu besorgen. Josefs Tochter Ursula Kersh bemerkte 2018 über die Auswanderung nach Italien: „Ich danke meinem Vater jeden Tag, dass er die Vorsicht hatte, Deutschland zu verlassen. Wir hatten deutsche Papiere und hatten kein Problem, nach Milano auszuwandern, kurz nach dem Anschluss Österreichs, im April 1938. Alles war schön und gut, meine Oma mütterlicherseits kam auch zu uns."[5)]

Ursula arbeitete mit falschen Papieren für Telefunken in Mailand. Sie besorgte dort auch für ihren Vater falsche Papiere. Wenn das herausgekommen wäre, hätte man sie wegen Spionageverdacht verurteilt und ermordet, erzählte Alex. Sie freundete sich mit einem verheirateten deutschen Offizier an. Obwohl er Ullas jüdische Herkunft kannte, war er hilfsbereit. Ursula über ihn: „Er hat meiner Familie geholfen und ohne seine Hilfe hätten wir wohl nicht überlebt."[6)]

Josef Ebstein hatte sich mit seiner Familie und seiner Schwester Elfriede rechtzeitig nach Mailand abgesetzt. Doch die Zeiten blieben nicht ohne Probleme. Frieda (Elfriede) Ebstein verstarb 1940 in Genua bei der Entbindung ihrer Tochter. Das Baby starb ebenfalls. Die Familie von Josef Ebstein hielt sich mit Frieda Ebstein in Genua auf, weil sie geplant hatten, am 1. September 1939 mit dem Schiff nach Bolivien auszuwandern. Doch die italienischen Behörden ließen sie nicht ausreisen, weil die Visa in Frankreich ausgestellt worden waren.

1940 wurde Josef Ebstein wegen der durch Mussolini verschärften Gesetze verhaftet und in das im Juni 1940 für jüdische Internierte eröffnete Lager Ferramonti di Tarsia in Kalabrien, Süditalien, 35 Kilometer von Cosenza, deportiert. Nach mehreren Monaten kamen die anderen Mitglieder der Familie, einschließlich der Schwiegermutter

4) Grundlage der Regelung war die Verordnung über Reisepässe von Juden vom 5.10.1938, vgl. S. 21 f.
5) E-Mail Ursula Kersh an den Autor, 14.7.2018.
6) E-Mail Ursula Kersh an den Autor, 24.12.2018.

von Josef Ebstein, ebenfalls in das Internierungslager. Ursula Kersh: „Das KZ Ferramonti hatte überhaupt keine Ähnlichkeit mit den Nazi-KZ's."[7]

Abb. 97: Ursula Kersh, Alex' Cousine, Mailand, 1948

In einer Studie heißt es über das KZ Ferramonti: „Von Juni 1940 bis August 1943 waren dort zwischen 1.500 und 2.000 ausländische, staatenlos gewordene und einige italienische Juden, sowie Menschen aus den italienisch besetzten Gebieten [...] und italienische Antifaschisten interniert. Ferramonti di Tarsia war eines der größten der vom Mussolini-Regime errichteten ca. 50 Lager und das größte italienische Konzentrationslager für ausländische Juden und Staatenlose. Trotz der ungesunden malariaverseuchten Gegend herrschten im Lager für die Internierten erträgliche Zustände. Die Lagerleitung erlaubte den Gefangenen, soziale Einrichtungen wie Kindergarten und Schule, eine Krankenstation, eine Bibliothek und ein Theater einzurichten. Es gab eine Synagoge sowie eine katholische und orthodoxe Kapelle. Während des Krieges konnten die Insassen ihre Lebensbedingungen durch Arbeiten außerhalb des Lagers verbessern [...]. Am 14. September 1943 wurde das Lager von einer Vorhut der britischen Armee befreit."[8]

Josef Ebsteins Entscheidung, nach Italien zu flüchten, hat ihm und seiner Familie vermutlich das Leben gerettet. Im Juni 1948 konnte er mit seiner Familie in die USA emigrieren. Ursula hatte inzwischen geheiratet. Doch ihr aus Polen stammender Ehemann Jakob Kersh blieb zunächst in Italien, weil er kein Visum erhalten hatte. Ursula gelang es dann 1949, für ihren Mann ein Visum für Kanada zu erhalten. Ursula und Jakob Kersh lebten in Montreal, bis sie ein US-Visum für Jakob erhielten.[9]

Ursula Kersh ist inzwischen neunzig Jahre alt[10] und gläubige Jüdin. Ihren religiösen Standort bezeichnet sie als „modern konservativ jüdisch".[11] „Juedisch orthodox ist

7) E-Mail Ursula Kersh an den Autor, 24.12.2018.
8) Gedenkorte Europa, Studienkreis Deutscher Widerstand 1933–1945, abrufbar unter: www.gedenkorte-europa.eu/de_de/article-ferramonti-di-tarsia.html (abgerufen am 10.4.2019).
9) E-Mail Ursula Kersh an den Autor, 29.1.2019.
10) Im Jahr 2019.
11) Die meisten Juden leben heute in Israel und in den USA. Gemäß einer Studie aus dem Jahr 2013 bilden die Reformjuden mit einem Anteil von 35 % die größte Gruppe der Juden in den USA, gefolgt von den konservativen (18 %) und den orthodoxen Juden (10 %). 22 % bezeichnen sich als nicht religiös. (Abrufbar unter: https://www.pewforum.org/2013/10/01/jewish-american-beliefs-attitudes-culture-survey/, abgerufen am 16.5.2019.) 81 % der erwachsenen Bevölkerung Israels bezeichnen sich als jüdisch (2016). Die Prozentpunkte verteilen sich auf folgende Kategorien: 40 % säkular, 23 % traditionell, 10 % religiös und 8 % ultraorthodox. (Abrufbar unter: www.forum.org/2016/03/08/israels-religiously-divided-society, abgerufen am 16.5.2019.)

mir zuviel, liberal ist mir zu wenig, ich gehoere [...] einer konservativen Synagoge an. Das ist der Mittelweg."[12] Alex stand mit ihr bis zu seinem Tod in regelmäßigem telefonischem Kontakt. In ihren Telefonaten mit Alex erwähnte sie oft ihren Rabbiner, bei dem sie sich gern erkundigt, wenn sie Fragen hat, erzählte Alex. Alex und Ursula verstanden sich gut. Alex hatte auch telefonischen Kontakt zu Ursulas Schwester Rosy. Ulla und Rosy sprechen noch heute perfekt Italienisch – neben Deutsch und Englisch. Sie haben jeweils eine Tochter. Ursulas Tochter Ginny wurde 1948 in New York geboren.

Ursula Kersh hat nach dem Krieg über viele Jahre von New York, später von Florida aus mit dem deutschen Staat Verhandlungen zur Wiedergutmachung für jüdische Holocaust-Opfer geführt. „Ich habe 13 Jahre bei einem Anwalt in New York gearbeitet und dann in Florida selbständig. [...] Deutsche Juden hatten wir nur wenige, die meisten waren polnische Juden. Wir stellten Anträge fuer Wiedergutmachungspensionen, Medikamente für anerkannte Leiden (bis sie fuer MEDICARE anerkannt wurden mit 65 Jahren), dann in 1997 kam ein neues Gesetz durch fuer Sozialversicherungsantraege fuer Ghetto Arbeiten. In New York hatten wir tausende von Mandanten, in Florida auch einige Hunderte. Fuer die deutschen Juden und auch fuer die polnischen stellten wir auch Antraege fuer verlorenen Besitz [...]."[13]

Abb. 98: Rosy Ebstein, Alex' Cousine, Mailand, 1948

2012 erhielt Ursula Kersh für ihre Verdienste die Auszeichnung „Woman of Valor", eine von „Israel Bonds"[14] verliehene Ehrung.

Rosy heiratete einen polnischen Juden, der in Russland den Holocaust überlebt hatte und als russischer Offizier Berlin befreite. Die Ehe wurde geschieden. Später heiratete sie den damaligen CEO von Egypt Air für Nordamerika, mit dem sie in New York lebte. Die Ehe, aus der die Tochter Ava (Eva) hervorging, wurde ebenfalls geschieden. Rosy heiratete zum dritten Mal und lebte mit dem deutsch-jüdischen Anwalt Max Berne endlich in einer sehr glücklicher Ehe. Die heute 87-Jährige[15] ist inzwischen verwitwet. Sie lebt seit einigen Jahren bei ihrer Tochter Ava Eid Aris, ihrem Schwiegersohn Hassan und ihrem achtjährigen Enkelsohn Adam.[16]

12) E-Mail Ursula Kersh an den Autor, 26.7.2018.
13) Ebd.
14) Die Development Corporation für Israel / Israel Bonds wurde 1951 gegründet und zählt zu Israels wichtigsten strategischen und wirtschaftlichen Ressourcen. Israel Bonds, abrufbar unter: www.israelbondsintl.com/about-de/ (abgerufen am 10.4.2019).
15) Im Jahr 2019.
16) E-Mail Ursula Kersh an den Autor, 28.1.2019.

Abb. 99: Ursula Kersh (Bildmitte) mit ihrer Schwester Rosy Eid (links), 2001

Josef Ebstein verstarb „leider jung am 9. Juni 1953",[17] seine Frau Paula im Juni 1990. Ursula Kersh leidet noch heute darunter, dass einige ihrer Verwandten ermordet wurden. Die NS-Zeit war eine „sehr schmerzhafte, furchtbare, schwierige Zeit für mich."[18] 2019 bestätigte sie: „Was die Holocaust Zeit betrifft, habe ich viel mitgemacht, viel gelesen, alle meine Freunde sind KZ Ueberlebende, lese, lese und wieder lese darueber, ABER ich kann es nicht glauben, verstehen."[19]

Martha Naschelski, geborene Ebstein, und Familie

Die in Dammratsch bei Oppeln ansässige Familie Naschelski emigrierte nach Holland.[20] Martha war so wagemutig und reiste kurz vor dem Krieg noch einmal nach Deutschland. Laut Alex war das die Ursache dafür, dass Martha und ihr Mann Siegbert, zurück in Holland, von den Nazis gefasst wurden. Mit ihrem 1931 in Breslau geborenen Sohn Wolfgang wurden sie in das Anfang 1942 errichtete Vernichtungslager Sobibor[21] im deutsch-besetzten Polen deportiert. Am 11. Juni 1943 wurden sie dort ermordet.[22]

---

17) *E-Mail Ursula Kersh an den Autor, 19.7.2018.*
18) *E-Mail Ursula Kersh an den Autor, 22.7.2018.*
19) *E-Mail Ursula Kersh an den Autor, 8.1.2019.*
20) *Der Zeitpunkt ist nicht bekannt.*
21) *„Ein Vernichtungslager, das im Rahmen der ‚Aktion Reinhard' nahe des Dorfes Sobibor, im östlichen Teil des Distrikts Lublin in Polen errichtet wurde. Die Vernichtungstätigkeit im Lager begann im Mai 1942. In der gesamten Zeit, in der das Lager in Betrieb war, wurden dort etwa 250,000 Juden ermordet." Website Yad Vashem, abrufbar unter: www.yadvashem.org/de/holocaust/lexicon.html (abgerufen am 10.4.2019).*
22) *Website Yad Vashem: Martha Naschelski, abrufbar unter: yvng.yadvashem.org/index.html?language=de&s_lastName=Naschelski&s_firstName=Martha&s_place=&s_dateOfBirth= (abgerufen*

Amalie Richter, geborene Ebstein, und Familie

Amalies Ehemann war evangelisch. Sie hatten eine Tochter namens Anneliese. Die Familie kam ursprünglich aus der Nähe von Oppeln und zog später nach Breslau. Das Paar ließ sich schon vor der Nazi-Zeit scheiden. Anneliese hätte die Möglichkeit gehabt, bei ihrem nichtjüdischen Vater zu leben, der ihr angeboten hatte, bei ihm zu wohnen. Sie wäre dort geschützt gewesen, erzählte Alex, doch sie entschied sich für die Mutter, die sie nicht im Stich lassen wollte. Diese Entscheidung kostete Anneliese das Leben. Denn Mutter und Tochter wurden von den Nationalsozialisten ermordet.[23] Alex erwähnte in seinem Lebenslauf, dass seine Familie 1942 einen Brief von Amalie und Anneliese aus Litzmannstadt[24] erhielt. Zu dieser Zeit befanden sie sich im dortigen Ghetto, einem Sammellager („Judenghetto") der Nationalsozialisten. Es diente hauptsächlich als Zwischenstation vor der Deportation in die NS-Vernichtungslager.

Abb. 100: Anneliese Richter, Alex' Cousine, 1942

Auf der Rückseite eines Fotos von Anneliese hatte Alex vermerkt: „Anneliese Richter, geboren ... Breslau, vorsätzlich heimtückisch ermordet vom deutschen Staat 1942. Ruth 1:16, 17."[25] Auf der Rückseite des Fotos seiner Schwester Eva steht: „Eva Ebstein, geb. 25.10.1920 Breslau vorsätzlich heimtückisch ermordet vom deutschen Staat 1941."

---

am 10.4.2019). Siegbert Naschelski, abrufbar unter: yvng.yadvashem.org/index.html?language=de&s_lastName=Naschelski&s_firstName=Siegbert&s_place=&s_dateOfBirth= (abgerufen am 10.4.2019). Wolfgang Naschelski, abrufbar unter: yvng.yadvashem.org/index.html?language=de&s_lastName=Naschelski&s_firstName=Wolfgang&s_place=&s_dateOfBirth= (abgerufen am 10.4.2019). Informationen zur Ermordung von Siegbert und Wolfgang Naschelski am 11.6.1943 in Sobibor ist außerdem abrufbar unter: sites.google.com/site/oorlogsvermisten/neeter (abgerufen 24.7.2018).

23) *Website Yad Vashem: Amalie Richter, abrufbar unter: yvng.yadvashem.org/index.html?language=de&s_lastName=Richter&s_firstName=Amalie&s_place=Breslau&s_dateOfBirth= (abgerufen am 10.4.2019). Für die Ermordung von Anneliese Richter liegen außer den Angaben von Alex Ebstein derzeit keine Belege vor.*

24) *Die Nationalsozialisten hatten den Namen der polnischen Stadt Lodz während der deutschen Besetzung in Litzmannstadt geändert.*

25) *Im Bibelbuch Ruth, Kapitel 1, Verse 16 und 17 heißt es: Und Ruth sprach dann: „Dränge mich nicht, dich zu verlassen, davon umzukehren, dich zu begleiten; denn wohin du gehst, werde ich gehen, und wo du die Nacht verbringst, werde ich die Nacht verbringen. Dein Volk wird mein Volk sein und dein Gott mein Gott. Wo du stirbst, werde ich sterben, und dort werde ich begraben werden. Möge Jehova mir so tun und dazu hinzufügen, wenn irgend etwas außer dem Tod eine Trennung zwischen mir und dir herbeiführen sollte."*

Sigismund Ebstein und Ehefrau

Sigismund Ebstein wanderte 1939 mit seiner Frau Charlotte nach Asunción, Paraguay, aus. Mit der Auswanderung verloren sie ihre deutsche Staatsangehörigkeit. Da es ihnen in Paraguay nicht gefiel, zogen sie nach Uruguay. Schließlich emigrierten sie in die USA. Sigismund nannte sich dort Walter Ebstein, da ihm sein Vorname nicht gefiel.[26] In den USA wurde die Ehe geschieden.

Alex Ebstein hatte über das Rote Kreuz die Adresse von Sigismund in Montevideo, Uruguay, erhalten und konnte so Kontakt mit ihm aufnehmen. Von Sigismund erhielt er dann die Adresse von Josef Ebstein. 1967 reiste Sigismund von den USA aus nach Berlin. Anlass war ein zeitlich limitiertes Angebot der deutschen Behörden, ehemals in Deutschland lebenden Juden die deutsche Staatsangehörigkeit zurückzugeben, berichtete Alex. Sigismund nutzte diese Möglichkeit und reiste nach Deutschland.

Sigismund Ebstein entschied sich noch 1969, wieder ganz in Deutschland zu leben. Er erhielt seine deutsche Staatsangehörigkeit zurück und eine Wiedergutmachungszahlung. Sigismund lebte mit seiner neuen Partnerin, ebenfalls jüdischer Herkunft, in Berlin. Nach seinem Tod am 3. Mai 1971, während eines Besuchs in München, ging seine Lebensgefährtin wieder zurück in die USA zu ihren Verwandten.

Abb. 101: Sigismund Ebstein, 1967

26) *Sigismund Ebstein trat in New York unter dem Pseudonym Walter Stein als Schauspieler auf deutschen Bühnen auf, E-Mail Werner Ebstein an den Autor, 8.1.2019.*

Gedenken

Eine Tafel im Aventura Turnberry Jewish Center, Aventura, Südflorida, erinnert an Eva Ebstein, Anneliese Richter und Wolfgang Naschewski, an die drei von den Nationalsozialisten Ermordeten aus der Enkelgeneration der Familie Ebstein. Die Stadt Aventura ehrte die Holocaust-Überlebende Ursula Kersh, die Initiatorin der Tafel, für ihre Verdienste „helping many other survivors to settle and start their productive new lives in America". Enid Weisman, der Bürgermeister der Stadt, erklärte den 5. Mai 2019 zum „Ursula Kersh Day".[27]

Abb. 102: Erinnerung an Eva Ebstein, Anneliese Richter und Wolfgang Naschewski im Aventura Turnberry Jewish Center, Miami, Florida, 2018

27) *Urkunde der City of Aventura, 5.5.2019.*

Abb. 103: Das Aventura Turnberry Jewish Center, Miami, Florida, Innenansicht, 2018

Abb. 104: Eva Ebstein im Alter von 16 Jahren, 8. November 1936

Die Verwandten von Alex Ebstein mütterlicherseits

Rachel Ebstein, geborene Gotthilf, die Mutter von Alex, wurde 1894 in New York geboren. Ihre Eltern waren Wolf und Eva Gotthilf, geborene Wolf. Das Ehepaar hatte insgesamt sechs Kinder, einen Sohn und fünf Töchter. Rachel war das fünfte Kind.

Die Familie wurde, bis auf eine Schwester von Rachel, Opfer des Holocaust.[28] Ihr war es gelungen, sich in die USA abzusetzen, wo sie nach dem Krieg mit ihren drei Söhnen lebte. Das Schicksal der anderen Verwandten mütterlicherseits ist nicht bekannt.

28) Information von Werner Ebstein an den Autor, 2018.

2. ANMERKUNGEN

1. Zeittafel

6. April 1926
Alex Ebstein wird in Breslau in eine jüdische Familie geboren.

1941
Deportation und Ermordung von Eva Ebstein, Alex' Schwester, durch die Nationalsozialisten. Eva und Alex sind die einzigen Kinder der Eheleute Adolf und Rahel Ebstein.

5./6. März 1943
Deportation von Alex und seinen Eltern nach Auschwitz[1)]

6./7. März 1943
Rahel Ebstein wird in Auschwitz-Birkenau ermordet.

6./7. März 1943
Alex und sein Vater werden in das Arbeitslager Auschwitz-Monowitz überstellt.

Juni 1943
Adolf Ebstein wird in Auschwitz-Birkenau ermordet.

18. Januar 1945
Räumung des Lagers Monowitz

Ab 18. Januar 1945
50 – 60 Kilometer langer Fußmarsch von KZ-Häftlingen, darunter Alex Ebstein, von Auschwitz-Monowitz nach Gleiwitz. Von dort Häftlingstransport nach Mauthausen.
Die Aufnahme neuer Häftlinge wird in Mauthausen wegen Überfüllung abgelehnt.

Ende Januar 1945
Transport von Mauthausen zum KZ Sachsenhausen, wo Alex mehrere Tage inhaftiert bleibt.

Anfang Februar 1945
Transport von Alex mit anderen Häftlingen vom KZ Sachsenhausen zum KZ Flossenbürg

6. Februar 1945
Ankunft im KZ Flossenbürg

Februar 1945
Alex erhält Arbeit in der Weberei des KZ. Dadurch bleibt ihm die Arbeit im Steinbruch erspart, die für viele Häftlinge tödlich endet.

Februar – April 1945
Alex trifft im KZ Flossenbürg auf den Zeugen Jehovas Daniel Budakowsky aus der Ukraine.

---

1) Alex Ebstein gibt in seinen Aufzeichnungen das Datum 27.3.1943 an. Der tatsächliche Tag der Deportation war der 5.3.1943 (Ankunft in Auschwitz 6.3.1943), vgl. S.33, Fußnote 21.

16. April 1945
Für die Juden des Lagers Flossenbürg beginnt der Todesmarsch. Alex entfernt sein gelbes Zeichen, um im Lager bleiben zu können.

19. April 1945
Alex muss mit den verbliebenen Häftlingen das Lager verlassen. Beginn des Todesmarschs für Alex.

23. April 1945
Nach mehreren Tagen endet der Todesmarsch in der Nähe von Cham, wo die ehemaligen Häftlinge auf die Amerikaner stoßen.

23. – 25. April 1945
In Cham stößt Alex erneut auf Zeugen Jehovas.

1. August 1945
Alex lässt sich im Fluss Regen (Niederbayern) als Zeuge Jehovas taufen.

Herbst 1945
Alex wird Vollzeitverkündiger der Zeugen Jehovas und konzentriert seine Tätigkeit auf Nördlingen (Schwaben, Bayern).

Ende 1945
Besuch des ersten Münchner Nachkriegskongresses der Zeugen Jehovas, wo Alex seine spätere Ehefrau Luise Albrecht kennenlernt.

1947
Beendigung des Dienstes als Vollzeitverkündiger
Eheschließung mit Luise und Umzug nach München

1948
Alex wird zum Leiter der Gemeinde der Zeugen Jehovas München-Ost ernannt.

1948 und 1949
Geburt des Sohnes Werner und der Tochter Ruth

1953
Reise nach New York. Alex verbindet seine Teilnahme an einem internationalen Kongress der Zeugen Jehovas mit einem Besuch bei der Familie seines kurz zuvor verstorbenen Onkels Josef Ebstein, die den Holocaust überlebt hat.

1967
Sigismund Ebstein, ein in den USA lebender Onkel von Alex, der den Holocaust überlebt hat, reist nach Deutschland. Er übergibt seinem Neffen Alex das bedeutende Familienfoto aus dem Jahr 1936.

13. März 1974
Alex wird von seinem Arbeitgeber, der Bayerischen Vereinsbank München, zum Prokuristen ernannt.

16. Juli 1982
Geburt des ersten Enkelkindes Ephraim Alexander Ebstein in San Francisco

1984
Pensionierung

29. Mai 1985
Geburt des zweiten Enkelkindes Joel Ebstein in San Francisco

9. Januar 1989

Ernennung zum Koordinator der Münchner Gemeinden der Zeugen Jehovas[2)]

24. Oktober 1989

Geburt der Enkeltochter Hannah Ebstein in San Diego

1997

Das United States Holocaust Memorial Museum (USHMM) führt Interviews mit Alex und Luise.[3)]

1. November 1997

Interview als Zeitzeuge anlässlich der Eröffnung der Ausstellung „Standhaft trotz Verfolgung" im Münchner Kulturzentrum Gasteig

8. August 2003

Enthüllung einer Gedenktafel in der KZ-Gedenkstätte Dachau, die an das Leiden der Zeugen Jehovas erinnert.

5. März 2006

Tod der Ehefrau Luise Ebstein

27. Juni 2011

Geburt des ersten Urenkelkindes Levi Alexander in den USA

27. Februar 2015

Alex Ebstein stirbt unerwartet.

---

2)Siehe S. 104, Fußnote 38.

3)Die Aufzeichnungen befinden sich im USHMM in Washington D.C., USA, und sind auch übers Internet abrufbar.

2. NS-Verfolgung und Ermordung der jüdischen Bevölkerung in Europa

Unter der nationalsozialistischen Regierung Adolf Hitlers wurde der Antisemitismus Teil eines Regierungsprogramms. Bereits gute zwei Monate nach der Ernennung Adolf Hitlers zum Reichskanzler entfernte das „Berufsbeamtengesetz" vom 7. April 1933 Juden aus dem Staatsdienst. Wenige Monate später wurde mit den „Nürnberger Gesetzen" vom 13. September 1933 die Grundlage zur vollständigen Entrechtung der Juden gelegt. In der Reichspogromnacht vom 9. auf den 10. November 1938 zerstörten und plünderten auf Weisung Hitlers Mitglieder von SA und Hitlerjugend Synagogen, jüdische Geschäfte und Wohnungen von Juden. Bis 1939 war die jüdische Bevölkerung im Deutschen Reich weitgehend entrechtet, aus dem Wirtschaftsleben verdrängt und enteignet.[4)]

Am 31. Juli 1941 wurde der SS-Obergruppenführer Reinhard Heydrich mit der Organisation der „Endlösung der Judenfrage" beauftragt. Im Dezember 1941 lud Heydrich zu einer Konferenz am Berliner Wannsee ein, die später „Wannseekonferenz" genannt wurde. Dort wurde die Organisation der Deportation der gesamten jüdischen Bevölkerung Europas zur Vernichtung in ihren Grundzügen festgelegt.[5)] Die Deportation erster jüdischer Bürger hatte zu diesem Zeitpunkt bereits begonnen.

Die veröffentlichten Schätzungen zu den unter dem NS-Regime ermordeten europäischen Juden schwanken zwischen fünf und sechs Millionen. Adolf Eichmann[6)] nannte bereits im August 1944, also etwa ein halbes Jahr vor der Befreiung der Vernichtungslager und den sich anschließenden Todesmärschen, die Zahl sechs Millionen, davon vier Millionen in den Lagern. Gemäß Berechnungen jüdischer Organisationen beläuft sich die Zahl der Toten auf 5,7 Millionen.[7)]

4) Dieter Pohl, Rassenpolitik, Judenverfolgung, Völkermord, in: Institut für Zeitgeschichte (Hrsg.),Die tödliche Utopie, München / Berlin 2016, S. 375 ff.

5) Abrufbar unter: de.wikipedia.org/wiki/Wannseekonferenz (abgerufen am 2.2.2019).

6) Zu Adolf Eichmann: siehe S. 33, Fußnote 22.

7) Hilberg, Vernichtung, S. 1280 f.

3. Häftlingsnummern in Auschwitz vom 6. März 1943 für Deportierte aus Schlesien (Auszug)[8]

106880	Durra, Günther	107010	Milkin, Boris	107137	Wechselmann, Bruno
106881	Durra, Sally	107011	Miodowski, Gerhard	107139	Weinberg, Wolfgang
106883	Ebstein, Adolf	107014	Müller, Kurt	107141	Wolff, Hans
106884	Ebstein, Alex	107015	Münzer, Herbert	107143	Vogel, Georg
106885	Epstein, Gerhard	107016	Nebel, Ernst	107144	Wachsmann, Fritz
106887	Forst, Werner	107017	Nebel, Günther	107145	Waldhorn, Max

4. NS-Verfolgung der Zeugen Jehovas

Der Historiker Hans Simon-Pelanda stellte zu den unter dem NS-Regime verfolgten Zeugen fest: „Die [...] Zeugen Jehovas wurden trotz ihrer geringen Zahl als besonders gefährlich eingestuft, in den KZ mit dem Lila Winkel stigmatisiert. Diese brutale Verfolgung einer Glaubensgemeinschaft steht ohne Beispiel; so rigoros ihre Verweigerung des Führerkults und ihr Widerstand gegen den Militarismus – so bewundert und anerkannt ihre persönliche Integrität bei den Mitgefangenen in den Lagern."[9]

Im Deutschen Reich lebten während der NS-Zeit etwa 25.000 Zeugen Jehovas (35.000 einschließlich besetzter Gebiete). Die Religionsgemeinschaft war damit noch kleiner als die Minderheit der dem Judentum zugerechneten 500.000 Deutschen. Dokumentiert sind die nachfolgenden Daten der Verfolgung[10] der Zeugen Jehovas (in Klammern: einschließlich besetzter Gebiete):

Verfolgte insgesamt	10.700	(13.400)
Inhaftierte	8.800	(11.300)
davon: Im KZ	2.800	(4.200)
Todesopfer	1.000	(1.600)

Die Zahlen sind unvollständig, da die Forschungen zur Verfolgung der Zeugen Jehovas nicht als abgeschlossen betrachtet werden können.[11]

---

8) *Deportation aus Schlesien nach Auschwitz 1943, in: Statistik und Deportation der jüdischen Bevölkerung aus dem Deutschen Reich, abrufbar unter: www.statistik-des-holocaust.de/list_ger_sln_43a.html (abgerufen am 4.10.2018). Hervorhebungen nicht im Original.*

9) *Hans Simon-Pelanda, in: Ilse Kammerbauer / Wolfgang Waller – Häftling 1111, Regensburg 2017, S. 12.*

10) *Nerdinger / Wilker, Verfolgung, S. 83.*

11) *Infolge jahrelanger Forschungen mussten beispielsweise die Verfolgungsdaten zu München immer wieder nach oben korrigiert werden, zuletzt 2018. Die „Verfolgungsquote" für die relativ intensiv erforschte Münchner Gruppe der Zeugen Jehovas beträgt nunmehr 62 %, im Gegensatz zu 43 % im Gebiet des gesamten ehemaligen Deutschen Reichs. (309 von 500 Münchner Zeugen Jehovas sind inzwischen als Verfolgte dokumentiert.)*

5. Personen, die während oder kurz nach der NS-Zeit Zeugen Jehovas wurden

Während der NS-Verfolgungszeit schlossen sich relativ viele Menschen den Zeugen Jehovas an. Sie setzten sich damit dem Risiko aus, ebenfalls Zielscheibe von Verfolgungsmaßnahmen zu werden.

Für das Deutsche Reich liegt keine Zahl derjenigen vor, die sich während der NS-Zeit den Zeugen Jehovas anschlossen. Für München ist dokumentiert, dass sich in den zwölf Jahren des NS-Regimes mindestens 74 Personen als Zeugen Jehovas taufen ließen.[12)]

Auch bereits Verfolgte wurden während der NS-Zeit oder kurz danach, unter dem Eindruck von Erfahrungen dieser Zeit und von Begegnungen mit Mitgliedern der Glaubensgemeinschaft, selbst Zeugen Jehovas. Einer von diesen war Max Liebster, der als jüdischer Deutscher im KZ war.[13)] Eine andere war Charlotte Decker, die 1941 mit ihren Eltern inhaftiert wurde. Sie kam mit ihrer Mutter ins KZ Ravensbrück, der Vater nach Dachau. Sie erhielten als politische Häftlinge einen roten Winkel. Charlotte lernte im KZ Ravensbrück Zeuginnen Jehovas kennen. Im KZ Auschwitz erhielt sie erneut einen roten Winkel. Doch betrachtete sie sich inzwischen als Zeugin Jehovas. „Ich war keine ‚politische' Gefangene. Und ich hatte den Wunsch und Willen zu zeigen, wo und für was ich stand. Ich besorgte mir ein paar Fäden Stickgarn. Schwarz für die Nummer. Lila für den Winkel. Dazu ein weißes Bändchen. Nun konnte ich meine Nummer sticken, und ich freute mich, dass mir dies gelungen war und nähte es an meine Kleider."[14)] Elfriede Löhr berichtete, dass sich im KZ Ravensbrück im Laufe der Jahre etwa siebzig Personen als Zeugen taufen ließen. Auch atheistisch gesinnte Häftlinge schlossen sich in den Konzentrationslagern der Glaubensgemeinschaft an.[15)]

Gerhard Besier stellte über die Häftlinge in den Konzentrationslagern fest: „Nicht wenige Lagerinsassen schlossen sich der Religionsgemeinschaft an – unter ihnen auch Juden."[16)]

---

12) Darunter der aus einem evangelischen Elternhaus stammende Karl Wolfrum, der sich 1935 mit zwanzig Jahren als Zeuge Jehovas taufen ließ. Der zuvor katholische Hermann Bischoff schloss sich der Glaubensgemeinschaft 1936 an. Der gelernte Gärtner war zu dieser Zeit 33 Jahre alt, verheiratet und hatte zwei Kinder. Hildegard Meindl ließ sich 1935 im Alter von zwanzig Jahren taufen. Ihre Mutter Mathilde Meindl hatte sich bereits 1926 der Glaubensgemeinschaft angeschlossen. Hildegard Meindl heiratete 1940 Rupert Höcketstaller. Der gelernte Bäcker war 1937 mit 27 Jahren ein Zeuge Jehovas geworden. Obwohl noch nicht getauft, betrachtete sich Franz-Xaver Klotz seit 1940 als Zeuge Jehovas. Bis 1935 hatte der 1901 geborene Familienvater noch der SA angehört.

13) Siehe S. 43.

14) Die Zeugen Jehovas wurden in den Konzentrationslagern mit einem lila Winkel gekennzeichnet. Charlotte Decker, nach dem Krieg verheiratete Tetzner, behielt im KZ Auschwitz ihren selbstgenähten lila Winkel. Hans Hesse (Hrsg.), Charlotte Tetzner – Frierende, Mit Zeichnungen und Holzdrucken von Heinz Tetzner, Essen 2004.

15) Siehe die Zitate von Elfriede Löhr und Detlef Garbe, S. 69.

16) Gerhard Besier, Jehovas Zeugen in Deutschland, in: Gerhard Besier / Katarzyna Stoklosa (Hrsg.): Jehovas Zeugen in Europa. Geschichte und Gegenwart, Band 3, Berlin 2018, S. 189.

6. Die Haltung der Zeugen Jehovas unter dem NS-Regime gegenüber Juden

Im Schrifttum der Zeugen Jehovas der NS-Zeit finden sich punktuell auch kritische Aussagen über das Judentum. Diese sollten aber nicht als Ausdruck von Antisemitismus oder Antijudaismus missverstanden werden, sondern dem Bereich der Bewertung religiöser Aussagen oder der Abgrenzung der Glaubensgemeinschaft vom Judentum zugeordnet werden. Sie sind im Kontext zeitgenössischer theologischer Auseinandersetzungen sowie unter Berücksichtigung von Versuchen der Nationalsozialisten, gegen die Zeugen Jehovas gerichtete Verfolgungsmaßnahmen mit angeblichen Verbindungen zum Judentum zu legitimieren, zu bewerten.[17)]

Antisemitismus steht für die rassistische Judenfeindlichkeit. Dagegen wurde die Verfolgung der Juden in den Schriften der Zeugen Jehovas der NS-Zeit stets als unmenschlich zurückgewiesen und verurteilt. Außerdem war das Verhalten der Zeugen Jehovas in den Konzentrationslagern gegenüber jüdischen wie gegenüber allen anderen Mitgefangenen durch Mitmenschlichkeit geprägt. Eine kritische Auseinandersetzung mit den Ansichten anderer Religionen, einschließlich des Judentums, ist etwas völlig anderes als Feindseligkeit. Sie ist Ausdruck der freien Meinungsäußerung, von der die Zeugen Jehovas auch während der NS-Diktatur Gebrauch machten. Ähnlich wie ein Atheist mit manchen Ansichten der Zeugen Jehovas nicht einig gehen wird, aber deshalb kein Feind der Glaubensgemeinschaft sein muss.

In den biblischen Abhandlungen der von Jehovas Zeugen vor und während der NS-Zeit verfassten Artikel wird oft aus alten jüdischen Quellen (dem Alten Testament) zitiert, die deshalb kaum als antisemitisch oder antijudaistisch bezeichnet werden können. Selbst Zitate aus den Evangelien sind nicht als judenfeindlich zu verstehen, weil sich Jesus Christus zum jüdischen Glauben bekannte.[18)] In diesem Kontext sind auch erläuternde Aussagen zu solchen Quellen zu sehen. Die hebräischen Propheten mahnten das jüdische Volk immer wieder, sich an die Grundsätze der heiligen Schriften zu halten. Angesichts der bedeutenden Stellung der Propheten im alten Israel und in der jüdischen Geschichte können deren oft gegen das jüdische Volk gerichteten, verurteilenden Aussagen ebenfalls nicht als antisemitisch bezeichnet werden.

Auch im Gesamtzusammenhang des Schrifttums der Zeugen Jehovas wird nur allzu deutlich, dass die Glaubensgemeinschaft sowohl die Rassenideologie der Nationalsozialisten wie die Judenverfolgung scharf verurteilte. Als Beispiel sei die von der Religionsgemeinschaft 1939 herausgegebene Broschüre „Faschismus oder Freiheit" erwähnt, die in Millionenauflage in vierzehn Ländern verbreitet wurde. Die Broschüre richtete sich mit deutlichen Worten gegen Hitler, „einen unbarmherzigen, fanatischen Menschen", der mit „eiserner Faust" herrsche. „Auf unmenschliche Art verfolgt er die Juden, weil sie einst Jehovas Bundesvolk waren." In einer Zeit, als sich die jüdische Bevölkerung entwürdigenden Angriffen ausgesetzt sah, wurde in

17) So berichtete das Münchner Abendblatt vom 2.3.1937 unter der Überschrift „Werkzeuge jüdischer Zersetzung" über eine Verhandlung des Sondergerichts München gegen elf Zeugen Jehovas. Hinter der Vereinigung der Bibelforscher stünden „jüdische Macher".

18) „Als er [Jesus Christus] nach Nazareth kam, wo er aufgewachsen war, ging er wie gewohnt am Sabbat in die Synagoge und stand auf, um vorzulesen", Evangelium nach Lukas, Kapitel 4, Vers 16. (Die Bibel. Neue-Welt-Übersetzung, Wachtturm-Gesellschaft, Selters / Ts. 2018.)

der unter der Leitung von Josef F. Rutherford[19] herausgegebenen Zeitschrift „Das Goldene Zeitalter" der Jude als „ebenso hochwertiger Mensch" bezeichnet.[20] Und in der Zeitschrift „Trost" der Zeugen Jehovas wurde die Verfolgung von Juden als „unentschuldbar" und „Rassenwahn" verurteilt.[21]

Zeugen Jehovas mussten sich wegen der Verbreitung von Schriften, die auch kritische Aussagen zur Verfolgung der Juden enthielten, vor NS-Gerichten verantworten. Als Beispiel sei die Anklageschrift vom 30. November 1943 gegen 13 Zeugen Jehovas, darunter Mathilde Meindl, erwähnt. Darin ist auszugsweise zu lesen: „Aus der Fülle der verbreiteten Flugblätter ragen durch ihren wehrkraftzersetzenden Inhalt besonders hervor: [...] e) ‚Mitteilungsblatt der deutschen Verbreitungsstelle des W.T. [Wachtturm] August 1942', in dem auf Seite 6 der zivile Luftschutz, die Regelung der Judenfrage und Kulturpolitik des Nationalsozialismus angegriffen werden. Das Flugblatt fand sich bei Knogler und Huber ‚[...] o) [...] W.T. No.18', Hier wird auf Seite 5 der Einmarsch in Polen als ‚Raub und Vernichtung' bezeichnet [...]. Auf Seite 7 oben wird die deutsche Judenpolitik angegriffen [...]."

Diese Aussagen sprechen eine deutlich pro-jüdische Sprache, pro-jüdisch im Sinne der Verteidigung der Menschenrechte aller Juden, nicht im Sinne einer Verteidigung religiös-jüdischer Auffassungen, obgleich es freilich auch Übereinstimmungen von Judentum und Christentum gibt.

In Verbindung mit Versuchen, aus der ‚Wilmersdorfer Erklärung'[22] entgegen der historischen Fakten antisemitische Aussagen abzuleiten, schreibt Detlef Garbe: „Viele der unter Berufung auf die ‚Wilmersdorfer Erklärung' in der Literatur getroffenen Urteile gehen mit ihrer Kritik fehl [...]. So wird man nicht davon sprechen können, daß die Zeugen Jehovas sich damit als ‚Antisemiten' bekannten." Garbe bezeichnete solche Feststellungen als „Resultat einer vom Willen zur Diskreditierung geleiteten Bewertung wie die [...] aus der Erklärung herausgelesene ‚verbrecherische Unterstützung der antisemitischen Hitlerpolitik.'"[23] In der 1996 veröffentlichten Videodokumentation „Standhaft trotz Verfolgung"[24] äußerte sich Garbe mit den Worten: „Zeugen Jehovas lag es fern, Juden wegen ihrer Herkunft als weniger wert anzusehen. Für sie galt jeder Mensch gleich wert, als gleichwertig."

---

19) Der Jurist war der damalige Leiter der weltweiten Gemeinschaft der Zeugen Jehovas.

20) Das Goldene Zeitalter, 14.4.1930, S. 124, zitiert in: Hans Hesse (Hrsg.): „Am mutigsten waren immer wieder die Zeugen Jehovas", Bremen 1998, S. 368, nachfolgend: Hesse, Am mutigsten.

21) Trost, 1.1.1940, S. 369.

22) Ein am 25.6.1933 bei einem Kongress der Zeugen Jehovas in Berlin-Wilmersdorf verabschiedetes Flugblatt. Hitler war seit dem 30.1.1933 an der Macht und die Zeugen Jehovas inzwischen in den meisten Ländern des Deutschen Reichs verboten. Das Flugblatt wurde der Reichsregierung zugestellt. Im Gegensatz zu den anderen Protestflugblättern der Zeugen Jehovas erfuhr das Flugblatt keine nennenswerte Verbreitung. In der Erklärung wird ausführlich der unpolitische, rein religiöse Charakter der Glaubensgemeinschaft erläutert. In Reaktion auf Verleumdungen, die gegen die Zeugen Jehovas in Umlauf gebracht worden waren, distanzierte sich die Gemeinschaft in einer kurzen Passage der vierseitigen Erklärung mit deutlichen Worten vom Judentum. Die Historiker Jürgen Harder und Hans Hesse stellen fest: Die Erklärung soll „die gegen die Organisation vorgetragenen Vorwürfe entkräften [...]. Ihr ist das zu diesem Zeitpunkt noch vorherrschende Bemühen der Führung [der Religionsgemeinschaft] anzumerken, auf dem Verhandlungswege zu einer Einigung mit den neuen Machthabern zu gelangen. Dieser Kurs scheitert." (Jürgen Harder und Hans Hesse, in: Hesse, Am mutigsten, S. 427).

23) Detlef Garbe, Zwischen Widerstand und Martyrium – Die Zeugen Jehovas im „Dritten Reich", München 1999, S. 106, Anmerkung 82.

24) Videodokumentation der Religionsgemeinschaft der Zeugen Jehovas, New York 1996.

Über den in diesem Zusammenhang manchmal zitierten M. James Penton, der Joseph F. Rutherford Antisemitismus vorwirft, schreibt Garbe, der Penton als religiösen Kritiker der Zeugen Jehovas einordnet: „Aus historischer Sicht mangelt es Penton an wissenschaftlicher Objektivität.“[25] Und Emily B. Baran, Assistant Professorin an der Middle Tennessee State University, bezeichnet Penton als „befangen“ („biased“).[26]

Die Hilfsbereitschaft vieler Zeugen Jehovas gegenüber bedrängten Juden ist gut belegt. Am 17. April 1940 kehrte der Zeuge Jehovas Max Billeter in die neutrale Schweiz zurück. Eine junge jüdische Frau bat ihn am Grenzübergang um Hilfe. Durch den Stempelaufdruck „J“ in ihrem Ausweis, der sie als Jüdin kennzeichnete, wäre ihr die Einreise verweigert worden. Billeter nahm spontan ihren Pass, legte ihn unter seinen und hinterließ so den Eindruck, die beiden seien ein Ehepaar. Der Grenzbeamte prüfte den Pass des Zeugen Jehovas, der erklärte, dass er wegen des Wehrdienstes zurückkehre. Ohne sich den Ausweis der Frau anzusehen, ließ der Beamte beide passieren. Die junge Jüdin fand daraufhin bei ihrer bereits in der Schweiz lebenden Familie Schutz.[27]

Die New Yorker Tageszeitung „Der Tog“ brachte 1939 einen längeren Artikel in jiddischer Sprache darüber, wie Zeugen Jehovas versuchten, das Hitler-Regime zu unterwandern. Der Autor Yitzak Kirschbaum berichtete über Zeugen, die ihren jüdischen Nachbarn während eines Nazi-Boykotts Essen gegeben hatten. Und er erwähnte, dass Zeugen Jehovas wiederholt Juden gegen Angriffe von Nazis verteidigten. Kirschbaum schloss den Artikel mit dem Aufruf an amerikanische Juden, den Zeugen Jehovas gegenüber Mitgefühl zu zeigen und sie als Freunde in ihrem Kampf gegen den Nationalsozialismus anzusehen.[28]

Selbst unter den erschwerten Bedingungen der Konzentrationslager halfen Zeugen Jehovas ihren jüdischen und anderen Mithäftlingen. Wenn Zeugen Jehovas in den Konzentrationslagern Menschen anderer Religionen, deren Auffassungen sie nicht teilten, hilfsbereit und human begegneten, bedeutete das eine Aufwertung ihres Handelns. Angehörige einer verfolgten Gruppierung, die andere Auffassungen vertreten, fair und freundlich zu behandeln, hat mehr Gewicht, als mit Personen aus dem eigenen „Lager“ mitmenschlich umzugehen. Die Tatsache, dass sich Zeugen Jehovas in den Konzentrationslagern für Juden und andere Mitgefangene als ihre Mitmenschen einsetzten, änderte nichts an den unterschiedlichen Auffassungen, die unter den Häftlingen bestanden. Aus abweichenden religiösen Auffassungen eine feindselige, die Absichten des NS-Staats unterstützende Haltung abzuleiten, geht daher fehl. Begriffe wie „Antisemitismus“ oder „Antijudaismus“ sind daher im Zusammenhang mit den Zeugen Jehovas unter dem NS-Regime unpassend.

---

25) *Detlef Garbe, Between Resistance und Martyrdom – Jehovah's Wittnesses in the Third Reich, Vorwort, Seite XX.*

26) *Emily B. Baran, Dissent on the Margins, Oxford 2014, S.259.*

27) *Esther Martinet, Jehovas Zeugen in der Schweiz und im Fürstentum Liechtenstein, in: Gerhard Besier / Katarzyna Stoklosa (Hrsg.): Jehovas Zeugen in Europa. Geschichte und Gegenwart, Band 3, Berlin 2018, S.673f.*

28) *Yitzak Kirschbaum, How the Sect ‚Jehovah's Witnesses' Is Clandestinely Working to Undermine Hitler's Regime, in: Der Tog, 2.7.1939, S.5, zitiert in: Lorenz Reibling, Brothers in Suffering: The Correlated Impact of the Persecution of Jehovah's Witnesses in Nazi-Germany and the United States, in: Nerdinger / Wilker, Verfolgung, S.52. Carol Rittner / John K. Roth (Hrsg.), „Good News" after Auschwitz?: Christian Faith Within a Post-Holocaust World, Macon / USA, 2001, S.97.*

7. Quellenhinweise

Primäre Quelle der vorliegenden Veröffentlichung sind die Gespräche, die der Autor während eines Zeitraums von mehr als fünf Jahren mit Alex Ebstein führte. Außerdem stellte Alex zahlreiche Dokumente und Fotos zur Verfügung, die Eingang in dieses Buch fanden. Die Dokumente befinden sich heute im Eigentum seines Sohnes Werner Ebstein, USA. Weitere Fotos stellte Werner nach dem Tod seines Vaters für das Buch zur Verfügung. Sie sind im Abbildungsnachweis entsprechend kenntlich gemacht.

8. Der Autor

Christoph Wilker begleitet seit vielen Jahren Forschungs- und Gedenkprojekte zur NS-Zeit mit Schwerpunkt Verfolgung und Widerstand der Zeugen Jehovas. Mit Alex Ebstein verband ihn eine jahrelange Freundschaft. Er lernte den Zeitzeugen Anfang der 1980er Jahre kennen und traf sich mit ihm von 2010 bis zu dessen Tod 2015 etwa zweimal im Monat.

2015 Veröffentlichung der Biografie „Ich hatte eine gerade Linie, der ich folgte – die Geschichte von Rita Glasner, einem Bibelforscherkind im ‚Dritten Reich'". Autor verschiedener Aufsätze, u. a. für die Zeitschrift „Religion – Staat – Gesellschaft", die Zeitschrift „Informationen" des Studienkreises Deutscher Widerstand 1933–1945 und das Buch „ausgegrenzt – entrechtet – deportiert. Schwabing und Schwabinger Schicksale 1933–1945" (2008). Mitwirkung bei Ausstellungen in Deutschland und der Schweiz, 2017 Vortragseinladung von Prof. Lorenz Reibling ins Boston College, USA. Vom Gründungsdirektor des NS-Dokumentationszentrums München, Prof. Dr. Winfried Nerdinger, erhielt er den Auftrag, eine Sonderausstellung über die Verfolgung der Zeugen Jehovas in München vorzubereiten, die vom 26. September 2018 bis zum 6. Januar 2019 zu sehen war; eine Begleitpublikation erschien im Metropol Verlag.

3. MATERIALIEN

1. Presseartikel und Interviewaufzeichnung

Donnerstag, 1. März 1979 — MOOSBURGER ZEITUNG

Trauer um Hermann Kühn

Nach schwerer Operation im 77. Lebensjahr gestorben — Zeugen Jehovas verloren einen ihrer Aktivsten

Moosburg. Ein allseits bekannter und sehr beliebter Mitbürger, Herr Hermann Kühn, Moosburg, Lände 3, starb am Faschingsdienstag an den Folgen einer schweren Operation im Freisinger Kreiskrankenhaus. Alle, die den sympathischen, liebenswerten Mann kannten, bedauern sein Ableben sehr. Hermann Kühn stand im 77. Lebensjahr.

Im niederschlesischen Strelitz geboren, verbrachte Hermann Kühn dort seine Jugendzeit. Er erlernte den Beruf des Maschinenbauers und übersiedelte später nach Meißen. Von Jugend auf aus Überzeugung ein aktiver Zeuge Jehovas, wurde er wegen seiner Glaubenstreue im Dritten Reich verhaftet und insgesamt acht Jahre ins KZ geschickt. In Buchenwald kam für ihn zehn Minuten vor der bereits angesetzten Hinrichtung zum Kriegsende die Befreiung.

Hermann Kühn fand mit seiner Familie, die von ihm oft jahrelang nichts mehr gehört hatte, gleich nach dem Krieg in Moosburg eine neue Heimat. Hier lebte er im netten Eigenheim an der Lände zufrieden und glücklich. Zwei schwere Schicksalsschläge trafen ihn, als 1955 der Sohn im Alter von 26 Jahren starb und 1976 die Lebensgefährtin durch den Tod von seiner Seite gerissen wurde. Mit der Glaubensschwester Maria Fröhlich fand Herr Kühn nochmals eine sehr harmonische Lebensgemeinschaft. Leider dauerte diese am 5. Januar 1977 geschlossene Ehe nur zwei Jahre.

Früher bei der Bahn tätig, kam Hermann Kühn in Moosburg zum E-Werk der Stadtwerke München. Es war eine höhere Fügung, daß er sich nach einem schweren Betriebsunfall wieder gut erholen konnte. Um so mehr setzte er sich als Zeuge Jehovas für die Ziele dieser Glaubensgemeinschaft ein. Er baute in Moosburg die Versammlung auf und war bis zuletzt den Glaubensschwestern und -brüdern Ansporn und unvergeßliches Vorbild. Die Vorbereitung und Durchführung der Kreiskongresse in der Moosburger Stadthalle wurden weitgehend von ihm mitgetragen.

Man schätzte diesen vitalen Mann wegen seiner herzensguten, äußerst hilfsbereiten und auch lebensfrohen Art. Hermann Kühn zeichnete sich außerdem durch stets bewiesene Dankbarkeit und Toleranz aus. Niemand hätte geglaubt, daß er aus dem Krankenhaus, in dem er sich nur wenige Tage befand, nicht mehr heimkehren würde. Dabei hatten schon all seine Gedanken der Ausrichtung des nächsten Kreiskongresses in Moosburg Ende März gegolten.

Abb. 105:
Artikel in der Moosburger Zeitung vom 1. März 1979 über Hermann Kühn, den Alex bei mehreren Gedenkveranstaltungen zitierte, besprochen auf S. 111f. (Hervorhebungen durch Alex Ebstein)

Interview mit einem Zeitzeugen
Interviewer: Herr Proske; Zeitzeuge: Herr Alexander Ebstein

Herr Proske: Neben mir sitzt Alexander Ebstein. Das wird Herrn Eiber interessieren, Er ist schon lange Zeit Münchner Bürger. Und Herr Ebstein, sie sind schon sehr, sehr früh ins KZ gekommen. Wann war das denn?

Herr Ebstein: Ja, das war 1943. Ich stamme aus einer jüdischen Familie und lebte in Bresslau. Übrigens kam ich an dem Gefängnis zu der Zeit, wo die Frau Pötzinger drin war fast jeden Tag vorbei. Zufällig habe ich da in der Nähe gewohnt und im März 1943 wurden wir dann verhaftet, meine Eltern und ich, und kamen dann ins KZ Ausschwitz.

Herr Proske: Darf ich noch mal ganz kurz nachfragen, wie alt Sie waren, als Sie ins KZ kamen?

Herr Ebstein: Also ich war noch nicht 17. Im nächsten Monat bin ich dann 17 geworden, aber zu der Zeit war ich noch 16.

Herr Proske: Das haben wir mit Achtung zu Quittieren. Sie waren, wie Sie ja grade erzählt haben, noch kein Zeuge Jehovas. Es war Ihre jüdische Abstammung die Sie ins KZ führte, wenn man das mal so moderat sagen darf. Sie haben dort aber Zeugen Jehovas kennen gelernt. Was war denn aus Ihrer Sicht jetzt der Unterschied zu anderen Personen oder Personengruppen, die Sie im KZ kennengelernt haben?

Herr Ebstein: Ja, es war wohl dann 45, das ich Jehovas Zeugen kennen lernte. So ab Januar ungefähr, weil das war dann die Zeit, wo die Russen kamen und wir von Ausschwitz weggeschafft wurden und dann in andere KZ's kamen, wir standen dann vor Mauthausen. Da hat man uns nicht reingelassen weil schon alles überfüllt war und kamen dann nach Sachsenhausen rauf. Wir waren 10 Tage unterwegs in offenen Waggons, also in winterlicher Kälte ohne Essen - 10 Tage ohne Essen- so daß ganz wenig ankamen dann natürlich, gell. Was mich an Jehovas Zeugen - da hab ich also Kontakt bekommen, das erste mal mit Zeugen Jehovas. Und was mich an ihnen besonders berührt hat war, also man kann sagen in diesem Inferno was war haben sie wirklich herausgeragt wie Lichter, durch ihre aufopferungsvolle Liebe, die Sie untereinander hatten. Sie haben also ihren Glauben ausgelebt, aber es war nicht nur eine Liebe untereinander die so weit ging, daß sie sogar ihr Leben für andere Glaubensbrüder opferten, sondern auch eine Liebe und ein bekümmert sein um die anderen, ungeachtet ihrer Herkunft, ihrer Religion oder ihrer Nationalität. Das war ja der Unterschied, alle anderen Gruppierungen waren irgendwie gebunden auf einen bestimmten Personenkreis beschränkt oder sie haben um die gekümmert oder um jene gekümmert, aber hier war wirklich ein Interesse an den Menschen vorhanden, und das hat mich sehr beeindruckt. Sie teilten ihr Brot, sie halfen Kranken soweit das damals möglich war. Vor allen Dingen gaben Sie den Menschen

Abb. 106: Interview mit Alex Ebstein, das anlässlich der Eröffnung der Ausstellung am 1. November 1997 im Münchner Kulturzentrum Gasteig geführt wurde. Angesichts der Anzahl der interviewten Zeitzeugen fiel der Anteil von Alex relativ kurz aus. Bei anderen Anlässen ging er ausführlicher auf seine Verfolgung als Jude ein.

einen Trost, einen Halt in dieser finsteren Zeit. Das waren wirklich Männer, man kann sagen, die herausragten, glaubensstark.

Herr Proske: Beim Stichwort "Männer". Sie haben mir heute früh einen Zeitungsartikel gezeigt wo ein Nachruf auf jemand war, den Sie dort im KZ persönlich kennen gelernt haben, und dieser Nachruf, er ist etwas ganz besonderes weil diese Person hier in einer sehr Guten weise beschrieben wird. Vielleicht können Sie ein paar Stichworte aus diesem Nachruf nennen.

Herr Ebstein: Ja, es ist ja so, was mich damals auch noch am meisten beeindruckt, wenn ich das ergänzen darf, war daß sie ja die einzigen waren, die sofort das KZ hätten verlassen können wenn sie unterschrieben hätten, ihrem Glauben abgeschworen hätten, ihrem Gott abgeschworen hätten. Alle anderen hätten ja, die wären begeistert gewesen - nicht - wenn sie durch Unterzeichnung eines Schriftstückes hinauskommen konnten, aber das war ja nicht möglich. Und das zeigt ja schon ihre Stärke, die sie hatten, ihre Kraft. Ja ich kann sagen, diese Leute, mit denen ich dann auch die Bibel studierte, mit einigen, das waren wirklich Vorbilder. Und das ist ein Gedanke auch heute für die Jugend. Die Jugend sucht sich heute viele Vorbilder im Sport oder in der Politik oder in der Wissenschaft irgendwie, nicht? Die Frage ist: "Was steckt dahinter, nicht?" Also man muß durchblicken. Und solche Leute brauchen wir als Vorbilder, die das ausleben was sie lehren, was sie sagen, ihren Glauben ausleben. Ja der eine, ich hab das mitgebracht, hier, da habe ich übrigens noch mein altes KZ Abzeichen dort. Das schaut ziemlich verdreckt aus und man kann sich ja vorstellen wenn man das sieht, wie dreckig das ist, wie dann unsere Kleidung ausgesehen hat, gell. Ja, einer von ihnen war der Hermann Kühn, Glaubensbruder, und er starb am 1. März 1979 wurde ein Nachruf veröffentlicht in der Moosburger Zeitung. Ist ja in der Nähe von München, nicht weit weg von hier. Und diese Moosburger Zeitung schreibt folgendes unter der Überschrift: "Trauer um Hermann Kühn":

> "Ein allseits bekannter und sehr beliebter Mitbürger, Herr Hermann Kühn - Moosburg - starb am Faschingsdienstag. Alle die den sympathischen, liebenswerten Mann kannten bedauern sein Ableben sehr. Hermann Kühn stand im 77sten Lebensjahr. Von Jugend auf aus Überzeugung ein aktiver Zeuge Jehovas wurde er wegen seiner Glaubenstreue in dritten Reich verhaftet und insgesamt 8 Jahre ins KZ geschickt. Man schätzte diesen vitalen Mann wegen seiner herzensguten, äußerst hilfsbereiten und auch lebensfrohen Art. Hermann Kühn zeichnete sich außerdem durch stets bewiesene Dankbarkeit und Toleranz aus." Also, das war nur einer von denen, die ich damals kennenlernen und die den Anlaß gaben, daß ich mich dann selbst mit Zeugen Jehovas beschäftigte, weiterbeschäftigte, und heute ein Zeuge Jehovas bin.

Herr Proske: Ich möchte allen unseren Zeitzeugen an dieser Stelle ganz, ganz herzlich danken, daß sie hier Rede und Antwort standen.

Seite R 6 / Fürstenfeldbrucker SZ Nr. 181

Tafel für Zeugen Jehovas

Heute Feierstunde in der KZ-Gedenkstätte Dachau

Dachau ■ Heute wird in der KZ-Gedenkstätte Dachau eine Gedenktafel für die NS-Pötzinger Opfergruppe der Zeugen Jehovas enthüllt. Die Tafel ist purpurviolett, wie der Winkel, mit dem die SS die Häftlinge dieser Religionsgemeinschaft kennzeichnete. Darunter war Martin Pötzinger, der gefoltert wurde, in dem ihn die SS eine dreiviertel Stunde an einem Pfahl aufhängte. Er überlebte und wurde später leitendes Mitglied in der Weltzentrale der Religionsgemeinschaft in Brooklyn, New York. Der Friseur Johannes Gärtner war im Februar 1940 fast verhungert und bat einen SS-Mann um ein Stück Brot. Stattdessen wurde ihm ein Finger abgeschnitten. Gärtner starb 1940. An das Leiden dieser und anderer NS-Opfer wird heute erinnert. Enthüllt wird die Tafel von Alexander Ebstein, einst selbst Häftling in Dachau und Flossenbürg.

Laut Johannes Wrobel, dem Leiter des Geschichtsarchivs der Zeugen Jehovas, kamen von den etwa 4000 Bibelforschern, die die Nazis in die KZ verschleppten, etwa 500 nach Dachau. Die Bibelforscher, die 1931 den Namen Zeugen Jehovas annahmen, wurden von den deutschen Faschisten unerbittlich verfolgt.

Die Nazis sahen in ihnen „Wegbereiter des jüdischen Bolschewismus". Bereits im I. Weltkrieg wurden sie von Deutsch-Völkischen bekämpft, wie sie angeblich aus den USA „fremdgelenkt" wurden und die Wehrkraft mit ihren Untergangsprophezeiungen zersetzten. Sie wurden als erste Glaubensgemeinschaft ab 1933 nach und nach in allen deutschen Ländern verboten. Die Zeugen Jehovas setzten ihre Aktivitäten konspirativ fort, stellten im Untergrund ihre Zeitschrift *Wachturm* her und organisierten einen ausgedehnten Zeitschriftenschmuggel, schrieb Detlef Garbe in der „Enzyklopädie des Nationalsozialismus". Zeugen Jehovas verweigerten den Hitlergruß, die Mitgliedschaft in NS-Verbänden und den Kriegsdienst in der Wehrmacht. Bis 1938 gelang es den Nazis, die Untergrundorganisation der Zeugen Jehovas weitgehend zu zerschlagen. Laut Garbe wurden etwa 1200 Bibelforscher von den Nazis ermordet, darunter 250 als Kriegsdienstverweigerer hingerichtet. *bip*

Abb. 107: Die Fürstenfeldbrucker SZ berichtete in ihrer Ausgabe vom 8. August 2003 über die „Tafel für Zeugen Jehovas", besprochen auf S. 114. (Anders als im Artikel angegeben, war Alex Ebstein nicht im KZ Dachau, sondern in den Konzentrationslagern Auschwitz-Monowitz, Sachsenhausen und Flossenbürg.)

Jubiläum feiern

50 Jahre Versammlung

Alexander Ebstein (87) wird am Sonntag beim Festgottesdienst die letzten 50 Jahre Revue passieren lassen. Foto: VA

Harlaching · Seit nunmehr 50 Jahren besteht im Hachinger Tal eine eigene Gemeinde (Versammlung) der Religionsgemeinschaft der Zeugen Jehovas. Alexander Ebstein (87), der als Jude im Konzentrationslager die Zeugen Jehovas kennen lernte und sich ihnen unmittelbar nach dem Krieg anschloss, war der erste Leiter der neu gegründeten Versammlung. Ebstein berichtet, dass sich die Zeugen Jehovas aus dem Münchner Osten mit Umland seit Anfang der 1950er Jahre in der Sporthalle an der St.-Martin-Straße versammelten. Die Halle war während der NS-Zeit für Zwecke des Arbeitsdienstes genutzt worden. Heute befindet sich in dem Gebäude ein Kindergarten. Das starke Wachstum der Religionsgemeinschaft erforderte im Laufe der Jahre die Gründung weiterer Versammlungen. So entstand Anfang 1963 aus der Versammlung Harlaching die Versammlung Perlacher Forst, wie sich die Gruppe des Hachinger Tals seitdem nennt. Ende 1964 wurde dann ein eigener Saal für die Versammlungen Harlaching und des Hachinger Tals gebaut. Dieser Saal an der Hertlingstraße in Harlaching wird bis heute von den Hachinger Zeugen Jehovas genutzt.

Am 10. März blicken die Hachinger Zeugen Jehovas zurück auf 50 Jahre gemeinsame christliche Aktivitäten. Unter anderem werden Alexander Ebstein und Alfred Duschl (77) über die Anfänge der Hachinger Versammlung berichten. Gerhard Posch aus Unterhaching wird im Rahmen einer kurzen Ansprache einen geschichtlichen Überblick vermitteln. Die öffentliche Veranstaltung beginnt am Sonntag um 17 Uhr (Hertlingstraße 15).

Abb. 108: Harlachinger Rundschau vom 6. März 2013, besprochen auf S. 117

Seit 50 Jahren besteht die Hachinger Gemeinde der Zeugen Jehovas. 178 Besucher kamen zur Feier der Religionsgemeinschaft im Hachinger Tal. Alexander Ebstein (2.v.l.,87) und Alfred Duschl (r.,77) berichteten über die Anfänge der Versammlung. Ebstein, der als Jude im Konzentrationslager die Zeugen Jehovas kennen lernte und sich ihnen unmittelbar nach dem Krieg anschloss, war 1963 der erste Leiter der neu gegründeten Versammlung. Auch (v.l.) Gerhard Braber (76) und Leonhard Bäcker (87) gehören zu den Gründungsmitgliedern. HOR/FOTO: FKN

Abb. 109: Münchner Merkur, Wochenendausgabe vom 27./28. April 2013, besprochen auf S. 117

Christoph Wilker

Der jüdische Auschwitz-Überlebende Alexander Ebstein

Ein Nachruf

Alexander (Alex) Ebstein stammte aus einer jüdischen Familie in Breslau. Sein Vater stellte als selbständiger Textilkaufmann Arbeitskleidung her. 1938 wurde ihm der erfolgreiche Betrieb genommen. Dafür musste Adolf Ebstein Schwerstarbeit im Gleisbau leisten – und konnte seine große Wohnung nicht mehr bezahlen. Die Familie zog in eine kleine Wohnung. Zur gleichen Zeit wurden die jüdischen Schüler von der Schule verwiesen, worauf die Juden eigene Schulen einrichteten.

Ermordung von Alex' Schwester Eva

Ebenfalls 1938 wurde gemäß einer eigens dafür erlassenen Verordnung in jüdische Reisepässe ein rotes „J" (Jude) gestempelt. Alex, damals 12 Jahre alt, erzählte, dass ihnen verboten wurde, auf „Arierbänken" im Park zu sitzen, ins Schwimmbad oder Kino zu gehen, Fahrrad zu fahren oder öffentliche Verkehrsmittel zu nutzen. Dann kam sein Vater ins KZ Buchenwald. Doch weil er im Ersten Weltkrieg für Deutschland gekämpft hatte, wurde er wieder freigelassen.

Alex' Mutter war während eines mehrjährigen Aufenthalts ihrer Eltern in New York geboren worden. Mit ihrer amerikanischen Staatsangehörigkeit hätte Rahel Ebstein in die USA auswandern können. Die dafür vom NS-Staat geforderten 10.000 USD waren bereits hinterlegt. Doch sie nahm davon Abstand, weil die US-Botschaft nur ihre Ausreise genehmigte und nicht die der ganzen Familie, womit die Botschaft eine schwere Schuld auf sich lud. Denn nun waren die NS-Weichen gegen die Ebsteins endgültig gestellt.

1940 wurde auch die jüdische Schule geschlossen und der 14-jährige Alex einer Schreinerei als Hilfsarbeiter zugeteilt. Ab 1941 mussten Juden einen Judenstern tragen. Alex' 20-jährige Schwester Eva fühlte sich durch die Stigmatisierung tief verletzt. Alex dagegen gelang es, mit der Entwürdigung distanzierter umzugehen.

1941 klingelten zwei Gestapo-Beamte bei Familie Ebstein: „Wo ist Fräulein Ebstein?" Unbedacht antwortete Alex: „Die ist in der Arbeit." „Wir kommen in zwei Stunden wieder. Dann hat sie zu Hause zu sein", erwiderten die Beamten. Pünktlich zwei Stunden später wurde Eva abgeholt. Alex: „Meine Mutter bekam über Nacht weiße Haare."

Erst Jahre nach dem Krieg erfuhr Alex: Der erste Transport mit schlesischen Juden hatte am 25. November 1941 den Breslauer Bahnhof verlassen. Unmittelbar nach Ankunft im litauischen Kowno am 29. November wurden alle Juden des Transports erschossen.

Evakuiert nach Auschwitz

Später verlor die Familie auch ihre kleine Wohnung, um auf engstem Raum in einem Judenhaus untergebracht zu werden. Einen Tag vor ihrer Deportation wurde in ihren Ausweisen vermerkt „Evakuiert nach Auschwitz". Am nächsten Morgen wurden alle Bewohner des Hauses herausgeholt und in Tierwaggons getrieben. Der Transport begann am 27. März 1943 um neun

Der zehnjährige Alex mit Familie (1936). Quelle: Privat

Christoph Wilker

begleitet seit vielen Jahren NS-Forschungsprojekte mit Schwerpunkt Verfolgung und Widerstand der Zeugen Jehovas. Zuletzt recherchierte und schrieb er für das NS-Dokumentationszentrums München. Mit Alex Ebstein verband ihn eine jahrelange Freundschaft.

Abb. 110 (Seite 177 – 179): Der jüdische Auschwitz-Überlebende Alex Ebstein. Ein Nachruf, in: „Informationen", Studienkreis deutscher Widerstand 1933 – 1945, Nr. 82, November 2015, Seite 37 – 39. Mit freundlicher Genehmigung des Studienkreises.

Uhr und erreichte abends den schrecklichsten Ort der Welt. Der 16-jährige Alex hatte keine Vorstellung, was die Familie erwartete.

Nach Ankunft an der berüchtigten Rampe von Auschwitz öffneten sich die Waggontüren und die Ankommenden wurden selektiert. Dann mussten sich alle entkleiden. Das Wenige, was sie noch besaßen, war abzugeben, selbst die Ausweise. Dafür erhielten sie ihre Häftlingskleidung. Alex: „Nun waren wir nur noch Nummern, meine war 106884."

Die Wenigen, die als arbeitstauglich betrachtet wurden, kamen nach Monowitz, wo sie bei unzureichender Ernährung zur Schwerstarbeit angetrieben wurden. Die Anderen wurden vergast. Das Sortieren ging so schnell, dass Alex die Trennung von seiner Mutter nicht realisierte.

Alex und sein Vater wurden als arbeitsfähig eingestuft. Im Arbeitslager erfuhr er, was sich in Auschwitz-Birkenau abspielte, woraus er das schreckliche Los seiner Mutter ableiten konnte. Er beobachtete die Wirkung der seelischen Qualen auf seinen Vater, der immer mehr abmagerte. Alex: „Wenn jemand den Kampf aufgab, war er zum Tode verurteilt." Wer nicht mehr arbeiten konnte, wurde vergast. Am 4. Juni 1943 verabschiedete sich Alex von seinem Vater. Er hatte seine Schwester, seine Mutter und nun auch seinen Vater verloren.

In Monowitz wurde Alex für schwere Zementarbeiten eingesetzt, später als Zimmermann und schließlich im relativ erträglichen Elektromagazin. Alex wusste nicht mehr, wem er diese Überlebenshilfe zu verdanken hatte. Im Magazin nutzte er die Möglichkeit, an zusätzliches Essen zu kommen, indem er es gegen Elektroteile tauschte. „Wenn man mich erwischt hätte, wäre das mein sicherer Tod gewesen."

Im September 1944 wurde Monowitz von den Alliierten bombardiert. Alex wurde vom Fliegeralarm überrascht. Sofort sprang er in einen zur Verlegung von Rohren gelegten Graben. Er wurde verschüttet, war bewusstlos und musste bis November in den Krankenbau. Eine so lange Arbeitsunfähigkeit hätte eigentlich den Tod bedeutet. Doch Alex überlebte – wahrscheinlich weil jüdische Ärzte die Eintragungen in seiner Krankenkartei manipuliert hatten.

Alex Ebstein in Flossenbürg (2012). Foto: Christoph Wilker.

Weil sich die russische Armee näherte, wurde das Lager am 18. Januar 1945 evakuiert und die Häftlinge in andere KZ geschickt. Für Alex bedeutete das 50 Kilometer Fußmarsch nach Gleiwitz, wo er mit anderen Juden in Viehwaggons getrieben wurde.

Als der Zug in einer tschechischen Ortschaft unter einer Fußgängerbrücke hielt, riefen einige Juden „Hunger, Hunger". Ein Mann hörte die Klagen und holte einen ganzen Schubkarren Brote, die er von der Brücke den Häftlingen zuwarf. Ein Brot fiel direkt vor Alex. Wieder war er gerettet.

Im Waggon waren 30 Häftlinge und ein SS'ler. Es gab weder Nahrung noch Wasser. Alex aß Schnee, um zu überleben. Immer wieder fiel jemand aus Schwäche um. Aus Angst vor Angriffen reagierte der SS-Mann auf jede Bewegung, indem er mit seinem Gewehrkolben auf die Häftlinge einschlug. Einmal traf er Alex, der sich dabei mehrere Rippen brach und in diesem Zustand weiter mitfahren musste. Dreiviertel der Juden starben während der Fahrt. Die Überlebenden stapelten die Toten, die wegen der Enge im Waggon von einigen als Sitzbänke genutzt wurden.

Das im östereichischen Mauthausen liegende KZ zählte wegen seines Steinbruchs zu den grausamsten Lagern. Zum Glück für Alex waren die Kapazitäten des Lagers erschöpft. So rollte der Zug weiter bis nach Sachsenhausen. Die Juden, die seit Gleiwitz zehn Tage Fahrt hinter sich hatten, blieben dort nur wenige Tage. Dann ging es weiter nach Flossenbürg, wo der Transport nach einem weiteren Tag, am 6. Februar 1945, ankam. Alex erhielt seine neue Häftlingsnummer 47257. Offenbar mangels Material wurden an Juden nur noch rote Winkel mit einem darüber anzubringenden gelben Streifen ausgegeben.

Unerwartete Unterstützung

Auch in Flossenbürg mussten viele Häftlinge im Steinbruch arbeiten und Alex war sich bewusst, dass er solche Arbeiten nicht überleben würde. Doch erneut stieß er auf Hilfe. Er beobachtete, wie sich zwei Häftlinge unterhielten, von denen einer, eine Aufsichtsperson, eine Binde mit der Aufschrift „Kapo Kommando Weberei" trug. Alex bemerkte dessen Breslauer Dialekt. Es stellte sich heraus, dass sie ehemalige Nachbarn waren. Alex: „Der Kapo erlaubte mir, in der Weberei zu arbeiten, wo aus alten Stoffen Flickteppiche hergestellt wurden. Das war meine Rettung."

Zum Ende der NS-Zeit kam Daniel Budakowsky aus der Ukraine ins KZ Flossenbürg. Als Alex ihm begegnete, gab sich dieser als Zeuge Jehovas zu erkennen. Alex war für Gespräche aufgeschlossen, weil er in Sachsenhausen von dem guten Ruf, den sich die Zeugen in den Lagern erworben hatten, gehört hatte. Alex: „Mich beeindruckte, dass sie nicht bereit waren, ihrem Glauben abzuschwören, obwohl sie dadurch hätten freikommen können. Sie unterstützten die anderen Lagerinsassen und waren nicht nationalistisch. Vor allem gaben sie den Menschen einen Halt in dieser finsteren Zeit."

Im April 1945 war das nahende Kriegsende offenbar. In der Nacht vom 15. auf den 16.

April 1945 ging Alex zur Toilette. „Das kam sonst nie vor, als junger Mann schlief ich immer durch", erzählte Alex. In der nächtlichen Stille hörte er, wie sich zwei SS´ler unterhielten. Der eine sagte: „Alle Juden sollen sofort auf dem Appellplatz antreten. Wer nicht kommt, wird erschossen." Der andere erwiderte: „Nein, erst morgen in der Früh." Alex zog den Schluss: „Wenn ich antrete, erschießen sie mich. Wenn ich nicht antrete und dabei erwischt werde, erschießen sie mich auch."

Wenige Stunden später hörte Alex: „Alle Juden antreten". Doch er blieb in der Baracke. Um nicht als Jude erkannt zu werden, entfernte er sein gelbes Zeichen. Es blieb der rote Winkel. Die Juden wurden nicht erschossen, sondern mussten unter der Bewachung von SS-Soldaten das Lager verlassen. Für sie begann der Todesmarsch, den nur wenige überlebten.

Unter der Bewachung von SS-Soldaten mussten die verbliebenen Inhaftierten am 19. April 1945 das KZ verlassen. Alex hatte gegenüber den anderen Juden drei Tage gewonnen.

Als die Amerikaner immer näher rückten, flüchteten die SS´ler und warfen ihre Waffen weg. Viele Häftlinge bedienten sich und plünderten von Hunger getrieben die Bauernhöfe, was für weitere den Tod bedeutete, da sie das Essen noch nicht vertrugen. Alex stillte seinen Hunger, indem er am Wegesrand Hagebuttenschalen von Wildrosen und blaue Schlehen aß.

Als die ehemaligen Häftlinge nach 80 Kilometern kurz vor Cham auf die Amerikaner stießen, endete der Todesmarsch. Nachdem Alex ausgeschlafen hatte, ging er weiter nach Cham, wo sich viele ehemalige KZ-Häftlinge aufhielten. Unerwartet kam ein ihm unbekannter Mann, Bruno Liegl, auf ihn zu und fragte: „Weisst du, wo die Bibelforscher sind?" und bot ihm an, im Haus seiner Eltern zu übernachten.

Am nächsten Tag nahmen Bruno und Alex Kontakt mit Bibelforschern auf, die sich in einer vom Roten Kreuz errichteten Baracke, die der Versorgung ehemaliger KZ-Insassen diente, aufhielten. Einer der Zeugen Jehovas, die Alex dort kennen- und schätzen lernte, war Hermann Kühn. Bei einer Gedenkveranstaltung im Münchner Gasteig 1997 zitierte Alex einen Nachruf der Moosburger Zeitung vom 1. März 1979: „[Hermann Kühn wurde] 8 Jahre ins KZ geschickt. Man schätzte diesen vitalen Mann wegen seiner herzensguten, äußerst hilfsbereiten und auch lebensfrohen Art." Hermann Kühn war ein Meilenstein im Leben von Alex.

Hilfen nach der NS-Zeit

1945 stand der 19-jährige Alex allein und ohne Beruf da. Doch die Hilfen rissen nicht ab.

Ende 1945 besuchte Alex ein bewegendes Treffen der Zeugen Jehovas in München, die auf zwölf Jahre Verfolgung zurückblickten. Er hatte sich im August 1945 der Religionsgemeinschaft angeschlossen. Unter den 350 Anwesenden war die Münchnerin Luise Albrecht, die Alex kennenlernte und 1947 heiratete. Ebenfalls 1947 lernte er das jüdisches Ehepaar Gundelfinger kennen, durch die er eine mehrjährige Anstellung beim Bayerischen Hilfswerk fand, das Aufgaben für die Lebensmittelversorgung von NS-Verfolgten wahrnahm. Anschließend begann Alex eine Laufbahn bei der Bayerischen Vereinsbank und brachte es bis zum Prokuristen.

Seit den 1990er Jahren sprach Alex wiederholt als Zeitzeuge bei Gedenkveranstaltungen. 1997 nahm das United States Holocaust Memorial Museum ein eineinhalbstündiges Interview mit ihm auf. 2003 enthüllte Alex eine an die Leiden der Zeugen Jehovas erinnernde Memorialtafel in der KZ-Gedenkstätte Dachau. Und 2012 nahm er eine Einladung der KZ-Gedenkstätte Flossenbürg für ein Überlebendentreffen wahr. Es sollte seine einzige Reise in die Gedenkstätte bleiben.

2011, fünf Jahre nach dem Tod seiner Frau, äußerte sich Alex: „Ich bin alt und an Tagen gesättigt, wie es in der Bibel steht. Mir wäre es Recht, wenn ich bald einschlafen würde." Doch er hatte noch gute Jahre vor sich, bevor sein Wunsch in der Nacht vom 26. auf den 27. Februar 2015 völlig unerwartet in Erfüllung ging.

Alex Ebstein (1947). Quelle: Privat

2. Aufnahmen in den KZ-Gedenkstätten Sachsenhausen und Flosssenbürg

Im Rahmen der Recherchen zu diesem Buch entstanden Aufnahmen, unter anderem an Orten des Leidens von Alex, die heute als Lern- und Erinnerungsorte dienen, den KZ-Gedenkstätten Sachsenhausen und Flossenbürg.

Abb. 111: Eingangstor zum ehemaligen KZ Sachsenhausen, 2018

Abb. 112: Häftlingsbaracke des ehemaligen KZ Sachsenhausen, 2018

Abb. 113: Stacheldrahtabsicherung, ehemaliges KZ Sachsenhausen, 2018

Abb. 114: Ehemalige Wäscherei und Gefangenenbad des KZ Flossenbürg, 2012

Abb. 115: Gedenktafel Opfergruppe der Zeugen Jehovas in der KZ-Gedenkstätte Sachsenhausen, 2018

3. Gemälde des Künstlers Alex Ebstein

Die nachfolgenden vier Gemälde, Beispiele seines künstlerischen Schaffens, hatte Alex Ebstein nicht datiert. Sie stammen aus den Jahren 1985 bis 2000.

Abb. 116: Luise Ebstein

Abb. 117: Porträt eines Bauern

Abb. 118: Porträt einer Bäuerin

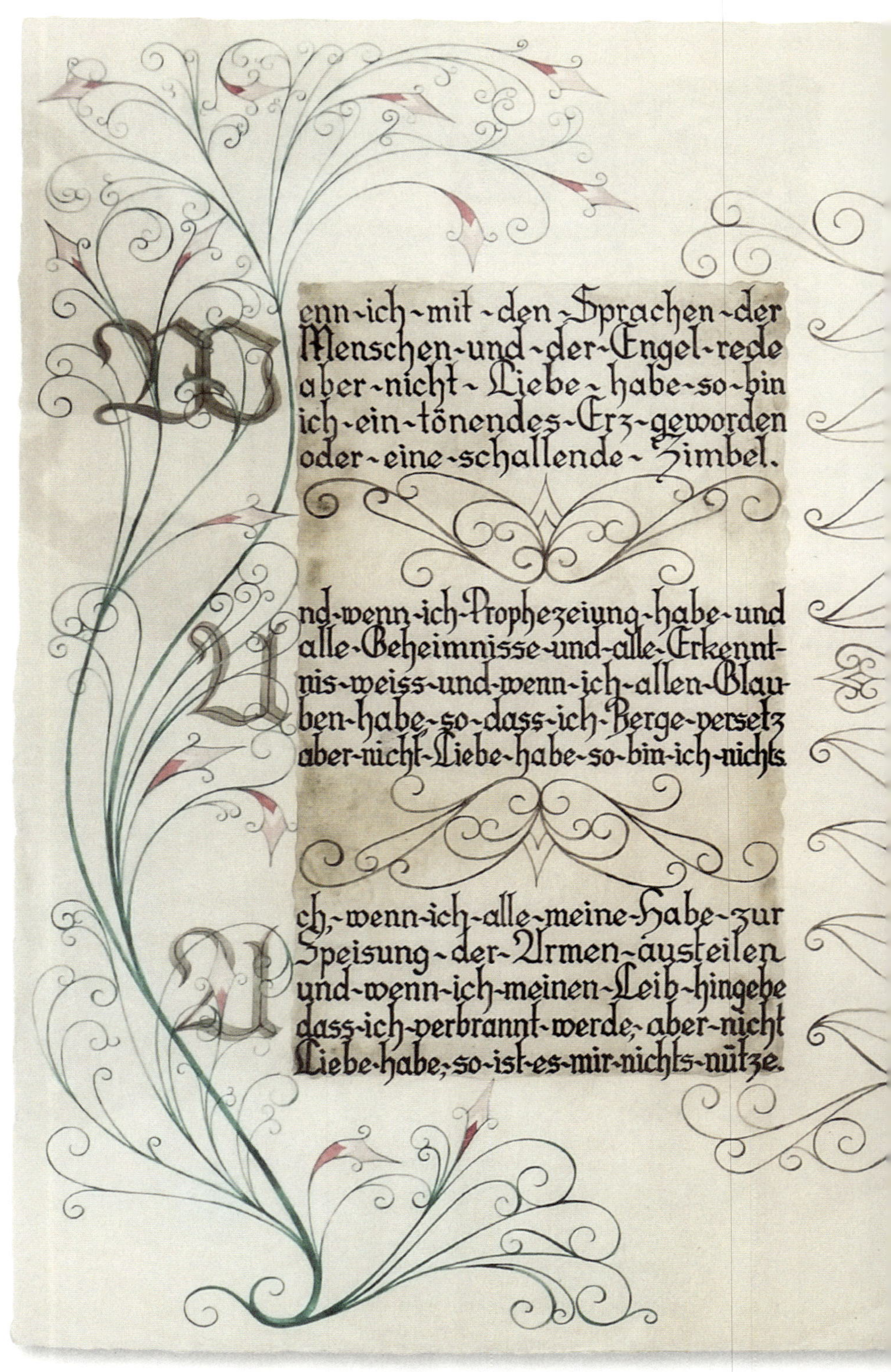

Abb. 119: Die Liebe vergeht nimmer (1. Korintherbrief, Kapitel 13, Apostel Paulus)

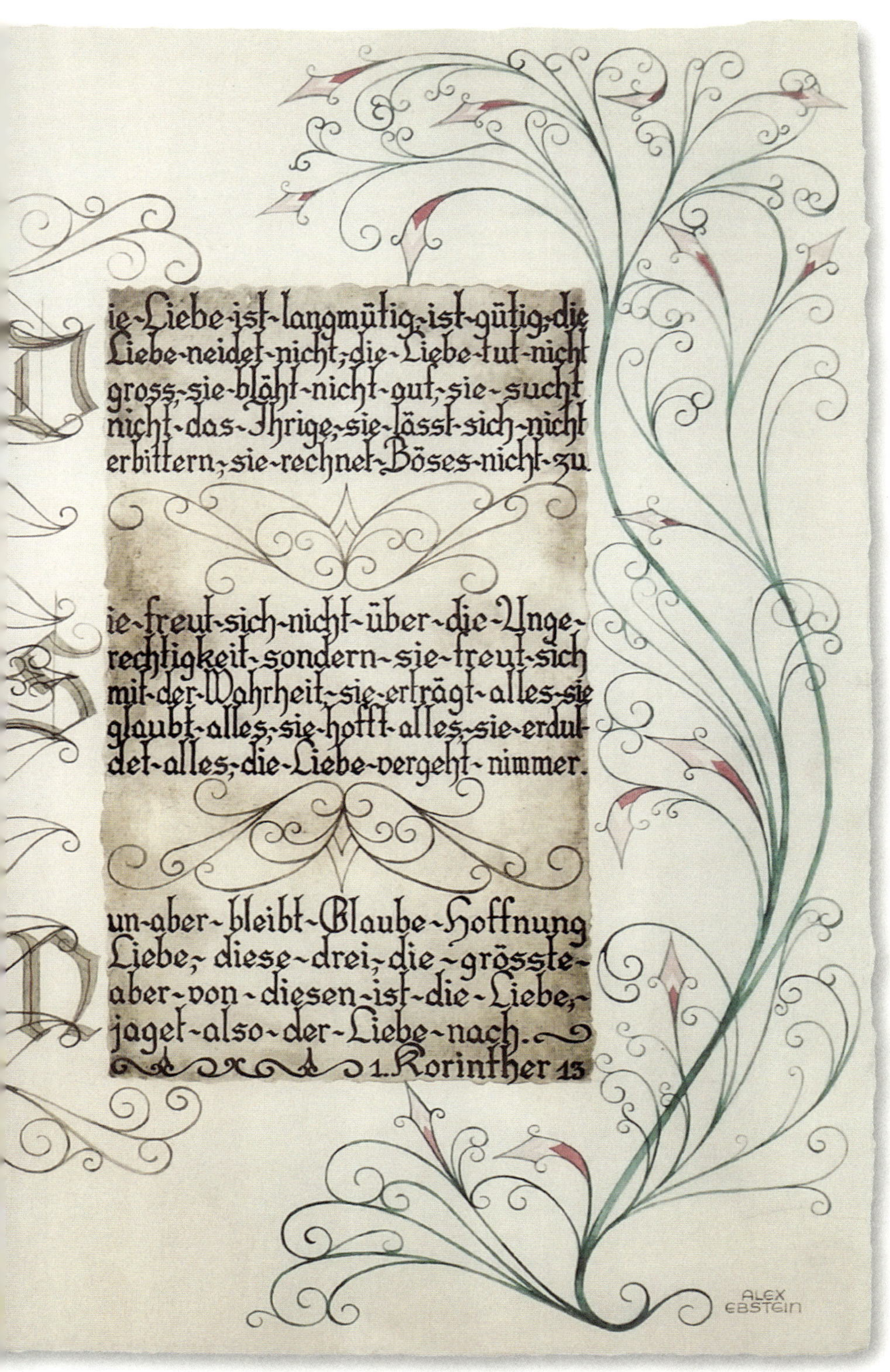
Die-Liebe-ist-langmütig-ist-gütig-die
Liebe-neidet-nicht-die-Liebe-tut-nicht
gross-sie-bläht-nicht-auf-sie-sucht
nicht-das-Ihrige-sie-lässt-sich-nicht
erbittern-sie-rechnet-Böses-nicht-zu.
Sie-freut-sich-nicht-über-die-Unge-
rechtigkeit-sondern-sie-freut-sich
mit-der-Wahrheit-sie-erträgt-alles-sie
glaubt-alles-sie-hofft-alles-sie-erdul-
det-alles-die-Liebe-vergeht-nimmer.
Nun-aber-bleibt-Glaube-Hoffnung
Liebe-diese-drei-die-grösste-
aber-von-diesen-ist-die-Liebe-
jaget-also-der-Liebe-nach.
1. Korinther 13
ALEX EBSTEIN

4. VERZEICHNISSE

1. Personenverzeichnis

2. Sach- und Ortsverzeichnis

3. Abbildungsnachweis

Abb. 1
Foto Christoph Wilker, 2012

Vorwort

Abb. 2 und 3
Fotos Christoph Wilker, 2010

Kapitel 1

Abb. 4
Privatbesitz Werner Ebstein, USA

Abb. 5 und 6
Von Alex Ebstein zur Verfügung gestellt

Abb. 7
Foto Christoph Wilker, 2019

Abb. 8
Zeichnung Manuel Waldhans, München, 2018

Abb. 9
Zeichnung Jasmin Thio, München, 2018

Kapitel 2

Abb. 10
Zeichnung Manuel Waldhans, München, 2019

Abb. 11 und 12
Von Alex Ebstein zur Verfügung gestellt

Abb. 13
Bundesarchiv B 285, Bild 04413

Abb. 14 und 15
Zeichnungen Jasmin Thio, München, 2018

Abb. 16
Wikipedia.org

Abb. 17
Von Alex Ebstein zur Verfügung gestellt

Kapitel 3

Abb. 18
Bundesarchiv, Bild 183-78612-0002, CC-BY-SA 3.0

Abb. 19 bis 21
Von Alex Ebstein zur Verfügung gestellt

Abb. 22
Memorial Archives, KZ-Gedenkstätte Flossenbürg

Abb. 23 und 24
Fotos Christoph Wilker, 2012

Abb. 25
Foto Christoph Wilker, 2011

Abb. 26
ITS Bad Arolsen

Abb. 27
Foto Christoph Wilker, 2011

Abb. 28
Von Alex Ebstein zur Verfügung gestellt

Abb. 29
Wikipedia.org

Abb. 30
ITS Archiv Nr. 1.1.8.1 / 10801203, Bad Arolsen

Abb. 31
Privatbesitz Werner Ebstein, USA

Abb. 32
Foto Christoph Wilker, 2011

Abb. 33
Privatbesitz Werner Ebstein, USA

Kapitel 4

Abb. 34 bis 37
Privatbesitz Werner Ebstein, USA

Abb. 38
Bundesarchiv, Bild 183-C12701, CC-BY-SA 3.0

Abb. 39
Privatbesitz Sylvia Sohr, Taufkirchen

Abb. 40
Von Alex Ebstein zur Verfügung gestellt

Abb. 41
Privatbesitz Sylvia Sohr, Taufkirchen

Abb. 42
Privatbesitz Werner Ebstein, USA

Abb. 43
Privatbesitz Werner Ebstein, USA

Abb. 44 bis 47
Von Alex Ebstein zur Verfügung gestellt

Abb. 48
Privatbesitz Werner Ebstein, USA

Abb. 49
Von Alex Ebstein zur Verfügung gestellt

Abb. 50
Privatbesitz Wilfried Siegner, Fuldatal

Abb. 51
Privatbesitz Christoph Wilker

Abb. 52 und 53
Privatbesitz Wilfried Siegner, Fuldatal

Abb. 54 und 55
Privatbesitz Werner Ebstein, USA

Abb. 56
Von Alex Ebstein zur Verfügung gestellt

Abb. 57 bis 59
Privatbesitz Werner Ebstein, USA

Abb. 60
Foto Christoph Wilker, 2012

Abb. 61
Privatbesitz Werner Ebstein, USA

Abb. 62
Von Alex Ebstein zur Verfügung gestellt

Abb. 63 bis 69
Privatbesitz Werner Ebstein, USA

Abb. 70
Foto Wolf Gaudlitz, München

Abb. 71
Von Alex Ebstein zur Verfügung gestellt

Abb. 72
Privatbesitz Christoph Wilker

Kapitel 5

Abb. 73
Privatbesitz Christoph Wilker

Abb. 74
Privatbesitz Werner Ebstein, USA

Abb. 75
Süddeutsche Zeitung, 14.7.1999

Abb. 76
Foto Christoph Wilker, 2018

Abb. 77
Von Alex Ebstein zur Verfügung gestellt

Abb. 78 und 79
Fotos Christoph Wilker, 2012

Abb. 80
Foto Christoph Wilker, 2013

Abb. 81
(Kopie) Privatbesitz Christoph Wilker

Abb. 82 und 83
Privatbesitz Christoph Wilker

Kapitel 6

Abb. 84
Von Alex Ebstein zur Verfügung gestellt

Abb. 85
Foto Christoph Wilker, 2012

Abb. 86 und 87
Von Alex Ebstein zur Verfügung gestellt

Kapitel 7

Abb. 88
Foto Christoph Wilker, 2014

Abb. 89
Süddeutsche Zeitung, 9. März 2015

Abb. 90
Foto Christoph Wilker, 2010

Kapitel 8

Abb. 91
Privatbesitz Werner Ebstein, USA

Abb. 92
Privatbesitz Christoph Wilker

Abb. 93
Foto Christoph Wilker, 2013

Abb. 94
Foto Christoph Wilker, 2010

Biografischer Anhang

Abb. 95
Grafik Vivian Wilker, 2019

Abb. 96
Privatbesitz Ruth Borrmann, Schweiz

Abb. 97 und 98
Privatbesitz Werner Ebstein, USA

Abb. 99
Privatbesitz Ursula Kersh, USA

Abb. 100
Von Alex Ebstein zur Verfügung gestellt

Abb. 101
Privatbesitz Ruth Borrmann, Schweiz

Abb. 102 und 103
Privatbesitz Werner Ebstein, USA

Abb. 104
Zeichnung Jasmin Thio, 2018

Materialien

Abb. 105
Moosburger Zeitung, 1.3.1979

Abb. 106
Privatbesitz Christoph Wilker

Abb. 107
Fürstenfeldbrucker SZ, 8. August 2003

Abb. 108
Harlachinger Rundschau, 6. März 2013

Abb. 109
Münchner Merkur, 27./28. April 2013

Abb. 110
Informationen, Studienkreises deutscher Widerstand 1933–1945, Nr. 82, November 2015, Seite 37–39

Abb. 111 bis 113
Fotos Christoph Wilker, 2018

Abb. 114
Foto Christoph Wilker, 2012

Abb. 115
Foto Christoph Wilker, 2018

Abb. 116 bis 119
Fotos Ephraim Ebstein, USA

Dank

Abb. 120
Privatbesitz Christoph Wilker

Der Autor hat sich bemüht, alle Rechteinhaber der Abbildungen ausfindig zu machen. Berechtigte Ansprüche werden im Rahmen üblicher Vereinbarungen abgegolten.

4. Abkürzungsverzeichnis

Abb	Abbildung
BV	Bayerische Vereinsbank
Bifo	Bibelforscher
DM	Deutsche Mark
DP	Displaced Persons
ITS	International Tracing Service (Internationaler Suchdienst), eine Einrichtung zur Dokumentation, Information und Forschung über die nationalsozialistische Verfolgung und den Holocaust mit Sitz in Bad Arolsen
JZD	Jehovas Zeugen in Deutschland, K. d. ö. R.
KPD	Kommunistische Partei Deutschlands
KZ	Konzentrationslager (auch KL)
NSDAP	Nationalsozialistische Deutsche Arbeiterpartei
NS	Nationalsozialismus, Nationalsozialisten, nationalsozialistisch
OTH	Ostbayerische Technische Hochschule Regensburg
Em	Emeritus („Professor em"), Professor in Ruhestand
RAD	Reichsarbeitsdienst
RDJ	Reichsdeutscher Jude
RGBl	Reichsgesetzblatt
RM	Reichsmark
SA	Sturmabteilung, zunächst paramilitärische Kampforganisation der NSDAP. In der Anfangsphase des NS-Regimes staatliche Hilfspolizei.
SED	Sozialistische Einheitspartei Deutschlands
SPD	Sozialdemokratische Partei Deutschlands
SS	Schutzstaffel, zunächst die Parteipolizei der NSDAP, ab 1934 auch zuständig für die Konzentrationslager. Mit der schrittweisen Übernahme der Polizeigewalt wurde die SS schließlich zum wichtigsten Machtinstrument Hitlers.
SZ	Süddeutsche Zeitung
USHMM	United States Holocaust Memorial Museum
Vgl.	Vergleiche

5. Verwendete Archive

Archiv der KZ-Gedenkstätte Sachsenhausen

Bundesarchiv, Berlin

ITS, Bad Arolsen

JZD Archiv, Selters / Ts.

Memorial Archives, KZ-Gedenkstätte Flossenbürg

Stadtarchiv Kassel

Stadtarchiv Auerbach / Vogtland

The National Archives, USA

Yad Vashem Archives

6. Auswahlliteratur

Benz, Wolfgang / Distel, Barbara (Hrsg.): Der Ort des Terrors. Geschichte der nationalsozialistischen Konzentrationslager, Band 5, München 2007.

Benz, Wolfgang / Mihok, Brigitte (Hrsg.): „Juden unerwünscht", Berlin 2016.

Besier, Gerhard: Jehovas Zeugen in Deutschland, in: Besier, Gerhard / Stoklosa, Katarzyna (Hrsg.): Jehovas Zeugen in Europa. Geschichte und Gegenwart, Band 3, Berlin 2018.

Bundeszentrale für politische Bildung (Hrsg.): Die inszenierte Empörung, Bonn 2010.

Dahm, Volker u. a. (Hrsg.): Die tödliche Utopie. Bilder, Texte, Dokumente, Daten zum Dritten Reich, München 1999, 7. Auflage 2016.

Friedla, Katharina: Juden in Breslau / Wroclaw, 1933 – 1949: Überlebensstrategien, Selbstbehauptung und Verfolgungserfahrungen, Köln 2015.

Garbe, Detlef: Zwischen Widerstand und Martyrium. Die Zeugen Jehovas im „Dritten Reich", München 1993, 4. Auflage 1999.

bin Gorion Emanuel u. a.: Philo Lexikon – Handbuch des jüdischen Wissens, Berlin 1935.

Goeke, Simon / Rühlemann, Martin W. / Strnad, Maximilian (Hrsg.): Sendling arisiert – Enteignung und Vertreibung jüdischer Nachbarn im Nationalsozialismus, München 2016.

Gostner, Erwin: 1.000 Tage im KZ. Ein Erlebnisbericht aus den Konzentrationslagern Dachau, Mauthausen und Gusen, Mannheim 1946.

Hanke, Stefan: KZ-Überlebt, Publikation zur Ausstellung, Ostfildern 2016.

Heim, Susanne u.a. (Hrsg.): Die Verfolgung und Ermordung der europäischen Juden durch das nationalsozialistische Deutschland 1933 – 1945, Band 16: Das KZ Auschwitz 1942 – 1945 und die Zeit der Todesmärsche 1944/45, bearbeitet von Andrea Rudorff, Berlin / Boston 2018.

Hesse, Hans (Hrsg.): „Am mutigsten waren immer wieder die Zeugen Jehovas". Verfolgung und Widerstand der Zeugen Jehovas im Nationalsozialismus, Bremen 1998.

Hilberg, Raul: Die Vernichtung der europäischen Juden, Band 1 bis 3, 10. Auflage, Frankfurt am Main 2007, deutsche Erstausgabe Berlin 1982.

Klieger, Noah: Zwölf Brötchen zum Frühstück. Reportagen aus Auschwitz, Berlin 2010.

Kogon, Eugen: Der SS-Staat. Das System der deutschen Konzentrationslager, München 1946.

Kupfer Koberwitz, Edgar: Als Häftling in Dachau, Bonn 1956.

KZ-Gedenkstätte Flossenbürg: Concentration Camp Flossenbürg 1938 – 1945, Selected texts and pictures of the permanent exhibit on the history of the camp, Braunschweig 2007.

Liebster, Max: Hoffnungsstrahl im Nazisturm. Geschichte eines Holocaustüberlebenden, Esch-sur-Alzette 2003.

Arnold-Liebster, Simone: Allein vor dem Löwen. Ein kleines Mädchen widersteht dem NS-Regime, Esch-sur-Alzette 2002.

Macek, Ilse (Hrsg.): ausgegrenzt – entrechtet – deportiert. Schwabing und Schwabinger Schicksale 1933 – 1945, München 2008.

Massaquoi, Hans Jürgen: Neger, Neger, Schornsteinfeger, Frankfurt am Main 2008.

Moszkowicz, Imo: Der grauende Morgen, München 1996.

Nerdinger, Winfried (Hrsg.): München und der Nationalsozialismus, München 2015.

Nerdinger, Winfried / Wilker, Christoph: Die Verfolgung der Zeugen Jehovas in München 1933 – 1945, Berlin 2018.

Schrade, Carl: Elf Jahre. Ein Bericht aus deutschen Konzentrationslagern, Göttingen 2014.

Shlomo, Venezia: Meine Arbeit im Sonderkommando Auschwitz. Das erste umfassende Zeugnis eines Überlebenden, Paris 2006, München 2008.

Simon-Pelanda, Hans u. a. / Arbeitsgemeinschaft ehem. KZ Flossenbürg e. V. (Hrsg.): Ihrer Stimme Gehör geben. Überlebendenberichte ehemaliger Häftlinge des KZ Flossenbürg, 2. Auflage, Bonn 2003.

Simon-Pelanda, Hans / Breedlove, Sandra: Widerstand gegen das NS-Regime aus religiöser Überzeugung. Jehovas Zeugen in Regensburg 1933 – 1945, in: Verhandlungen des Historischen Vereins für Oberpfalz und Regensburg, 158. Band, Regensburg 2018, S. 213 – 330.

Skriebeleit, Jörg: Flossenbürg – Hauptlager, in: Benz, Wolfgang / Distel, Barbara (Hrsg.): Flossenbürg – Das Konzentrationslager Flossenbürg und seine Außenlager, München 2007.

van Rahden, Till: Juden und andere Breslauer. Die Beziehungen zwischen Juden, Protestanten und Katholiken in einer deutschen Großstadt von 1860 bis 1925, Göttingen 2000.

Wiesel, Elie: Die Nacht. Erinnerung und Zeugnis, Freiburg 1996.

Wilker, Christoph: Ich hatte eine gerade Linie, der ich folgte. Die Geschichte von Rita Glasner, einem Bibelforscherkind im „Dritten Reich“, München 2015.

Wilker, Christoph: Lokalhistorische Forschungen zur NS-Opfergruppe der Zeugen Jehovas. Wege, Ergebnisse und öffentliche Wirkung am Beispiel München, in: Religiöse Minderheiten in westlichen Gesellschaften, Religion – Staat – Gesellschaft, 17. Jahrgang (2016), Münster 2017.[1)]

1) Korrektur zum Aufsatz „Lokalhistorische Forschungen [...]“: Neue Recherchen des Autors haben ergeben, dass die Aussage, das Münchner Unternehmen Kaut-Bullinger habe seine Stellungnahme zu Josef Kleeblatt „unbeeinflusst vom NS-Zeitgeist“ (S. 46) getroffen, nicht richtig ist. Das Unternehmen setzte sich zwar durch ein sehr gutes Arbeitszeugnis für seinen Mitarbeiter ein, distanzierte sich dadurch aber nicht vom nationalsozialistischen Zeitgeist. (Mangels alternativer Möglichkeiten erfolgt der Hinweis in dieser Publikation.)

DANK

Die Herausgabe dieses Buchs war nur möglich dank der bereitwilligen und qualifizierten Unterstützung lieber Menschen. Zunächst ist natürlich Alex Ebstein zu nennen, der mir aus seinem Leben erzählte und Einblick in seine Fotos und Dokumente gewährte. Es ist sein Leben – und es sind seine Geschichten, über die ich berichte. Dank gebührt seinem Sohn Werner, mit dem ich ebenfalls freundschaftlich verbunden bin. Auch er war immer bereit, meine Fragen zu beantworten und ergänzende Dokumente bereitzustellen. Alex' Cousine Ursula Kersh stand ebenfalls stets zur Verfügung und schloss manche Wissenslücke zur Verwandtschaft von Alex. Es war eine für mich sehr bereichernde Erfahrung, sie durch meine Arbeit an dem Buch kennenzulernen, wie ich auch die anderen Kontakte der Zusammenarbeit für dieses Buch sehr geschätzt habe.

Mein besonderer Dank gilt der Historikerin Dr. Sabine Schalm für die kritische Durchsicht des Manuskripts und ihre damit verbundene wissenschaftliche Beratung. Sie gab mir wichtige Ratschläge und Hinweise. Sabine Schalm gehört neben Ilse Macek und Prof. Dr. Winfried Nerdinger zu den von mir sehr geschätzten Persönlichkeiten, von denen ich im Laufe der Jahre im Rahmen verschiedener Geschichtsprojekte viel gelernt habe. Sie waren für meine persönliche Entwicklung in der Geschichtsarbeit, die zu einem der Schwerpunkte meines Lebens geworden ist, von großer Bedeutung.

Weitere wertvolle Hinweise erhielt ich von Prof. Dr. Hans Simon-Pelanda im Zusammenhang mit seinem Statement, welches er freundlicherweise zum Buch formulierte. Peter Zangerl und Matthias Mielchen danke ich für ihre gelungenen Arbeiten am Layout und dem Buchsatz, Jeanette Barth für die Textkorrektur. Außerdem danke ich meiner Frau Gudrun und meinen Kindern Kai und Vivian sowie Alex' Tochter Ruth Borrmann, Ephraim Ebstein, Ulrich Fritz, Wolf Gaudlitz, Dr. Daniel Mahla, Dr. Tim B. Müller, Wilfried Siegner, Sylvia Sohr, Sebastian Tanke, Daniel Thio, Jasmin Thio, Manuel Waldhans und Ruby Weidemann.

Last but not least danke ich dem Volk Verlag. Die Zusammenarbeit mit dem Verleger Michael Volk, Nadine Burks und Peter Berger war jederzeit sehr angenehm und freundschaftlich. Michael Volk führt ein sympathisches und kompetentes Verlagshaus.

Abb. 120:
Alex Ebstein mit Christoph Wilker, 2009

Im Volk Verlag erschien außerdem
die nachfolgende Biografie des Autors:

Ich hatte eine gerade Linie, der ich folgte

Die Geschichte von Rita Glasner, einem Bibelforscherkind im „Dritten Reich"

Rita Glasner war drei Jahre alt, als Hitler Reichskanzler wurde. Mit sieben erlebte sie, wie die Gestapo ihre Eltern verhaftete und ihren Vater folterte. Als Kurierin transportierte sie verbotene Schriften der Zeugen Jehovas. Mehrere Monate war Rita völlig auf sich allein gestellt. Mit 14 wurde sie Zeugin eines dramatischen NS-Prozesses gegen ihre Mutter. Sie bewies Durchhaltevermögen und Prinzipientreue.

Welche Lehren zieht die inzwischen 85-Jährige aus ihren Erfahrungen der NS-Zeit?

Durch Auswertung von Gesprächen mit der Zeitzeugin und hiermit erstmals veröffentlichter Dokumente hat der Autor Christoph Wilker die NS-Zeit aus Sicht einer verfolgten Bibelforscher-Familie nachgezeichnet.

„Ein kleines Meisterwerk"
Prof. h.c. Dr. Detlef Garbe, Historiker,
Leiter der KZ-Gedenkstätte Neuengamme

„Ich bin der Ansicht, dass das Buch unbedingt veröffentlicht werden sollte."
Dr. jur. h.c. Dr. phil. Lothar Gruchmann,
Historiker und Politikwissenschaftler

200 Seiten, Hardcover
mit zahlreichen Abbildungen
Euro 14,90
ISBN 978-3-86222-165-3

Erhältlich im Buchhandel
und beim Volk Verlag München,
www.volkverlag.de